종광宗光 스님

종광 스님은 1968년 사미계를 받은 것을 시작으로 40년이 넘는 오랜 세월동안 수행 정진해왔다. 인재 양성에도 뜻을 두어 1991년 법주사 불교 전문 강원 강주, 1995년 실상사 화엄학림 강주 등을 역임하며 뛰어난 학승學僧들을 배출해냈다. 불교의 목적은 개인의 해탈이 아닌, 모든 사람이 함께 편안함을 추구하는 것에 있다고 보는 종광 스님은 자기 이익을 포기할 때 다른 사람의 이익을 극대화할 수 있고 이것이 바로 궁극의 자기 이익을 얻는 방법이라고 강조한다.

기림사 주지를 역임하며 지역포교 활동에 열성적이었고, 복지관, 학교 운영 등 보다 적극적인 사회활동으로 불교계만이 아닌 우리 사회 전체의 발전을 위해 헌신하고 있다. 특히 지역장애인들을 위한 복리증진에 큰 기여를 해온 점을 인정받아 2008년에는 '경주시 문화상(사회 부문)'을 수상했고, 2009년에는 대통령표창을 수상했다. 저서에는 법문집《사랑할 시간은 그리 많지 않다(공저)》, 수행에세이 《그럼에도 불구하고 사랑합니다(공저)》가 있다. 현재 경주 기림사 지족암에 주석하고 있다.

임제록

초판1쇄 발행 | 2014년 10월 15일
개정2쇄 발행 | 2021년 11월 23일

지은이 | 종광
펴낸이 | 남배현
기획 | 김형규, 모지희
책임편집 | 박석동
디자인 | ㈜꼬레 어소시에이츠

펴낸곳 | 모과나무
주소 | 서울시 종로구 삼봉로 81 두산위브파빌리온 831호
전화 | 02-720-6107
전송 | 02-733-6708
이메일 | jogyebooks@naver.com
등록 | 2006년 12월 18일 (제300-2009-166호)
구입문의 | 불교전문서점 향전(www.jbbook.co.kr) 02-2031-2070

ISBN 978-89-959490-11-8 03220

모과나무는 (주)조계종출판사의 단행본 브랜드입니다.
지혜의 향기로 마음과 마음을 잇습니다.

임제록 臨濟錄

종광 스님 강설

모과
나무

隨處作主 立處皆眞

어디를 가든지 그곳에서 주인이 되면
서 있는 그곳이 진리가 되리라

머리글
어디를 가든지 그곳에서 주인이 되라

세상은 나날이 좋아지고 있습니다. 물자는 풍족하고 정보는 빛의 속도로 움직여 옛사람들은 전혀 상상할 수도 없는 그런 시대를 우리는 살고 있습니다. 그렇지만 사람들은 여전히 공허하다며 괴로워합니다. 우리의 정신세계는 오히려 과거보다 퇴보하고 있는 듯합니다. 더 많이 가지고 더 많이 쓰게 되면 행복해질 줄 알았는데 전혀 그렇지 못합니다.

세간의 사람들뿐만 아니라 출세간의 삶도 마찬가지입니다. 탐욕과 분노와 어리석음에서 헤어나오지 못하고 있습니다. 그래서 옛 선지식의 가르침은 천년의 세월이 흐른 지금도 죽비가 되어 우리를 경책합니다.

《임제록臨濟錄》을 강설하고 다시 책으로 엮은 것은 그저 고전의 선문답을 소개하기 위함이 아닙니다. 경전과 어록이 그러하듯이 지금 여기서 나의 문제를 해결할 수 없다면 아무런 의미가 없습니다.

한국 선종의 교전《임제록》은 동양의 선불교사에 막대한 영향을 끼친 대선사 임제 스님의 사상을 담은 어록입니다. 한국불교의 장자 종단이라는 조계종의 뿌리는 임제 스님으로부터 시작됩니다. 그래서 스님들이 입적하면 축원할 때 빼놓지 않는 내용이 있습니다.

황매산 아래서
스스로 부처님과 조사들의 심인을 전해 받고
임제 스님 문중에서
영원한 인천의 안목이 되어주소서
黃梅山下 親傳佛祖之心印
臨濟門中 永作人天之眼目

이렇게 축원하는 것은 조계종이 임제 스님으로부터 비롯됐기 때문이기도 하지만 임제 스님을 존경해서이기도 합니다.

임제 스님의 가르침은 사량과 분별 속에서 번뇌와 망상을 일으키는 우리들에 대한 경책입니다. 화를 내고 미워하고 분노하고 시기질투하며 괴로워하는 우리들에게 "어디를 가든지 그곳에서 주인이 되면, 서 있는 그곳이 진리가 되리라"고 했습니다. 이것이 《임제록》을 강설하고 책으로 엮은 이유입니다.

　부처님의 말씀을 모은 경전이나 조사들의 말씀을 정리한 어록은 한자로 번역되고 기록되어 전하고 있습니다. 그래서 경전과 어록을 현대인들이 정확하게 이해하기는 힘듭니다. 여러 대덕 스님들과 학자들에 의해 번역되어 출간된 경전과 어록들이 많으나, 이 역시 자구의 해석에 치중하다보니 부처님과 조사들의 깊은 가르침을 정확하게 이해하고 실천하는 데 어려움이 많습니다. 그러나 경전과 어록을 길잡이 삼아 스스로 깨치고 실천하지 않는다면 불조의 가르침은 문자로만 남게 됩니다. 제아무리 좋은 책이라도 휴지조각에 다름없습니다.

　이러한 연유로 이번 강설에서는 임제 스님의 말과 글에 머물지 않고 가르침의 핵심을 그대로 전하려고 애썼습니다. 지금 이 시대를 살아가는 우리의 문제로 바라보고자 했습니다.

　세상의 불서들이 그러하듯이 이 강설은 출가 수행자들만을 위한 책이 아닙니다. 속세에 있으나 선방에 있으나 깨달음을 향해 가는 사람은 모두가 수행자입니다. 이 책은 사량과 분별을 떠나 참행복의 삶을 찾는 이를 위한 글입니다.

　말과 글에 머물지 말라고 했는데 군더더기를 덧붙인 꼴입니다. 공부하는 사람들의 많은 경책 바랍니다. 귀중한 가르침을 통해 불법의 지혜를 체득하고, 확고하고 분명한 인생관, 세계관으로 지금 이 자리에서 단박에 행복해지는 자아실현의 길을 찾기를 바랍니다.

종광宗光

임제록에 대하여
선불교의 탄생과 흐름

전쟁이 일어난다면 우리는 내일을 기약할 수 없습니다. 또 이런 상황을 견뎌내야 하는 백성의 입장이라면 하루하루 지옥이 따로 없습니다. 선불교禪佛敎는 역사적인 질곡과 무관하지 않습니다. 이런 급박한 시절에 성불成佛을 하려면 삼아승지겁三阿僧祇劫이라는 오랜 세월 수행해야 한다고 하면 어떤 생각이 들겠습니까. 이때의 불교는 고통에 빠진 사람을 지금 당장 위로하고 고통에서 건져내기 위해 일초직입여래지一超直入如來地, 즉 지금이 자리에서 부처가 되는 가르침이어야 합니다. 선불교는 이런 시대적인 배경 속에서 탄생했습니다. 그리고 그것이 그대로 선불교의 정신이기도 합니다.

중국에 선이 전래된 것은 인도의 달마 스님으로부터입니다. 그래서 선의 역사를 말할 때 초조달마初祖達磨(?~536)로 시작해서 이조혜가二祖慧可(487~593), 삼조승찬三祖僧燦(?~606), 사조도신四祖道信(580~651), 오조홍인五祖弘忍(601~675), 육조혜능六祖慧能(638~713)으로 이어집니다. 이것을 조통설祖通說이라고 합니다. 조사의 법통 혹은 계보라는 뜻입니다.

홍인 스님은 육조혜능의 스승입니다. 역사적 기록을 살펴보면 중국불교는 홍인 스님의 시기에 와서야 비로소 정착수행을 시작했던 것 같습니다. 이 시대를 동산불교東山佛敎시대라고도 합니다. 수행을 하는 사람들이 집단을 이뤄 수선修禪을 업으로 하는 교단이 탄생했기 때문입니다.

오가칠종五家七宗의 탄생

육조혜능 스님에 와서 뛰어난 제자들이 대거 배출됩니다. 이때 중국선은 화려한 꽃을 피웁니다. 대표적인 제자로는 남악회양南嶽懷讓(677~744), 청원행사靑原行思(671~738), 영가현각永嘉玄覺(665~713), 남양혜충南陽慧忠(?~898), 하택신회荷澤神會(684~758) 등이 있습니다.

이들 중에서도 남악회양, 청원행사 스님을 주목할 필요가 있습니다. 이분들을 통해 그 유명한 중국 선종의 오가칠종五家七宗이 탄생되기 때문입니다.

남악회양 스님의 제자로는 '평상심시도平常心是道'로 유명한 마조도일馬祖道一(709~788) 스님이 있습니다. 또 마조 스님의 제자로는 '하루 일하지 않으면 하루 먹지 않는다(一日不作 一日不食)'는 중국 선종의 전통을 세운 백장회해百丈懷海(749~814) 스님이 있습니다. 백장 스님의 시대에 와서 비로소 총림叢林이 만들어집니다. 이런 백장 스님의 제자가 황벽희운黃檗希運(?~850) 스님이고 황벽 스님의 제자가 바로《임제록》의 주인공 임제의현臨濟義玄(?~867) 스님입니다. 남악회양 스님으로부터 비롯된 이들 스님들의 문하에서 위앙종潙仰宗과 임제종臨濟宗이 탄생합니다. 또 청원행사 스님을 뿌리로 해서 조동종曹洞宗, 운문종雲門宗, 법안종法眼宗이 나옵니다. 이를 합해서 선종오가禪宗五家라고 합니다. 임제종은 후대에 양기파楊岐派와 황룡파黃龍派로 분파되는데 이를 합해서 칠종七宗이라고 합니다. 그래서 오가칠종五家七宗입니다. 앞서 밝혔듯이 조계종은 임제종에 연원을 두고 있습니다. 임제종 중에서도 양기파에 속합니다. 이것이 대략적인 중국 선종의 역사이며 또한 우리 조계종의 시작이기도 합니다.

임제 스님의 삶과 사상

　임제 스님이 태어난 해는 명확하지 않습니다. 열반하신 해가 867년이니 9세기 중후반의 스님인 것은 분명합니다. 우리가 잘 알고 있는 조사선祖師禪은 7~9세기의 선불교를 말합니다. 이때를 조사선 불교, 혹은 조사선 시대라고 이야기합니다. 임제 스님이 살았던 시기는 조사선이 찬란하게 꽃을 피웠던 때입니다.

　임제 스님의 휘는 의현이고 조주 남화 사람입니다. 속성은 형씨이며 어려서부터 영특했고 커서는 효성이 지극하기로 소문이 났습니다. 출가 후 강원에 머물면서 계율과 경론을 탐구했습니다. 그러다 황벽 스님을 만나 수행정진하게 됩니다.

　황벽 스님의 인가를 받고 하북성 진주 임제원에서 임제종을 열고 선풍을 크게 일으킵니다. 대명부 흥화사에서 주석하다가 함통8년(867) 정월 10일, 병이 없음에도 옷깃을 단정히 하고 반듯하게 앉아 열반에 들었습니다.

　임제 스님은 절대적 관념이나 대상의 권위를 타파하고 일상 속에서 자신의 본성을 자각하는 무위진인의 삶을 강조했습니다. 임제 스님의 '할喝'은 덕산 스님의 '방棒'과 더불어 조사선의 주요한 가르침이며 이것은 여전히 전통으로 이어지고 있습니다.

임제록의 구성과 특징

《임제록》은 임제 스님의 법문과 말씀을 정리한 어록입니다. 서문序文, 상당上堂, 시중示衆, 감변勘辯, 행록行錄, 탑기塔記로 구성돼 있습니다.

서문은 임제 스님이 황벽산에서 수행하던 일과 깨달음을 체험하게 된 사연들, 그리고 임제원臨濟院에 주석하면서 제자들을 가르칠 때의 독특한 가풍을 보여줍니다. 또 입적에 관한 일들과 《임제록》 간행에 대한 이야기들을 시 형식으로 간략히 기록하고 있습니다. 한마디로 《임제록》 전체를 압축한 것입니다.

처음에 나오는 서문은 사실은 가장 늦게 쓰인 것으로 임제 스님이 열반한 후 약 254년이 지난 1120년에 쓴 글입니다. 지금도 《임제록》의 서문은 손꼽히는 명문으로 평가받고 있습니다.

상당은 《임제록》의 핵심입니다. 임제 스님이 직접 한 법문이기 때문입니다. 큰스님들이 법문을 할 때 대개 법좌法座에 올라가는데 이런 법문을 상당법문이라고 합니다. 상당에서는 종지宗旨를 거량합니다. 그리하여 대중들에게 깨달음의 본질을 드러내는 것입니다. 상당법어는 《임제록》에서 가장 격조 있고 품위 있는 법문입니다. 수행하는 스님들을 대상으로 한 법거량의 성격이 짙습니다.

시중은 상당에 비해 훨씬 자유로운 법문입니다. 말 그대로 대중 속에서 가르침을 보여준다는 의미입니다. 임제 스님의 대중법 문입니다.

감변은 수행하는 스님들이 서로 문답이나 특이한 행동을 통해 선승 상호간의 견해를 시험하고 불법의 안목을 점검하는 것을 말합니다. 감勘은 조사하거나 살핀다는 의미이고, 변辨은 구별하여 가리거나 판결한다는 뜻입니다. 감변은 스승과 제자 사이에 이뤄지는 선문답이자 법거량입니다. 그래서 선종이 지향하는 활발발한 현장감이 잘 살아 있습니다.

행록은 임제 스님의 구도求道 행장行狀에 대한 기록입니다. 살아온 삶에 대한 정리입니다. 어떻게 공부하고, 어떻게 깨달음을 얻었으며, 어떤 사람들과 어떤 법거량을 했는지, 누구를 어떻게 교화했는지 기록하고 있습니다.

탑기는 임제 스님의 탑을 세우면서 스님의 삶을 간략하게 기록한 것입니다. 탑을 세우고 스님이 어떤 분인가를 후세에 길이 알리려는 뜻으로 쓰여졌습니다. 또 다른 본에는 임제약전臨濟略傳으로 표기되어 있기도 합니다.

《임제록》은 제자 삼성혜연 스님이 자료를 모아 편집하였고, 원각종연 스님이 간행하고 유통하였습니다. 원각종연 스님이 간행하면서 마방馬防에게 점검해 보고 서문을 쓰게 했던 것입니다.

임제록을 이해하려면

《임제록》을 이해하고 내 삶의 지침으로 삼고자 한다면 임제 스님의 삶을 알아야 합니다. 어떤 말씀을 하셨고, 어떤 구도의 과정을 거쳤는지 알게 된다면 《임제록》의 행간에 숨어 있는 참 뜻을 더 잘 이해할 수 있을 것입니다. 그러한 연유로 행록을 먼저 읽기를 권합니다.

그리고 《임제록》 전체의 내용을 압축해 놓은 서문은 가장 나중에 읽는 것이 좋습니다. 그리해야 《임제록》을 공부하는 데 효과가 크고 무엇보다 이해가 쉽습니다.

선종오가 계보 도표

禪宗五家 系譜 圖表

초조달마 - 이조혜가 - 삼조승찬 - 사조도신 - 오조홍인 - 육조혜능
初祖達磨　二祖慧可　三祖僧璨　四祖道信　五祖弘忍　六祖慧能

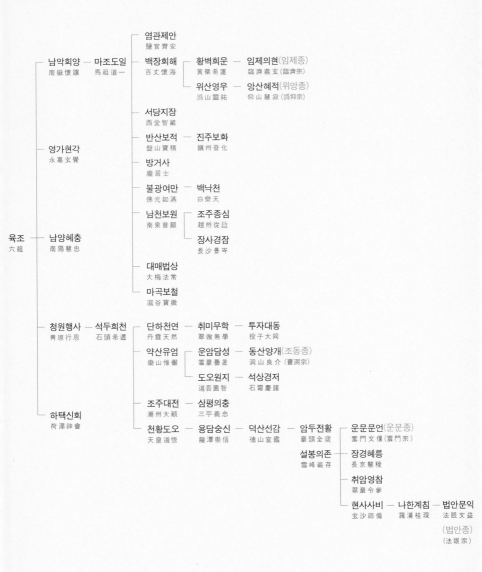

염관제안
鹽官齊安

남악회양 ― 마조도일　백장회해　황벽희운 ― 임제의현(임제종)
南嶽懷讓　馬祖道一　百丈懷海　黃檗希運　臨濟義玄 (臨濟宗)

위산영우 ― 앙산혜적(위앙종)
潙山靈祐　仰山慧寂 (潙仰宗)

서당지장
西堂智藏

영가현각　　반산보적 ― 진주보화
永嘉玄覺　　盤山寶積　鎭州普化

방거사
龐居士

불광여만 ― 백낙천
佛光如滿　白樂天

남천보원 ― 조주종심
南泉普願　趙州從諗

장사경잠
長沙景岑

대매법상
大梅法常

육조　남양혜충　　마곡보철
六祖　南陽慧忠　　麻谷寶撤

청원행사 ― 석두희천　단하천연 ― 취미무학 ― 투자대동
靑原行思　石頭希遷　丹霞天然　翠微無學　投子大同

약산유엄　　운암담성 ― 동산양개(조동종)
藥山惟儼　　雲巖曇晟　洞山良介 (曹洞宗)

도오원지 ― 석상경저
道吾圓智　石霜慶諸

조주대전 ― 삼평의충
潮州大顚　三平義忠

하택신회　　천황도오 ― 용담숭신 ― 덕산선감 ― 암두전활　운문문언(운문종)
荷澤神會　　天皇道悟　龍潭崇信　德山宣鑑　巖頭全豁　雲門文偃 (雲門宗)

설봉의존 ― 장경혜릉
雪峰義存　長京慧稜

취암영참
翠巖令參

현사사비 ― 나한계침 ― 법안문익
玄沙師備　羅漢桂琛　法眼文益

(법안종)
(法眼宗)

차례

시중示衆

행록行錄

탑기塔記

일러두기

1. 이 책은 종광 스님이 《校訂 臨濟錄》(鈴木大拙, 森江書店, 1918)을 저본으로 선원과 강원·불교교양 대학에서 강설한 내용을 정리해 법보신문에 연재한 글을 모아 엮은 것이다.

2. 단락 나눔과 글 제목은 임제 선사가 전하는 가르침의 내용에 따라 임의로 구분하고 붙였다.

3. '할喝'은 임제 선사의 주요한 가르침이라 모두 ' '로 표기하였으며, 경전과 어록은 《 》로 표기하였다. 그리고 모든 문답의 내용이 몰라서 묻거나, 정확한 답을 요구하는 것이 아니기에 전통에 따라 물음표(?)는 생략하였다.

4. 강설의 한자는 처음 나왔을 때 병기하고 뒤에 다시 언급되었을 때는 생략을 원칙으로 하였지만 가독성을 위해 필요한 것은 다시 병기하기도 하였다.

서문序文

서문은 임제 스님이 황벽산에서 수행하던 일과 깨달음을 체험하게 된 사연들, 그리고 임제원臨濟院에 주석하면서 제자들을 가르칠 때의 독특한 가풍을 보여줍니다. 또 입적에 관한 일들과 《임제록》 간행에 대한 이야기들을 시 형식으로 간략히 기록하고 있습니다. 한마디로 임제록 전체를 압축한 것입니다. 처음에 나오는 서문은 사실은 가장 늦게 쓰인 글로 임제 스님이 열반한 후 약 254년이 지난 1120년에 마방馬防이 쓴 글입니다. 지금도 《임제록》의 서문은 손꼽히는 명문으로 평가받고 있습니다.

진주 임제혜조선사 어록 서문
鎭州臨濟慧照禪師語錄序

연강전의 학사이며, 금자광록의 대부이며, 진정부로의 안무사로
서 마보군의 도총관과 지성덕군의 부사를 겸한 마방이 쓰다.

황벽산에서 일찍이 몽둥이로 흠씬 두들겨 맞고 대우 스님의
옆구리에 주먹질을 할 수 있었다. 말 잘하는 늙은이 대우 스님
은 "오줌싸개 같은 놈"이라 했고 황벽 스님은 "이 미친놈이 다시
와서 호랑이 수염을 잡아당기는구나" 하였다.

바위산 골짜기에 나무를 심은 것은 뒷사람에게 모범을 보이기
위함이요, 괭이로 땅을 찍으니 거의 생매장 될 뻔했다.

황벽 스님은 임제 스님을 인가하고는 입을 스스로 쥐어박았으
며 하직인사를 하고 떠나면서 인가증표인 궤안을 불사르려 하
자 가져가서 천하 사람들의 입을 막으라 하였으니 가는 곳은 하
남 아니면 화북이로다.

임제원은 옛 나루에 접해 있어 오가는 사람들을 깨우치고 제
도하였다. 중요한 나루터를 움켜쥐고 앉아 있으니, 가르침의 준

엄함이 만 길이나 되는 절벽과 같았다. 사람을 빼앗고 경계를 빼앗으며 영민하고 지혜로운 제자를 길러냈고 삼요삼현으로 납자들을 단련시켰다.

집안에 머물러 있으면서 또한 저잣거리를 떠나지 않았으니 걸림이 없는 참사람이 감각기관을 통해 출입함이로다.

양당의 수좌가 동시에 '할' 하고 고함을 치는 순간 주객이 분명했고 비춤과 작용이 동시에 이뤄져 본래 앞뒤가 없음이라. 거울은 만상을 그대로 비추고 빈 골짜기는 메아리를 무심히 전하니, 신묘한 대응은 막힌 곳이 없으며 전혀 자취를 남기지 않았다.

옷깃을 떨치고 남쪽으로 내려가서 대명부에 머물렀는데 흥화 스님이 임제 스님을 받들어 동당에 모시었다. 살림은 구리로 된 물병과 쇠로 만든 발우뿐이었으며 방문을 닫아걸고 말을 끊었다.

늙은 소나무 아래 한가로운 구름을 벗하며 유유자적하였고 면벽을 하신 지 오래지 않아 열반 이후의 일을 은밀하게 부촉했다. 정법안장을 누구에게 전하는가. 눈먼 당나귀에게서 사라져버렸음이라.

원각종연 스님이 이제 임제록을 유통하려 하기에 점검해보니 전혀 잘못된 점이 없었다. 오직 하나의 '할'을 남겨놓고 헤아려보기를 바라노니, 눈 밝은 선객들은 잘못 읽지 말기를 바라노라.

선화 경자(1120)년 중추일(8월 15일)에 삼가 서문을 쓰다.

延康殿學士 金紫光祿大夫 眞定府路安撫使

兼馬步軍都總管 兼知成德軍府事 馬防撰

黃檗山頭　曾遭痛棒　大愚肋下　方解築拳　饒舌老婆　尿牀鬼子

這風顚漢　再捋虎鬚　巖谷栽松　後人標榜　钁頭斸地　幾被活埋

肯箇後生　驀口自摑　辭焚机案　坐斷舌頭　不是河南　便歸河北

院臨古渡　運濟往來　把定要津　壁立萬仞　奪人奪境　陶鑄仙陀

三要三玄　鈐鎚衲子　常在家舍　不離途中　無位眞人　面門出入

兩堂齊喝　賓主歷然　照用同時　本無前後　菱花對像　虛谷傳聲

妙應無方　不留朕蹟

拂衣南邁　戾止大名　興化師承　東堂迎侍　銅餅鐵鉢　掩室杜詞

松老雲閑　曠然自適　面壁未幾　密付將終　正法誰傳　瞎驢邊滅

圓覺老演　今爲流通　點檢將來　故無差舛　唯餘一喝　尙要商量

具眼禪流　冀無賺擧

宣和庚子仲秋日謹序

진주 임제혜조선사 어록

삼성사에 머물며 임제 스님의 법을 이은 제자 혜연이 편집하다.

鎭州臨濟慧照禪師語錄

住三聖嗣法小師慧然集

상당上堂

상당은《임제록》의 핵심입니다. 임제 스님이 직접 한 법문이기 때문입니
다. 큰스님들이 법문을 할 때 대개 법좌法座에 오르게 되는데 이런 법문
을 상당법문이라고 합니다. 상당에서는 종지宗旨를 거량합니다. 그리하여
대중들에게 깨달음의 본질을 드러내는 것입니다.
상당법어는《임제록》에서 가장 격조 있고 품위 있는 법문입니다. 수행하
는 스님들을 대상으로 한 법거량의 성격이 짙습니다.

입을 열면
얻을 수 없다

開口不得

진주부의 주인인 왕상시가 여러 관료들과 더불어 임제 스님께
법상에 올라 법문해주실 것을 청했다. 이에 임제 스님이 법상에
올라 말했다.

"산승이 오늘 부득이하게 인정에 이끌려 어쩔 수 없이 이 자
리에 올랐으나 만약 조사들의 전통에 따라서 일대사를 설명하
여 드러내려고 해도 곧바로 입을 열면 얻지 못하고, 그대들 또한
발붙일 곳이 없다.

그런데 오늘 상시가 산승에게 법문해줄 것을 간청함으로 어
찌 근본종지를 감출 수 있겠는가. 따라서 만약 지혜로운 이가
여기 있다면 전쟁터의 장수처럼 곧바로 진을 펼치고 깃대를 꽂
아 스스로의 경지를 펼쳐 보여 대중에게 그 증거를 제시해보도
록 하라."

府主王常侍 與諸官請師陞座 師上堂云 山僧今日事不獲已 曲
順人情 方登此座 若約祖宗門下 稱揚大事 直是開口不得 無
儞措足處 山僧此日以常侍堅請 那隱綱宗 還有作家戰將 直下
展陣開旗麼 對衆證據看

부주府主는 진주부鎭州府의 주인이라는 뜻입니다. 진주부는 오늘날 중국 하북성河北省 석가장시石家莊市의 북동쪽 가까이에 있는 곳입니다. 당나라 말기에 군벌들이 각 지방에서 세력을 크게 떨칩니다. 왕상시도 그런 군벌 가운데 한 사람입니다. 《조주록趙州錄》에는 진주부의 주인이 조왕趙王이라고 나옵니다. 이걸 보면 아마도 임제 스님 때까지는 중앙정부의 영향력이 조금 남아 있어 스스로 왕이라고까지는 부르지 않았던 것으로 보입니다. 여기서 상시는 중앙정부의 벼슬인데, 황제를 가까이에서 모시는 직책입니다.

조종문하祖宗門下는 조사선祖師禪의 전통에 따라 말하자면, '달마대사로부터 나에게 이르기까지 전해진 근본종지에 따라 말하자면'이라는 의미입니다.

대사大事는 일대사一大事, 혹은 일대사인연一大事因緣을 말합니다. 일대사인연은 《법화경法華經》에 나오는 내용입니다. 개시오입開示悟入, 즉 부처님이 이 땅에 와 진리를 열어 보이고 깨닫게 해 중생들을 진리 자체에 들어가게 하는 것입니다. 이것이 바로 일대사인연입니다.

개구부득開口不得은 입을 열어서는 얻을 수 없다는 뜻입니다. 한때 세간에 유행했던 '어떻게 표현할 방법이 없네'라는 말과 다르지 않습니다. 진리의 당체를 설명하려고 입을 여는 순간 진리는 팔만사천리로 날아가버리고 모든 것을 그르치게 된다는 뜻입니다. 부처라고 말해도 틀리고 본래 청정한 마음이라고 설명해도 맞지 않습니다. 선어록에서는 이를 '구멍 없는 쇠망치'라고 표현합니다.

또 진리를 말해 준다한들 듣는 사람도 발 디딜 곳이 없습니다. 진리는 말로 전해줄 수도 없을 뿐더러 말해줘도 이해할 수 없는 까닭입니다.

작가作家는 글을 쓰는 사람이 아니라 남에게 의존하지 않고 스스로 깨달음의 지혜로 무언가를 이룬 사람을 뜻합니다. 여기서의 의미는 지혜가 있는 사람, 혹은 눈 밝은 사람입니다.

임제 스님은 만약 이런 지혜로운 사람이 있다면 전쟁터의 장수가 진을 짜고 깃발을 꽂듯이, 당당하게 나와 본질적인 질문을 던져보라고 말합니다. 한번 거량擧揚을 걸어와보라는 뜻입니다.

전장의 장수라는 표현에서 전쟁과 군웅할거의 살벌한 시대상을 읽을 수 있지만 용맹한 선禪의 정신을 말해주는 생동감 있는 표현이기도 합니다.

선, 특히 화두를 참구하는 간화선看話禪을 공부함에 있어 세 가지 중요한 요소가 있습니다. 대신심大信心, 대분심大憤心, 대의심大疑心입니다. 그 가운데 대분심은 내가 본래 부처인데 왜 깨닫지 못하고 번뇌와 고통 속에 살고 있는지에 대한 분한 마음입니다. 진리를 탐구함에 있어 전쟁에 나온 장수와 같이 용맹해야 합니다. 그리고 반드시 깨달음을 얻겠다는 결기를 지녀야 합니다.

허공에
못을 박으려
하지 마라

虛空裏釘

어떤 스님이 임제 스님에게 물었다.

"어떤 것이 불법의 큰 뜻입니까."

임제 스님이 곧바로 '할' 하고 고함을 질렀다.

그 스님이 예배를 하자 임제 스님이 말했다.

"이 스님과는 불법을 논할 만하구나."

다른 스님이 물었다.

"스님께서는 누구의 가풍을 노래하며 누구의 종풍을 이었습니까."

"내가 황벽 스님의 처소에 있을 때 세 번 질문하고, 세 번 얻어맞았다."

그 스님이 머뭇거리자 임제 스님이 곧바로 '할'을 하고 뒤이어 내리치면서 말했다.

"쓸데없이 허공에 못을 박으려 하지 마라."

僧問 如何是佛法大意 師便喝 僧禮拜 師云 這箇師僧却堪持

論 問師唱誰家曲 宗風嗣阿誰 師云 我在黃檗處 三度發問三

度被打 僧擬議 師便喝 隨後打云 不可向虛空裏釘橛去也

오래 전, 당시 영부인이던 육영수 여사가 돌아가셨을 때입니다. 조계종 종정이었던 서옹西翁 큰스님이 당시 영결사를 하다가 법어 말미에 '할喝' 하고 고함을 쳤습니다. 그때 많은 사람들이 이를 두고 물었습니다. 왜 돌아가신 분에게 고함을 치느냐는 것이었습니다. 그런데 그 뜻을 따져보는 것은 임제 스님이 말한 것처럼 허공에 못을 박는 허망한 짓입니다. 그럼에도 당시 '할'의 의미를 살펴본다면 영가가 지니고 있을 억울함, 또 이생에서의 집착이나 반연, 원망과 분노를 모두 떨어버리라는 방편이었을 겁니다.

임제 스님의 가풍을 물어보던 스님이 황벽 스님으로부터 가풍을 이어받았다는 임제 스님의 대답에 머뭇거립니다. 아마도 반박거리를 찾고 있었을 겁니다. 사량思量과 분별分別에 푹 빠져 있습니다. 이것이 바로 번뇌와 망상입니다. 그러자 임제 스님은 고함을 지르고 주장자를 내리치며 이를 그 순간에 바로 끊어버립니다. 그리고 허공에 못을 박는 따위의 허망한 짓을 하지 말라고 합니다.

거친 밭에 호미질도 하지 않았구나

荒草不鋤

어떤 좌주가 질문했다.

"삼승십이분교가 어찌 불성을 밝힌 것이 아닙니까."

"거친 풀밭에 호미질도 하지 않았구나."

"부처님이 어찌 사람을 속이겠습니까."

"그 부처가 도대체 어느 곳에 있느냐."

좌주가 말을 못하자 임제 스님이 말했다.

"상시 앞에서 노승을 속이려 하지 말고 속히 물러가라. 다른 사람이 법을 묻는 것을 방해하지 마라."

有座主問 三乘十二分教 豈不是明佛性 師云 荒草不曾鋤 主云 佛豈賺人也 師云 佛在什麼處 主無語 師云 對常侍前 擬瞞老僧 速退速退 妨他別人請問

앞의 스님이 허망하게 물러나자 경전에 해박한 좌주가 나섭니다. 좌주는 대개 경을 연찬研鑽하는 사람들을 말합니다. 강원의 강사 스님 정도로 생각하면 됩니다.

좌주가 말합니다. "삼승십이분교三乘十二分教가 어찌 불성을 밝힌 것이 아닙니까." 불법의 대의가 이미 경전 속에 다 있는데 굳이 따로 설명 들을 일이 있겠느냐는 뜻입니다.

여기서 삼승십이분교는 경전에 담긴 부처님의 모든 가르침을 말합니다. 중국의 스님들은 인도에서 많은 경전이 중구난방으로 들어오자 이를 일목요연하게 정리하고자 각고의 노력을 경주합니다. 이를 교판教判이라고 합니다. 삼승은 성문승聲聞乘, 연각승緣覺乘, 보살승菩薩乘을 말하고 십이분교는 부처님께서 설하신 경을 내용과 형식에 따라 12가지로 분류해놓은 것을 뜻합니다. 그러니 삼승십이분교는 부처님이 평생에 걸쳐 설한 가르침을 통칭한다고 이해하면 됩니다.

그런데 좌주의 질문에 대한 임제 스님의 대답이 재미있습니다. "거친 풀밭에 호미질도 하지 않았구나." 한마디로 형편없다는 뜻입니다. 또 한편으로 경전에 대한 지식을 수행이나 깨달음으로 착각하는 좌주에 대한 통렬한 비판이기도 합니다. 경전은 방편이 될지언정 그 자체로 깨달음이 될 수 없습니다. 그럼에도 좌주는 알지 못하고 "부처님이 어찌 사람을 속이겠느냐"고 오히려 반문합니다. 그러자 임제 스님은 "네가 말하는 부처가 도대체 어디에 있느냐"고 합니다. 좌주가 말을 잇지 못합니다. 좌주의 근기를 생각하면 당연한 일입니다. 그러면 임제 스님이 던진 질문의 의미는 무엇일까요. 네가 바로 부처이며 불성佛性 그 자체라는 말입니다. 스스로가 부처인데 그것은 알지 못하고 경전 속에서 허깨비와 함께 춤추고 있는 좌주를 일깨우기 위한 자비가 아닐까 생각합니다.

법은
문자를 떠난
것이라

法離文字

임제 스님이 다시 말했다.

"오늘 법회는 일대사를 위한 것이니, 다시 질문할 사람이 있는가. 속히 질문을 해라. 그러나 그대들이 입을 열기만 하면 본질과는 아주 멀어지는 것이니, 무엇 때문에 그러한가. 보지 못했는가. 부처님이 '법은 문자를 떠난 것이며, 인에도 속하지 않고 연에도 있지 않다'고 했다. 그런데도 그대들의 믿음이 부족하기 때문에 오늘 이렇게 갈등을 일으키고 있는 것이다. 이것이 상시와 여러 관료들의 불성을 어둡게 할까 두려우니 그만 물러가는 것이 좋겠다."

임제 스님이 크게 '할' 하고 말했다.

"믿음이 적은 사람은 마침내 일대사를 마칠 날이 없을 것이다. 오래 서 있었으니, 편안하게 쉬도록 하라."

復云 此日法筵 爲一大事故 更有問話者麼 速致問來 儞纔開口
早勿交涉也 何以如此 不見釋尊云 法離文字 不屬因不在緣
故爲儞信不及 所以今日葛藤 恐滯常侍與諸官員 昧他佛性 不
如且退 喝一喝云 少信根人 終無了日 久立珍重

불법은 말로 설명할 수도, 글로 전할 수도 없습니다. 진리는 사량
이나 분별로 이해할 수 없기 때문입니다. 또한 문자를 떠나 있으
며 인과因果에서도 벗어나 있습니다. 그래서 입을 열기만 해도
본질과는 영영 멀어지게 됩니다.

옛날 향엄지한香嚴智閑(?~898) 스님이 위산潙山靈祐(771~853)
스님에게서 공부할 때의 일입니다. 위산 스님이 향엄 스님에게
묻습니다. "부모가 그대를 낳기 전 그대의 본래면목은 무엇인가
父母未生前本來面目." 총명하기로 소문이 난 향엄 스님이었지만
꽉 막혀서 도무지 대답할 수가 없었습니다. 안타까운 마음에 처
소로 돌아와 부지런히 경전을 뒤졌지만 '그림 속 떡으로 주린
배를 채울 수는 없다'는 탄식만이 나올 뿐이었습니다. 고민에 고
민을 거듭하다 답답함을 견디지 못한 향엄 스님은 위산 스님께
답을 일러주기를 간청합니다. 그러나 위산 스님은 일언지하에
거절합니다. 그리고 이렇게 말합니다. "내가 만일 말로써 그 뜻
을 설명하게 되면 그대는 훗날 분명히 나를 욕하거나 탓할 것이
네. 나의 설명은 곧 나의 것일 뿐 그대의 수행과는 전혀 관계가
없다네."

결국 스스로의 재주 없음을 한탄한 향엄 스님은 더 이상 불법
을 배우지 않겠다는 결심을 하고 경전을 불태워버립니다. 그리
고 위산 스님의 곁을 떠나 길을 나섭니다. 길거리에서 자고 먹으
며 떠돌던 향엄 스님은 어느 날 혜충慧忠(?~775) 국사의 탑을 친

견하게 됩니다. 참배를 하고 잠시 쉬면서 주변의 잡초와 나무를 베며 잠자리와 땔감을 마련합니다. 그러던 중 눈에 띄는 기왓장이 있어 무심코 숲 속에 던집니다. 그때 기왓장이 대나무에 맞아 '딱' 하고 소리를 냅니다.

그 순간 목에 걸린 가시 같았던 향엄 스님의 의문이 눈 녹듯 사라집니다. 깨달은 것입니다. 감격에 겨운 스님은 곧바로 몸을 바르게 하고 위산 스님이 계신 곳을 향해 절을 합니다. 그리고 기쁨에 겨워 말합니다. "스님의 은혜가 부모님보다도 더 지중합니다. 그때 만일 스님께서 친절하게 설명을 해주셨다면 어찌 오늘의 이런 큰 깨달음이 있을 수 있겠습니까." 선어록에 담긴 향엄 스님의 유명한 오도悟道 장면입니다. 진리는 말로 설명할 수 없다고 한 이유를 잘 보여주고 있습니다.

믿음이 부족한 까닭에 갈등葛藤을 일으키고 있다는 내용에서 갈등은 말 그대로 갈등이 되겠지만, 다른 한편으로 사족蛇足이라고 할 수 있습니다. 그대들의 믿음이 부족하기 때문에 내가 이렇게 수고롭게 사족을 붙이고 있다는 뜻입니다.

그런데 여기서 믿음은 어떤 믿음일까요. 내가 부처라는 믿음입니다. 내 마음이 곧 청정법신淸淨法身이라는 확신입니다.

관세음보살의
바른 눈

箇是正眼

임제 스님이 어느 날 하부에 갔다. 부주 왕상시가 법문을 청하여 법좌에 오르게 됐다. 그때 마곡 스님이 나와서 물었다.

"대자대비한 관세음보살 천수천안 중에 어느 것이 바른 눈입니까."

"대자대비한 관세음보살의 천수천안 중에 어느 것이 바른 눈인가. 그대는 빨리 말하라."

임제 스님이 도리어 이렇게 질문을 하자 마곡 스님이 임제 스님을 법좌에서 끌어내리고 대신 법좌에 올랐다. 임제 스님이 마곡 스님에게 가까이 다가가서 "안녕하십니까" 하고 인사했다. 그러자 마곡 스님이 무언가 말하려 했다. 그러자 임제 스님이 마곡 스님을 법좌에서 끌어내리고 다시 법좌에 올랐다. 마곡 스님이 곧바로 밖으로 나가버리자 임제 스님도 바로 법좌에서 내려왔다.

師因一日到河府 府主王常侍 請師陞座 時麻谷出問 大悲千手
眼 那箇是正眼 師云 大悲千手眼 那箇是正眼 速道速道 麻谷
拽師下座 麻谷却坐 師近前云 不審 麻谷擬議 師亦拽麻谷下
座 師却坐 麻谷 便出去 師便下座

정안正眼에 대한 법문입니다. 어떤 것이 바른 견해인가, 또는 바른 안목인가 하는 것입니다. 《임제록》속 다른 표현으로는 진정견해眞正見解라고 합니다. "대자대비한 관세음보살의 천 개의 눈 중에 어떤 것이 바른 눈이냐"는 질문에 임제 스님은 대답 대신 마곡 스님에게 질문을 되돌립니다. 여느 스님 같으면 여기에서 꽉 막힐 만도 한데, 마곡 스님은 임제 스님을 법상에서 끌어내고 그 자리에 자신이 앉습니다. 이미 답을 알고 있다는 이야기입니다. 그러자 임제 스님이 마곡 스님에게 인사를 합니다. 마곡 스님이 무언가 답하려 하자 임제 스님은 다시 마곡 스님을 끌어내리고 그 자리에 앉습니다. 그러자 마곡 스님은 바로 나가버립니다.

이 모습을 선어록에서는 빈주호환賓主互換이라고 표현합니다. 말 그대로 손님과 주인이 자리를 바꾼 것입니다. 두 사람 모두 손님과 주인이라는 분별에서 떠나 있습니다. 그런 까닭에 손님이면서 또한 주인입니다. 두 사람 모두 관세음보살이고 또한 바른 안목입니다.

하나의 달이 천 강에 비춰도, 달의 본질은 하나의 달 그 자체이듯이 관세음보살이 가진 천 개의 눈은 모두가 정안의 다른 모습일 뿐입니다.

어디에도
걸림 없는
참사람   無位眞人

임제 스님이 법상에 올라 말했다.

"붉은 고깃덩어리에 하나의 무위진인이 있어 항상 그대들의
얼굴을 통해 출입한다. 이것을 아직 경험하지 못했거나 이해하
지 못한 사람은 잘 살펴보아라."

그때 어떤 스님이 나와서 물었다.

"어떤 것이 무위진인입니까."

임제 스님이 법상에서 내려와 그 스님의 멱살을 잡고 말했다.

"말해봐라, 말해봐. 무위진인이 어떤 것인지 말해봐."

그 스님이 머뭇거리자 확 밀쳐버린 뒤 "무위진인이라고, 이 무
슨 똥덩어리 같은 소리야" 하고는 곧 방장실로 돌아가버렸다.

上堂云　赤肉團上有一無位眞人　常從汝等諸人面門出入　未
證據者看看　時有僧出問　如何是無位眞人　師下禪牀　把住
云　道道　其僧擬議　師托開云　無位眞人是什麼乾屎橛　便歸
方丈

임제 스님의 말에는 꾸밈이 없습니다. 단순명료합니다. 본질을 그대로 보기 때문입니다. 적육단赤肉團은 붉은 고깃덩어리라는 뜻인데, 벌거벗은 우리의 몸을 잘 표현합니다. 이 붉은 고깃덩어리에 하나의 무위진인無位眞人이 있습니다. 무위진인은 어떤 개념이나 틀로 규정할 수 없는 참사람을 말합니다. 어디에도 걸림이 없고 얽매임도 없는 자유인, 해탈인입니다.

《금강경金剛經》에 '법은 정해진 바가 없다(無有定法)'라는 말이 있습니다. 위없는 지혜, 혹은 깨달음은 틀 속에 갇혀 있는 것이 아니며, 또한 말이나 글로 설명할 수 있는 것이 아니라는 뜻입니다.

무위진인은 항상 면문面門으로 출입합니다. 면문은 얼굴을 의미하는데 여기에는 모든 감각 기관이 있습니다. 눈과 귀와 코와 입 등을 통해 보고 듣고 냄새를 맡습니다. 이런 감각기관의 작용 속에 무위진인이 출입하고 있으니 잘 살펴보라는 뜻입니다. 중생이 곧 부처이고 번뇌가 곧 보리이듯이 우리 평상의 삶이, 우리 일상의 의식작용이 그대로 진리라는 것입니다. 평상의 삶과 일상의 의식작용을 떠난 진리란 존재하지 않습니다. 그런데 어떤 스님이 이 뜻을 이해하지 못하고 무위진인이 무엇인지 다시 묻습니다. 네 스스로가 바로 무위진인이라고 이야기해 줬는데도 이해를 못합니다. 그래서 "이런 똥덩어리 같은 놈아"라고 한 것입니다. 한편으로는 무위진인이라고 하니 또 이에 대한 집착이 생기는 까닭에 똥덩어리라는 말로 무위진인에 대한 절대화를 경계하고 있습니다.

간시궐乾屎橛은 똥덩어리라는 뜻인데, 똥을 닦는 막대라고도 해석합니다. 방장方丈은 《유마경維摩經》에 유마거사의 거처가 사방 일장一丈에 불과하지만 온 법계가 들어가고도 남음이 있었다는 데서 유래합니다.

두 번
잘못은 용서하지 않으리

再犯不容

임제 스님이 법상에 오르니 어떤 스님이 나와서 절을 했다. 임제 스님이 문득 '할' 하고 고함을 쳤다.

　그러자 그 스님이 말했다.

　"노화상께서는 사람을 떠보지 마시기 바랍니다."

　"네가 그렇게 말한 의미는 무엇인가."

　그 스님이 곧바로 '할' 하고 고함을 질렀다.

　또 어떤 스님이 물었다.

　"어떤 것이 불법의 큰 뜻입니까."

　임제 스님이 '할'을 했다. 그러자 그 스님이 절을 했다.

　임제 스님이 말했다.

　"그대가 한번 말해보라. 나의 '할'이 훌륭한 '할'이던가."

　"초야에 있는 도적이 크게 낭패를 보았습니다."

　"허물은 어디에 있는고."

　"다시 잘못하면 용서하지 않습니다."

　임제 스님이 곧바로 '할' 했다.

上堂 有僧出禮拜 師便喝 僧云 老和尙莫探頭好 師云 儞道落
在什麽處 僧便喝 又有僧問 如何是佛法大意 師便喝 僧禮拜
師云 儞道好喝也無 僧云 草賊大敗 師云 過在什麽處 僧云 再
犯不容 師便喝

탐두探頭는 탐색입니다. 사람을 떠보는 것입니다. 어떤 스님이 절을 하자 임제 스님은 갑자기 '할' 하고 고함을 칩니다. 그러자 그 스님이 자기를 떠보지 말라고 합니다. 이에 임제 스님이 묻습니다. 네가 그렇게 말한 이유가 무엇이냐, 나아가 내가 고함을 지른 이유를 그대는 알고 있는가, 그런 뜻입니다. 어떤 경지에 있는지를 묻고 있습니다. 그러자 그 스님 또한 '할'로 대답합니다. '할'로써 자신의 경지를 드러낸 것입니다. 만약 임제 스님의 말에 속아 자신의 공부한 정도를 구구하게 설명하려고 들었다면 벌써 몽둥이질을 당했을 것입니다. 사량과 분별의 덫에 떨어진 것이기 때문입니다.

이어 또 다른 스님은 이번에는 불법의 대의를 묻습니다. 임제 스님은 이번에도 '할' 하고 고함을 칩니다. 그 스님이 절을 하자 임제 스님은 또 덫을 놓습니다. 나의 '할'이 좋은 '할'이었냐고 묻습니다. 그러나 걸려들지 않습니다. 임제 스님에게 두 번 잘못은 용서하지 않겠다고 준엄한 경고까지 합니다. 질문 자체가 잘못됐다는 의미도 있지만 그 질문에 속아 넘어가지 않겠다는 뜻도 담겨 있습니다. 임제 스님이 다시 '할'을 합니다. 아마도 칭찬의 의미가 아니었을까 생각합니다. 기특한 마음이 일었겠지요. 이렇게 '할'은 하나지만 그 뜻은 변화무쌍합니다.

손님과
주인이
분명하다

賓主歷然

어느 날 양당의 두 수좌가 서로 만나자마자 동시에 '할' 했다. 이를 본 어떤 스님이 임제 스님에게 물었다.

"이런 경우에도 손님과 주인이 있습니까."

"손님과 주인이 분명하다."

또 임제 스님이 말했다.

"대중들아, 임제의 손님과 주인에 대한 의미를 알고 싶다면 두 승당의 두 수좌에게 직접 물어보라."

그리고 곧장 법상에서 내려왔다.

是日兩堂首座相見 同時下喝 僧問師 還有賓主也無 師云 賓主歷然 師云 大衆 要會臨濟賓主句 問取堂中二首座 便下座

양당兩堂은 동당東堂과 서당西堂을 말합니다. 전당前堂과 후당後堂이라 해도 의미는 같습니다. 수좌首座는 전당과 후당의 가장 법이 높은 스님을 말합니다. 양당의 당주堂主들입니다. 이 양당의 수좌 스님들이 만나자마자 동시에 '할' 했습니다. 아마 이제는 할이 보편화된 것 같습니다.

그런데 이 광경을 본 어떤 스님이 임제 스님에게 묻습니다. "여기에도 손님과 주인이 있습니까." 이에 대해 임제 스님은 의외로 "손님과 주인이 확연하다"고 말합니다. '할'은 사량과 분별을 끊어내는 방편입니다. 그런데 여기에 주객이 나뉜다고 하니 의아한 일입니다. 이것이 바로 임제 스님의 유명한 빈주구賓主句입니다. '할'은 그 자체로 있음과 없음, 주인과 객체, 즉 손님과 주인의 경계를 떠난 경지를 드러내는 방편입니다.

그렇다면 손님과 주인이 확연하다는 의미는 무엇일까요. 각자 참구해봐야 할 내용입니다. 그럼에도 사족을 붙이자면 진리 그 자체인 체體와 쓰임이나 작용을 말하는 용用에 대한 설명이라고 볼 수 있습니다. 진리의 당체는 본질적으로 공空이지만 인연 조합에 따라 삼라만상으로 드러납니다. 그러므로 공에만 집착하면 안 됩니다. 진리 그 자체에 집착하는 것도 망상입니다.

불법의 큰 뜻

佛法大意

임제 스님이 법상에 오르자 어떤 스님이 물었다.

"어떤 것이 불법의 큰 뜻입니까."

임제 스님이 불자拂子를 세우니, 그 스님이 곧바로 '할' 했다.

이에 임제 스님이 그 스님을 때렸다.

또 어떤 스님이 물었다.

"어떤 것이 불법의 대의입니까."

임제 스님이 역시 불자를 일으켜 세우니, 그 스님이 바로 '할' 했다.

임제 스님 역시 '할' 했다.

그 스님이 이해를 못해 머뭇거리자 임제 스님이 곧바로 때렸다.

上堂 僧問 如何是佛法大意 師竪起拂子 僧便喝 師便打 又僧問 如何是佛法大意 師亦竪起拂子 僧便喝 師亦喝 僧擬議 師便打

불자拂子는 참선을 할 때 파리나 모기를 쫓아내기 위한 도구입니다. 그러나 중국의 선종에서는 선사들의 권위를 상징하는 경우가 많습니다. 두 스님이 불법의 대의를 묻고, 두 스님 모두 임제 스님에게 맞았지만 의미는 사뭇 다릅니다. 불법의 대의를 묻는 질문에 불자를 세운 것은 부처님께서 마하가섭에게 연꽃을 들어 보인 연유와 같은 의미입니다. 이에 가섭은 미소로 대답했지만 스님들은 임제 스님의 제자답게 '할'로 대신했습니다. 그러나 두 번째 스님의 '할'은 임제 스님의 흉내였던 것입니다. 머뭇거리는 것 자체가 생각을 하고 있다는 방증입니다. 할喝과 방棒은 사량이나 분별을 끊어주기 위한 방편입니다. 질문에 대해 즉답을 하지 못하고 이리저리 설명하면 진리와 영원히 멀어집니다. 선禪은 직관을 중요시합니다. 구차하게 토를 달면 안 됩니다.

다시
그 몽둥이로
맞고 싶구나

一頓棒喫

"수행자들이여! 무릇 진리를 구하는 사람은 몸과 목숨을 잃는 어려움을 피하지 말아야 한다. 내가 이십 년 전에 황벽 선사의 처소에 있을 때 세 번이나 불법의 큰 뜻을 물었다가 세 번 다 황벽 선사께서 하사하시는 몽둥이질을 당했다. 그것은 마치 쑥대로 먼지를 털어주는 것과 같았다. 지금 생각해보니 다시 그 몽둥이로 맞고 싶구나. 어떤 사람이 나를 위해 그렇게 해주겠는가."

그때 어떤 스님이 대중 속에서 나와 말했다.

"제가 그렇게 하겠습니다."

임제 스님이 몽둥이를 건네주려고 하자 그 스님이 머뭇거렸다. 임제 스님이 바로 후려쳤다.

師乃云 大衆 夫爲法者 不避喪身失命 我二十年前 在黃檗先師處 三度問佛法的的大意 三度蒙他賜杖 如蒿枝拂著相似 如今更思得一頓棒喫 誰人爲我行得 時有僧出衆云 某甲行得 師拈棒與他 其僧擬接 師便打

황벽 스님은 몽둥이질로 제자인 임제 스님에게 깨달음의 눈을 뜨게 해주었습니다. 고마운 스승의 자비로운 매질이기에 임제 스님은 황벽 스님의 몽둥이질을 사장賜杖이라고 합니다. 사賜는 하사하다는 의미인데 해석하면 친절하게, 혹은 자비롭게도 몽둥이질을 내려주셨다는 뜻입니다.

당시 중국에서는 갓난아기를 축원하는 의미로 쑥대, 즉 쑥다발로 아이를 쓰다듬는 풍습이 있었는데 임제 스님은 황벽 스님의 매서운 몽둥이질이 마치 쑥대로 먼지를 털어주는 것 같았다고 합니다.

그리고 이 자리에 이와 같이 몽둥이질을 해줄 사람이 있는지 묻습니다. 그때 어떤 스님이 자신이 하겠다고 불쑥 나섭니다. 용기는 가상합니다. 그런데 막상 몽둥이를 건네주려니까 머뭇거립니다. 그러자 임제 스님이 바로 후려칩니다.

이것이 활발발한 선의 정신입니다. 만약 그 스님이 받아서 바로 때렸으면 임제 스님은 고스란히 맞았을 것입니다. 그런데 그 스님은 '진짜 받아서 때려도 되나' 하고 헤아리고 있습니다. 이러니, 바로 임제 스님의 몽둥이질을 당한 것입니다. 다시 말하지만 선禪은 생각과 이론과 문자를 떠나 있습니다. 임제 스님의 몽둥이질은 '너는 아직 멀었다'는 의미일 것입니다.

어떤 것이
칼날 위의
일인가

劍刃上事

임제 스님이 법상에 오르자 어떤 스님이 물었다.

"어떤 것이 칼날 위의 일입니까."

"위험하다. 위험하다."

그 스님이 머뭇거리자 임제 스님이 곧바로 후려쳤다.

上堂僧問 如何是劍刃上事 師云 禍事禍事 僧擬議 師便打

칼날은 반야般若, 혹은 지혜를 말합니다. 번뇌와 망상을 베어버리는 지혜의 칼날입니다. 말 그대로 반야의 검劍입니다. 검인상사劍刃上事, 즉 칼날 위의 일은 사량과 분별이 모두 떨어져나간 경지를 뜻합니다. 그런데 한 스님이 칼날 위의 일을 묻습니다.

임제 스님은 이미 여러 번 절대경지는 말과 글로 설명할 수 없다고 밝혔습니다. 말하는 순간 진리에서 멀어집니다. 말 밖의 뜻, 글 밖의 의미를 알아야 합니다. 그럼에도 사량과 분별 속에서 말로 물어오고 있습니다. 임제 스님이 '위험하다'고 일깨우고 있는데도 그 스님은 이해를 못합니다. 이에 임제 스님은 바로 그 자리에서 후려치는 것으로 생각의 실타래를 끊어버립니다.

검인상사를 수행자의 자세로 봐도 좋습니다. 수행자는 항상 칼날 위에 있는 것처럼 치열해야 합니다. 만약 수행자의 의식이 흐릿해진다면 수행은 더 이상 나아갈 수 없습니다.

깊은 샘 속에 빠져버렸다　　　　　沒溺深泉

어떤 스님이 물었다.

"석실행자가 방아를 찧을 적에 다리 옮기는 것을 잊어버렸다 하니 어디로 향해 갔습니까."

"깊은 샘 속에 빠져버렸다."

問 祇如石室行者 踏碓忘却移脚 向什麽處去 師云 沒溺深泉

석실행자石室行者는 청원행사靑原行思(?~740) 스님의 4대손인 석실선도石室善道 스님을 말합니다. 석실행자가 살았던 시기는 도교를 신봉했던 당나라 무종이 불교를 박해하고 훼불毀佛을 자행하던 불행한 시절이었습니다. 무종은 각 지역의 절들을 헐어 버리고 스님들을 모두 강제로 환속시킵니다. 이런 이유로 석실 스님은 가사도 입지 못한 채 속복을 입고 살아야 했습니다. 그래서 석실 스님이라 하지 않고 석실행자라 부르는 것입니다.

석실행자는 디딜방아 찧는 일을 했습니다. 디딜방아는 한 발로 찧으면 힘이 들기 때문에 오래 일을 하려면 양발을 번갈아 써야 합니다. 그런데 석실행자는 다리 아픈 것도 잊어버리고 한 발로 방아를 찧었다고 합니다. 방아삼매에 들어간 것입니다. 이에 대해 임제 스님은 깊은 샘 속에 빠진 것과 같다고 합니다.

무심의 경지로 자신의 일에 몰입한 무심삼매無心三昧라는 의미가 아니라 깊은 샘 속에 빠진 것처럼 의식이 완전히 탈각된 상태라고 비판한 것입니다. 이런 삼매는 바람직하지 않습니다. 지혜의 작용이 사라진 삼매는 혼미하고 침울한 마음상태인 혼침昏沈과 다를 바 없습니다. 이를 무기공無記空이라고도 합니다. 몸과 감각이 다 사라진, 허공과 같은 상태가 삼매인 줄 착각하는 것입니다.

삼매에 들더라도 명징하게 깨어 있어야 합니다. 의심할 여지없이 또렷해야 합니다. 이를 고요한 가운데 정신은 별처럼 또렷한

성성적적惺惺寂寂이라고 합니다. 무아지경이 되었다고 다 삼매라
고 착각해서는 안 됩니다. 삼매는 지혜와 함께 발현돼야 합니다.

어설프게
짐작하지 마라

莫亂斟酌

수행자들이여! 나는 이곳에 오는 사람들이 어디서 왔는지, 어느 경지에 있는지 다 알고 있다. 만약 그와 같이 온다면 마치 자기 자신을 잃어버린 것과 같고, 그와 같지 않게 온다면 그것은 새끼줄 없이 스스로를 얽어매고 있는 것이다.

언제 어디서나 어설프게 짐작하고 분별하지 말아야 한다. 안다는 것도 모른다는 것도 모두 착각이다. 내가 분명히 말하거니와 천하 사람들이 헐뜯고 비방해도 그냥 맡기도록 하겠다.

오래 서 있느라 고생들 했다. 돌아가 쉬어라.

師乃云 但有來者 不虧欠伊 總識伊來處 若與麼來 恰似失却
不與麼來　無繩自縛 一切時中 莫亂斟酌 會與不會 都來是錯
分明與麼道 一任天下人貶剝 久立珍重
貶剝

'그와 같이'로 해석된 여마與麽는 '순수하게, 여여如如하게'라는 뜻입니다. 자신의 생각이나 지혜가 없는 그런 무심한 상태를 말합니다. 이런 상태라면 자기 자신을 잃어버린 것과 같다고 말합니다. 또 만약 그렇지 않다면 스스로를 얽어매고 있다는 것입니다. 다시 말해 자신의 주관이나 견해가 뚜렷하면, 그 견해에 사로잡혀 스스로에게 멍에를 씌운다는 뜻입니다. 아무 생각이 없는 무심도 틀렸지만, 주관이 뚜렷한 견해도 틀렸다는 말입니다. 그래서 지혜가 필요합니다.

삼매 속에 있되 성성한 지혜가 작용해야 합니다. 지혜 없이 스승의 말씀만 좇아서도 안 되고, 지혜 없이 자기주장만 내세워서도 안 됩니다. 그러므로 안다거나 모른다는 분별이 모두 잘못된 것이며 착각입니다.

임제 스님은 세상 사람들의 평가에 전혀 개의치 말라고 합니다. 세상 사람들은 저마다 자신의 근기와 이해에 따라 다른 사람들을 평가합니다. 그러니 결코 옳은 평가가 될 수 없습니다. 따라서 이런저런 말에 흔들리지 말고 그저 자신의 길을 가라는 가르침입니다.

고봉정상과 저잣거리　　　　　　　頂上街頭

수행자들이여! 한 사람은 높은 산봉우리 꼭대기에 있어 더 나아
갈 길이 없고, 한 사람은 사거리에 있어 앞뒤 구분이 없다. 어떤
사람이 앞서고 어떤 사람이 뒤처진 것인가. 한 사람은 유마힐이
고, 한 사람은 부대사라 하지 마라. 법문 듣느라 수고했다.

上堂云 一人在孤峯頂上 無出身之路 一人在十字街頭 亦無向
背 那箇在前 那箇在後 不作維摩詰 不作傅大士 珍重

고봉정상高峰頂上은 수행의 궁극적 경지입니다. 가장 높은 봉우리에 도달하면 더 이상 나아갈 곳이 없습니다. 또 사거리는 저잣거리를 말합니다. 즉 중생이 살고 있는 세속, 차별의 현장입니다. 저잣거리는 사방으로 터져 있기 때문에 앞뒤 구분이 없습니다. 그런데 고원한 깨달음의 세계에서 절대경지에 들어간 사람과 저잣거리에서 대중들과 함께 살면서도 분별에 빠지지 않는 사람 중 누가 더 훌륭한 경지에 있느냐고 묻고 있습니다.

유마힐維摩詰은 《유마경》의 주인공으로 석가모니 재세 당시 문수보살에게 침묵의 불이법문不二法門을 했습니다. 유마거사라고도 합니다. 부대사傅大士(497~569)는 중국 양나라 때 사람으로 중생들을 위해 끊임없이 설법을 했다고 합니다. 임제 스님은 앞은 유마거사고 뒤는 부대사라고 착각하지 말라고 합니다. 유마거사도 되지 말고 부대사도 되지 말라는 뜻입니다. 역설로 유마거사와 부대사를 닮으라는 말이기도 합니다. 두 분은 모두 산 꼭대기에 있으면서도 또한 저잣거리에 있었습니다. 절대경지에 있으면서도 평생을 중생들과 함께했습니다.

사람들은 진여眞如와 현상이 각각 따로 있다고 착각합니다. 그러나 진여와 현상은 따로 있지 않습니다. 번뇌가 곧 보리인 이치를 잘 이해해야 합니다.

집 안에서
길 위에서   家舍途中

수행자들이여! 한 사람은 오랫동안 길에 있으면서도 자기 집을
떠나지 않고, 또 한 사람은 집을 떠났지만 길에 머물러 있지
않다. 만약 이렇다면 어느 쪽이 인천의 공양을 받을 자격이 있
는가.

上堂云 有一人論劫在途中 不離家舍 有一人離家舍 不在途中
那箇合受人天供養 便下座

가사家舍는 깨달음의 세계, 절대경지를 말합니다. 도중途中은 깨달음에 이르기 위해 끊임없이 수행하는 과정입니다. 말 그대로 해석하면 한 사람은 수행하는 과정에 있으면서도 깨달음의 절대적인 경지에 있고, 또 한 사람은 깨달음의 절대적인 경지를 떠나 있지만 또한 과정에 있지도 않다는 뜻입니다. 우리가 만약 깨달았다고 한다면 깨닫고 난 다음 무엇이 있을까요.

돈오돈수頓悟頓修, 돈오점수頓悟漸修라고 해서 지금도 끊임없이 논쟁이 이어지고 있지만, 돈오점수의 입장에서 본다면 깨닫고 난 다음에는 완성으로 가기 위한 끊임없는 과정만이 남아 있을 것입니다. 과정에 있으면서도 깨달음의 경지에서 떠나지 않고, 깨달음의 경지를 떠나 있지만 또한 과정에 있는 것도 아니라는 의미가 바로 이것입니다. 깨달음의 경지에 있다는 생각, 과정에 있다는 인식마저 사라져야 합니다.

또 대승불교의 입장에서 보자면 개인적인 깨달음에만 안주할 것이 아니라 중생교화도 함께 해야 한다는 의미입니다.

임제 스님은 이 두 사람 중 누가 부처의 경지가 되어 인간과 하늘의 공양을 받을 만한 자격이 있는지 묻고 있습니다. 두 사람 다 공양을 받을 자격이 있습니다. 이 분들의 길이 바로 부처님의 길이기 때문입니다. 그리고 우리 불자들이 가야 할 길이기도 합니다.

임제 스님이 법상에 오르자, 어떤 스님이 물었다.

"어떤 것이 제일구입니까."

"삼요라는 도장을 찍으니, 아직 도장의 인주가 나타나게 찍지를 못했다. 붉은 점이 나타나지 않음이요. 이리저리 따져서 주관과 객관을 나눔을 용납하지 않는다."

"제이구의 경지는 어떻습니까."

"문수보살이 무착의 물음을 용납하겠는가마는 방편으로 또한 뛰어난 근기를 저버릴 수 있겠는가."

"어떤 것이 제삼구입니까."

"무대 위의 인형극을 잘 간파해야 한다. 모두 무대 뒤에서 인형을 조종하는 사람이 있다는 것을 알아야 한다."

上堂僧問 如何是第一句 師云 三要印開朱點側 未容擬議主賓
分 問 如何是第二句 師云 妙解豈容無著問 漚和爭負截流機
問 如何是第三句 師云 看取棚頭弄傀儡 抽牽都來裏有人

여기서 제일구第一句는 가장 본질적인 진리를 말합니다. 뒤이어 제이구第二句, 제삼구第三句가 나오는데 이를 흔히 체상용體相用으로 설명합니다.

체상용은 본질적으로 하나입니다. 체體는 진리 그 자체입니다. 진여, 혹은 무위진인이 이에 해당됩니다. 상相은 진리가 드러난 모습이고, 용用은 그 쓰임이나 작용입니다. 이를 임제의 삼구三句라고 부릅니다. 또, 체상용은 법신法身, 보신報身, 화신化身입니다. 제일구가 법신이고, 제이구가 보신이며 제삼구가 화신입니다.

제일구에 대해 임제 스님은 삼요라는 도장을 찍었는데, 도장과 분리되지 않아 붉은 글씨가 드러나지 않은 상태라고 설명합니다. 주관과 객관이 나눠지지 않은 상태라는 뜻입니다. 이심전심以心傳心의 세계입니다. 깨달음 그 자체입니다. 이를 다른 선어록에서는 허공인虛空印이라고도 합니다. 허공에 도장을 찍었다는 뜻인데 텅 빈 허공에는 아무리 도장을 찍어도 흔적이 남지 않습니다. 주관과 객관의 구분이 없는 진리의 본체가 바로 제일구입니다. 여기서 도장은 우리가 흔히 삼법인三法印이라고 할 때 바로 그 도장입니다. 진리의 도장입니다.

제이구에 대해 임제 스님은 무착 스님이 문수보살을 친견하고자 일보일배一步一拜를 했던 일화를 예로 듭니다.

어느 날 무착 스님이 오대산에 가면 문수보살을 친견할 수 있다는 말에 일보일배를 하며 오대산을 향해 갑니다. 하루는 가는 길에 날이 어두워져 허름한 오두막을 찾아갑니다. 그곳에는 나이 지긋한 노인 한 분이 혼자서 농사를 지으며 살고 있었습니다. 노인의 배려로 저녁공양을 마치자 노인이 스님에게 묻습니다.

"젊은 스님은 어디서 오셨습니까."

"남방에서 왔습니다."

"남방의 불교는 어떻습니까."

"말법의 비구들이 계율이나마 지키며 모여 살고 있습니다."

"대중들의 숫자는 얼마나 됩니까."

"삼백 명에서 오백 명 정도 됩니다."

이번에는 무착 스님이 노인에게 묻습니다.

"이곳의 불교는 어떻습니까."

"범인과 성인이 함께 있고, 용과 뱀이 섞여 있습니다."

"그 수가 얼마나 됩니까."

"전삼삼후삼삼前三三後三三입니다."

이내 대화가 끝나고 달게 잠을 잔 무착 스님은 다음 날 아침 황망한 광경을 목격합니다. 오두막은 온데간데없고 노인 또한 사라져버렸습니다. 그냥 숲에서 잠을 잔 것입니다. 이에 무착 스님은 그 노인이 바로 문수보살임을 알고 큰 깨달음을 얻은 뒤 남방으로 돌아갑니다.

이렇게 남방으로 돌아간 무착 스님이 어느 날 대중들에게 줄팥죽을 쑤고 있는데 모락모락 올라오는 김 속에서 문수보살이 나타납니다. 그런데 무착 스님이 이를 본체만체합니다.

그러자 문수보살이 말합니다. "이봐, 내가 바로 문수라네." 그러자 무착 스님이 주걱으로 김 속의 문수보살을 후려치며 말합니다. "문수는 문수고, 무착은 무착이다."

진실여부를 떠나 이 이야기는 《벽암록碧巖錄》에 나오는 유명한 일화입니다.

제이구의 경지를 물에 도장을 찍은 것과 같다고 합니다. 물에 도장을 찍으면 잠시 잠깐 형태를 남기지만 이내 곧 사라지고 맙니다. 이는 문수보살이 방편으로 무착 스님을 일깨우는 경지를 뜻합니다. 무착 스님 정도의 빼어난 근기가 있어야 문수보살의 말 몇 마디에 깨달을 수 있습니다. 주관과 객관이 잠시 분리됐지만 곧바로 하나가 됐습니다.

제삼구는 인형극으로 비유합니다. 인형극에 나오는 인형은 뒤에서 조종하는 사람에 따라 움직입니다. 이는 진흙에 도장을 찍는 것과 같다고 설명합니다. 진흙에 도장을 찍으면 자국이 그대로 남습니다. 주관과 객관이 그대로 남아 있는 것입니다. 진리와 하나가 되지 못하고 진리는 진리대로 자신은 자신대로 남아 있으니, 하근기의 경계입니다.

임제의
삼현삼요

三玄三要

수행자들이여! 한 구절의 말에 반드시 삼현문이 갖춰져 있어야 하고, 일현문에는 삼요가 갖춰져야 한다. 그래야 방편도 있고 작용도 있다. 그대들은 이것을 어떻게 이해했는가.

師又云 一句語須具三玄門 一玄門須具三要 有權有用 汝等諸人 作麼生會 下座

임제의 삼현삼요三玄三要라고 하는 유명한 공안公案입니다. 삼현삼요에 대해서 남아 있는 말씀은 이것 외에는 없습니다. 이것만으로 삼현삼요에 대해 상세하게 알기는 어렵습니다. 그래서 후대에 이르기까지 이에 대한 많은 해설과 게송이 나왔습니다.

삼현문은 체중현體中玄, 구중현句中玄, 현중현玄中玄의 세 가지인데 체상용을 말합니다. 체중현은 말 그자체로서의 진실을 나타내는 언구言句, 구중현은 분별에 빠지지 않고 말에 구애되지 않는 진실을 나타내는 언구, 그리고 현중현은 일체의 논리나 말의 속박을 벗어난 진실의 언구를 말합니다.

삼요三要란 세 가지 중요한 것, 세 가지 요점이라고 할 수 있는데 이것 또한 체상용을 말합니다. 본질體과 현상相과 그 쓰임用은 어떤 물건이나 모든 말에도 다 존재합니다. 그래서 일구一句 중에 삼현문이 모두 있고, 일현문에는 삼요가 모두 갖추어져 있다는 것입니다. 즉, 한 구절의 말에는 진리와 진리의 드러남, 쓰임이 모두 갖춰져야 한다는 말입니다.

시중示衆

시중은 상당에 비해 훨씬 자유로운 법문입니다. 말 그대로 대중 속에서 가
르침을 보여준다는 의미입니다. 임제 스님의 대중법문입니다.

근기에
따라
선별하다

四料揀

임제 스님이 저녁 법문에서 대중들에게 설법했다.

"나는 어느 때는 사람을 빼앗지만 경계는 빼앗지 않고, 어느 때는 경계를 빼앗지만 사람은 빼앗지 않으며, 어느 때는 사람과 경계를 모두 다 빼앗고, 어느 때는 사람과 경계를 모두 다 빼앗지 않는다."

師晚參示衆云 有時奪人不奪境 有時奪境不奪人 有時人境俱奪 有時人境俱不奪

만참晚參은 저녁 법문을 말합니다. 위의 내용을 임제 스님의 사료간四料揀이라고 합니다. 요料는 헤아리다 혹은 잰다, 간揀은 가려서 뽑다, 구별하다는 뜻이니 근기에 따라 제자를 선별하여 제접하는 네 가지 기준을 말합니다. 그런데 어떤 것이 네 가지 기준일까요.

첫째, 사람을 빼앗고 경계를 빼앗지 않는다.

둘째, 경계를 빼앗고 사람은 빼앗지 않는다.

셋째, 사람과 경계 모두 빼앗는다.

넷째, 사람과 경계 모두 빼앗지 않는다.

여기서 말하는 사람과 경계는 주관과 객관, 혹은 나와 대상을 말합니다. 우리가 불교를 공부할 때 처음에는 아집을 모두 내려놓고 가르침을 충실히 배워야 합니다. 이것이 주관은 사라지고 객관은 남아 있는 경지입니다. 이후에는 가르침을 스스로 체득해 자신의 견해를 가지게 됩니다. 이것이 객관은 사라지고 주관이 남아 있는 경지입니다. 그러고 나면 모든 것이 공空하다는 것을 알게 됩니다. 그래서 모든 것을 부정하게 됩니다. 이것이 주관과 객관이 모두 사라지는 경지입니다. 소승적인 깨달음의 경계입니다.

그러나 이를 넘어서면 결국은 삼라만상이 그대로 진리 그 자체인 것을 알게 됩니다. 이것이 주관과 객관이 모두 남아 있는, 그러면서도 걸림이 없는 경계입니다. 대승적인 깨달음의 세계입니다.

임제 스님은 근기에 따라 이런 네 가지 기준으로 후학들을 가르쳤습니다. 그럼, 사람은 빼앗고 경계를 빼앗지 않는다는 것은 무슨 의미일까요. 임제 스님의 법문이 이어집니다.

사람을 빼앗고 경계를 빼앗고

奪人奪境

그때 어떤 스님이 물었다.

"사람을 뺏고 경계를 빼앗지 않는 것은 어떤 경지입니까."

"햇볕이 따스한 봄날에 만물이 발생하여 대지에는 비단을 깐 것 같고, 어린아이가 머리카락을 내려뜨리니 하얀 실과 같다."

"경계를 빼앗아버리고 사람을 빼앗지 않는 것은 어떤 경지입니까."

"왕의 명령이 이미 천하에 두루 행해지는 태평시절에는 전방 요새에 있는 장군도 전쟁을 하지 않아 먼지 하나 일으키지 않는다."

"사람과 경계를 모두 빼앗는 것은 어떤 경지입니까."

"병주와 분주는 신의를 끊고 지금은 독립하여 기반을 구축하고 있다."

"사람과 경계를 모두 빼앗지 않는 것은 어떤 경지입니까."

"왕이 보배로운 궁전에 오르고, 들녘의 늙은 농부는 태평가를 부른다."

時有僧問 如何是奪人不奪境 師云 煦日發生鋪地錦 孾孩垂髮
白如絲 僧云 如何是奪境不奪人 師云 王令已行天下偏 將軍
塞外絶煙塵 僧云 如何是人境兩俱奪 師云 并汾絶信 獨處一方
僧云 如何是人境俱不奪 師云 王登寶殿 野老謳歌

임제 스님은 사료간에 대해 비유를 들어 하나하나 설명합니다.

첫째, 주관이 사라지고 객관만이 남게 되면 세상은 봄날에 만물이 발생하여 대지에 비단을 깐 것처럼 아름다워집니다. 내 생각, 내 고집을 내려놓으니 시비是非가 사라지기 때문입니다.

둘째, 주관을 내세우고 객관이 사라진 상태입니다. 이는 왕 한 사람의 명령으로 모든 것이 돌아가는 세상인데 객관이 사라졌으니, 비교대상이 없습니다. 일인독재라고 할 수 있지만 반대가 없는 까닭에 어떤 측면에서는 태평성대입니다.

셋째, 주관도 사라지고 객관도 사라진 상태입니다. 이를 병주 幷州와 분주汾州가 신의를 끊고 독립하여 기반을 구축하고 있다고 표현했는데, 주관과 객관이 함께 사라져 모든 관계가 끊어진 상태입니다.

넷째, 왕과 들녘의 농부가 각자 서로의 일을 하지만 걸림이 없이 평화롭습니다. 주관과 객관이 모두 남아 있으면서 서로의 자리에서 최선을 다합니다. 주관과 객관이 소통하면서 본성을 걸림 없이 드러냅니다. 가장 이상적인 세상의 모습입니다.

저절로
수승함이
이뤄진다

殊勝自至

수행자들이여! 오늘날 불법을 배우는 사람들은 반드시 정법을 바로 볼 수 있는 참되고 바른 견해를 갖춰야 한다. 만약 진정견해를 얻을 수 있다면 생사에 물들지 않고 가고 머무름에 자유로워져 수승함을 구하지 않아도 저절로 수승함이 이뤄진다.

   수행자들이여! 옛 선지식들은 모두 사람들을 교화하는 특별한 수단을 가지고 있었다. 산승이 사람들에게 가르치고 보여주는 것은 다만 그대들이 다른 사람의 말에 속지 않을 것을 요구할 뿐이다. 꼭 해야 될 일이면 하고 우물쭈물 주저하며 망설이지 말아야 한다. 요즘 공부하는 사람들이 진정한 견해를 체득하지 못하는 병이 어디에 있는가. 스스로를 믿지 못하는 데 있다. 그대들이 만약 스스로 믿지 못하면 일체의 경계에 바쁘게 끌려다니게 되고 이렇게 수많은 경계에 휘둘려 자유롭지 못하게 된다.

師乃云 今時學佛法者 且要求眞正見解 若得眞正見解 生死不
染 去住自由 不要求殊勝 殊勝自至 道流 祇如自古先德 皆有出
人底路 如山僧指示人處 祇要儞不受人惑 要用便用 更莫遲疑
如今學者不得 病在甚處 病在不自信處 儞若自信不及 卽便忙
忙地徇一切境轉 被他萬境回換 不得自由

임제 스님 가르침의 핵심이 진정견해眞正見解입니다. 진정견해는 팔정도八正道의 정견正見과 같습니다. 따라서 임제 스님이 설하는 깨달음의 내용은 진정견해이며 바로 정견입니다. 우리가 말하는 깨달음은 지나치게 신비화되고 우상화되어 있습니다. 깨달음이 마치 알 수 없는 무엇인 것처럼 이야기들을 많이 합니다. 그러나 이 모든 것은 잘못되었습니다. 정견만 있으면 됩니다.

그렇다면 정견은 무엇일까요. 삼법인三法印에 대한 확고한 이해입니다. 여기서 인印은 도장입니다. 인감도장이 나를 대신하듯이 세 가지 법이 바로 불교이며 진리 그 자체라는 뜻입니다. 그래서 도장을 뜻하는 인을 쓴 것입니다. 삼법인은 제행무상인諸行無常印, 제법무아인諸法無我印, 열반적정인涅槃寂靜印입니다.

제행무상은 모든 것은 변한다는 진리입니다. 변하지 않는 것은 결코 없습니다.

제법무아는 모든 현상에 고정된 실체의 나라고 할 만한 것이 없다는 뜻입니다. 변하지 않는 나는 없습니다. 흔히 나로 착각하는 아我는 여러 조건들이 만난 인연가합因緣假合에 의해 이뤄진 조합에 불과합니다. 양파를 까다보면 결국 아무것도 없듯이, 장난감으로 조립한 사람을 분리하고 나면 조각들만 남아 있듯이 결코 나라고 할 만한 것은 아무것도 없습니다. 그냥 착각하는 것뿐입니다.

이러한 진리를 깨달아 번뇌를 제거한 열반의 세계에 이르는 것을 열반적정이라고 합니다.

　임제 스님께서 말한 진정견해는 이러한 삼법인에 대한 명확한 이해입니다. 만약 진정견해만 있다면 생사에 물들지 않고 가고 머무름에 자유롭게 됩니다. 진정견해를 통해 탐욕과 분노와 어리석음을 제거하고 나면 바로 스스로가 무위진인임을, 본래 부처임을 체득하게 되고, 이렇게 되면 생사에 물들 일도 없고, 가고 옴에 잠시의 망설임이나 걸림이 없습니다. 따라서 진정견해를 얻으면 따로 깨달음을 구하지 않아도 깨달음은 절로 따르게 됩니다. 이것이 수승함을 구하지 않아도 수승함이 절로 이뤄진다는 의미입니다.

　옛 선지식들도 나름대로 사람들을 교화하는 특별한 방법들을 가지고 있지만, 임제 스님의 가르침은 다만 다른 사람들의 말에 미혹되거나 속지 말라는 것입니다. 부처님의 마지막 유훈인 '스스로를 등불 삼고 진리를 등불 삼아 끝없이 정진하라'는 말과 일맥상통합니다. 스스로 부처이며 모든 것이 완벽하게 구비된 진리 그 자체임을 믿어야 합니다. 스스로가 부처의 현현이며 무위진인입니다.

　그러나 사람들은 경전의 말씀에, 부처님의 거룩한 모습에, 조사 스님들의 가르침에 감탄을 하며 밖에서 진리를 구합니다. 임제 스님은 바로 이런 모습을 경책하고 있습니다. 이 모든 것이 또한 속박이라고 일깨웁니다.

스스로에 모든 것이 갖춰져 있다는 사실을, 지금 내가 바로 부처임을 믿지 못한다면 바깥 경계에 휘둘려 이리저리 노예처럼 끌려다닐 수밖에 없게 될 것입니다. 그러니 스스로가 온전히 갖춰져 있음을 믿고 확신해야 합니다.

부처님을
알고자 하는가   得識祖佛

수행자들이여! 그대들이 만약 한 생각 한 생각마다 바깥에서 구하는 마음을 쉬어 버린다면 조사나 부처님과 다를 바가 없다. 그대들이 부처님을 알고자 하는가. 지금 바로 내 앞에서 법문들 듣고 있는 바로 그대들이다. 공부하는 사람들의 믿음이 철저하지 못하여 밖을 향해 정신없이 헤매며 구하려고 한다.

설사 그렇게 해서 얻었다 해도 모두 문자로 된 훌륭한 모습일 뿐 끝내 살아 숨 쉬는 생생한 조사의 뜻을 얻지 못할 것이다. 착각하지 마라.

수행자들이여! 지금 이때에 자기가 곧 부처라는 사실을 알고도 만나지 못하면 오랜 세월을 삼계에 윤회해서 달콤한 경계에 이끌려 다니느라 나귀와 소의 뱃속에 태어날 것이다.

儞若能歇得念念馳求心 便與祖佛不別 儞欲得識祖佛麼 祇儞面前聽法底是 學人信不及 便向外馳求 設求得者 皆是文字勝相 終不得他活祖意 莫錯 諸禪德 此時不遇 萬劫千生 輪廻三界 徇好境掇去 驢牛肚裏生

치구심馳求心은 바깥으로 달려 나가는 마음입니다. 이런 치구심만 없앨 수 있다면, 즉 경계에 끌려 이리저리 헤매지만 않는다면 우리는 조사 스님이나 부처님과 다를 바가 없습니다. 이런 까닭에 임제 스님은 "법문을 듣는 그대들이 바로 부처님"이라고 자신 있게 말한 것입니다. 그러나 만약 이런 정견을 갖지 못한다면 영원히 삼계三界를 윤회輪廻하며 당나귀나 소의 뱃속에 태어나는 과보를 받게 될 것이라고 합니다. 그런데 여기에서 한 가지 짚고 넘어갈 것이 바로 삼계와 윤회입니다.

삼계는 흔히 욕계欲界, 색계色界, 무색계無色界를 말합니다. 그러나 중국의 천태지자天台智者(538~597) 스님은 삼계를 탐욕, 분노, 어리석음의 탐진치貪瞋癡로 해석합니다. 또 지옥, 아귀, 축생, 수라, 인간, 천상의 육도윤회六途輪廻가 따로 있는 것이 아니라 지금 현재 우리의 모습이라고 말합니다.

정신없이 어질러진 곳을 아수라장이라고 합니다. 아수라는 싸움을 좋아합니다. 그래서 그 주변은 시끄럽고 어수선해 정신이 없습니다. 내 주변이 이렇다면 지금 내가 아수라입니다. 또 밥을 미친 듯이 먹는 사람을 보면 아귀아귀 먹는다고 합니다. 탐욕이 지나쳐 무언가에 항상 허기져 있으면 그 사람이 바로 아귀입니다.

우리는 하루에도 몇 번씩 지옥과 천상을 오락가락합니다. 또 틈틈이 짐승보다도 못한 일을 할 때도 많습니다. 육도의 윤회가 따로 있어, 죽은 다음에 과보에 따라 돌고 도는 것이 아니라 바로 일상에서 끊임없이 육도를 윤회하고 있는 것입니다. 바로 탐욕과 분노와 어리석음 때문입니다.

　또 하나 생각해볼 것이, 부처님께서는 무아無我를 말씀하셨습니다. 나라고 할 만한 것이 없는데, 어떻게 죽은 다음 윤회가 가능할까요. 후대 대승불교에 유식사상唯識思想이 등장하면서 아뢰야식阿賴耶識이 유전한다는 이론이 나오기는 하지만 부처님의 무아사상에 비춰본다면 사후의 윤회는 논리적인 모순일 수도 있습니다. 따라서 천태지자 스님의 말씀처럼 윤회는 지금 삶속에서 당장 일어나고 있는 것으로 보는 것이 타당합니다. 윤회는 죽은 다음의 문제가 아니고 지금 당장의 문제입니다.

완전한
자유를 얻은
일없는 사람

是無事人

수행자들이여! 산승의 견해를 분명히 밝힌다면 여러분은 석가모니 부처님과 다를 바가 없다. 오늘 여러 가지로 작용하는 곳에 모자란 것이 무엇인가. 육근에서 나오는 신령스런 빛이 잠시도 쉰 적이 없다. 만약 이와 같이 볼 수 있다면 한평생 완전한 자유를 얻은 일없는 사람이다.

道流 約山僧見處 與釋迦不別 今日多般用處 欠少什麼 六道神光 未曾間歇 若能如是見得 祇是一生無事人

임제 스님은 우리 모두가 완전한 그대로 부처임을 다시 밝히고 있습니다. 우리는 석가모니 부처님과 전혀 다를 바가 없습니다. 부족한 것 또한 없습니다. 이와 같이 볼 수만 있다면, 이런 진정 견해만 가질 수 있다면 우리는 완전한 자유를 얻은 무사인無事 人입니다.

다반용처多般用處는 일상생활에서의 우리의 모든 행동이며, 육도신광六道神光은 눈, 귀, 코, 입, 몸, 뜻(眼耳鼻舌身意)의 육근 六根에서 나오는 지혜의 작용입니다. 무위진인은 우리의 육근을 통해 끊임없이 활동하고 있음을 임제 스님은 말하고 있습니다.

무위진인은 잠시도 쉬지를 않습니다. 그것만 안다면 달리 닦고 말고 할 것이 없습니다. 또 닦는다고 해서 얻을 수 있는 것도 아닙니다. 보물은 바로 지금 우리 손에 들려 있습니다. 그것만 알면 됩니다. 그것만 확연히 깨달으면 쓸데없는 번뇌와 망상으로부터 바로 벗어날 수 있습니다. 그리하여 할 일이 전혀 없는, 또는 할 일을 모두 마친 무사인이며 무위진인이 됩니다.

밖에서
구하지 마라

但莫外求

수행자들이여! 삼계는 편안하지 않아 마치 불타는 집과 같다. 이곳은 그대들이 오래 머무를 곳이 못된다. 무상이라는 사람을 죽이는 귀신은 한 찰나 사이에 귀한 사람이나 천한 사람, 나이 먹은 사람이나 어린 사람 가리지 않는다. 그대들이 조사님이나 부처님과 다르지 않기를 바란다면 밖에서 구하지 말라. 그대들 한 생각의 마음에 청정한 빛이 그대들의 법신불이다. 한 생각의 마음에 분별없는 빛이 그대들의 보신불이요, 한 순간 생각의 마음에 차별없는 빛이 그대들의 화신불이다.

이 세 가지의 몸은 바로 지금 눈앞에서 법을 듣고 있는 바로 그대들이다. 다만 밖으로 쫓아다니지만 않는다면 이런 공용이 있는 것이다. 경론을 공부하는 이들에 따르면 이 세 종류의 불신을 취하여 궁극적인 경지로 삼지만 산승의 견해는 그렇지 않다. 이 세 종류의 불신이라는 것은 이름과 말뿐이고 의지해서 발생된 것일 뿐이다.

옛사람이 말하기를 몸이라고 하는 것은 뜻에 의해서 세워진

것이고, 국토는 체에 의거하여 말 되어진 것이다. 법성신 법성토
는 이 빛의 그림자인 줄 분명히 알아야 한다.

大德 三界無安 猶如火宅 此不是儞久停住處 無常殺鬼 一刹那
間 不揀貴賤老少 儞要與祖佛不別 但莫外求 儞一念心上淸淨
光 是儞屋裏法身佛 儞一念心上無分別光 是儞屋裏報身佛 儞
一念心上無差別光 是儞屋裏化身佛 此三種身 是儞卽今目前
聽法底人 祇爲不向外馳求 有此功用 據經論家 取三種身爲極
則 約山僧見處 不然 此三種身是名言 亦是三種依 古人云 身
依義立 土據體論 法性身法性土 明知是光影

삼계, 즉 중생세계가 불타는 집과 같다는 표현은 《법화경》에 나오는 말입니다. 중생세계를 불타는 집으로 비유한 것은 모든 것이 무상無常하기 때문입니다. 일체가 영원하지도 항상恒常하지도 않습니다. 인연 따라 끊임없이 변화합니다. 영원한 것은 없습니다.

사람은 생로병사生老病死하고, 세상은 성주괴공成住壞空합니다. 죽음은 귀천貴賤을 가리지도 않고 나이를 따지지도 않습니다. 죽음도 불행도 부지불식간에 찾아옵니다. 따라서 미혹한 중생에게는 무상 그 자체가 사람을 잡아가는 귀신인 것입니다.

만약 부처와 같기를 바란다면 밖에서 구하지만 않으면 됩니다. 누누이 밝혔지만 모든 것은 내 안에 있습니다. 그런 의미에서 법신法身, 보신報身, 화신化身 또한 마음 밖에 따로 있지 않습니다. 우리가 비록 탐욕과 분노와 어리석음에 물들어 혼탁한 마음으로 하루하루를 보내지만 어느 순간 청정하고 깨끗한 마음이 들 때도 간혹 있습니다. 그런 마음이 일어날 때 스스로가 법신불이 되는 것입니다. 마찬가지로 분별없는 마음이 들 때가 있고 또한 차별 없는 마음이 일어날 때도 있습니다. 그 순간 보신불이며 화신불이 되는 것입니다. 결코 다른 곳에 있지 않습니다.

마음 상태에 따라 삼신三身이 드러나기도 하고 가려지기도 합니다. 그래서 임제 스님은 삼신불이 지금 내 앞에서 법문을 듣고 있는 그대들이라고 밝히고 있는 것입니다. 우리의 감각기관을 잘 다스려 밖으로 찾아 헤매는 마음을 안으로 돌이켜야 합니다. 그러면 우리가 부처님과 전혀 다를 바 없음을 깨닫게 됩니다.

공용功用은 법신, 보신, 화신으로 나타나는 부처님의 지혜의 작용입니다. 밖으로 헤매지만 않는다면 우리 안에 이미 존재하는 부처님의 지혜와 이에 따른 능력이 발현될 것입니다.

교학을 공부하는 사람들은 법신, 보신, 화신을 자신들의 논거로 삼아 금과옥조金科玉條처럼 받듭니다. 그러나 이는 깨달음과는 전혀 관계가 없습니다. 삼신은 부처님의 지혜 작용을 설명하기 위한 방편입니다. 법당에 불상을 모셔놓고 부처님이라고 부르는 것과 같은 상징적인 의미일 뿐입니다. 그런데 이를 진리 그 자체라고 받든다면 이 또한 우상입니다.

예를 들어 《관무량수경觀無量壽經》에서는 "정토는 마음 밖에 있지 않다"고 합니다. 이것을 유심정토唯心淨土라고 합니다. 그런데 이렇게 말하면 사람들은 허전해 합니다. 이해를 못하는 이들도 많습니다. 그래서 부득이하게 서쪽으로 십만억 국토를 지나면 아름다운 세계가 있는데 이곳이 극락정토이며 아미타불이 상주해 계신다고 방편으로 설명하는 것입니다.

이런 것처럼 삼신도 말로 표현할 수 없는 것을 말로 표현한 것일 뿐입니다. 법성法性의 신身은 아미타불이 되고, 법성의 토土는 극락정토가 됩니다. 따라서 법성의 몸이든, 법성의 국토든 모두 마음, 진여, 진리당체의 그림자에 불과함을 잘 알아야 합니다.

그림자를 가지고 희롱하는 사람

取弄光影

수행자들이여! 그대들은 이 그림자를 가지고 희롱하는 사람을 확실히 알아야 한다. 이것이 모든 부처님의 근본이다. 일체처가 모든 구도자들이 돌아가야 하는 곳이다. 그대들의 사대로 이뤄진 육신은 법을 설하거나 법을 듣지 못한다. 비장, 위장, 간장, 쓸개도 법을 설하거나 듣지 못한다. 또한 허공도 법을 설하거나 듣지 못한다.

그렇다면 무엇이 법을 설하고 들을 수 있는가. 그대들 눈앞에 분명한 아무 형체도 없는 홀로 밝은 이것이 바로 법을 설하고 법을 듣는다. 만약 이와 같이 볼 수 있다면 조사나 부처와 다를 바가 없다.

大德 儞且識取弄光影底人 是諸佛之本源 一切處是道流歸舍處 是儞四大色身 不解說法聽法 脾胃肝膽 不解說法聽法 虛空不解說法聽法 是什麼解說法聽法 是儞目前歷歷底 勿一箇形段孤明 是這箇解說法聽法 若如是見得 便與祖佛不別

《능엄경楞嚴經》에서 부처님은 칠처징심七處徵心을 통해 내 몸 안팎의 일곱 곳을 나누어 어디를 살펴봐도 마음을 찾을 수 없음을 밝히고 있습니다. 우리의 안을 들여다봐도 밖을 둘러봐도 마음은 잡히지 않습니다. 그렇다고 마음이 없는 것은 아닙니다. 움직이고 말을 하고 생각을 하지만 살펴보면 그 자체 또한 나는 아닙니다.

인연因緣에 의한 조합에 불과함은 누차 설명했습니다. 양파의 본질을 찾기 위해 계속 벗기다보면 결국은 아무것도 남지 않습니다. 사람 또한 면밀히 분석해 들어가면 양파처럼 여러 겹의 껍질들로 구성된 물질에 불과합니다.

그렇다면 마음은 어디에 있을까요. 눈으로 사물을 본다고 해도 눈에 마음이 있지 않습니다. 코로 냄새를 맡지만 코에도 마음은 없습니다. 생각을 한다고 해서 뇌를 열어봐도 마음을 찾을 수 없습니다. 아무리 찾아봐도 마음을 찾을 수 없습니다. 그래서 그림자를 가지고 희롱하는 사람을 확실히 알아야 한다고 합니다. 마음은 그런 존재입니다. 마치 꼭두각시 인형을 뒤에서 조종하는 사람이 있듯이 우리가 말하고 생각하고 행동하는 이면에는 이를 조종하는 그런 존재가 있다는 것입니다. 그것이 부처님의 근본이며 모든 구도자들이 돌아가야 할 곳입니다.

지수화풍地水火風으로 이뤄진 사대육신이 법을 설하는 것도 듣는 것도 아니며, 허공 또한 법을 설하거나 들을 수 없습니다.

그렇다면 이렇게 법을 설하고 듣고, 움직이고 생각하는 그 주체는 무엇일까요. 임제 스님은 "아무 형체가 없는 홀로 밝은 이것"이라고 표현했습니다. 앞서는 무위진인이라고도 했습니다. 육조 혜능 스님은 '한 물건一物'이라고 했습니다. 또 혜능 스님의 제자인 남악회양 스님은 "무슨 물건이 이렇게 왔는고" 하는 혜능 스님의 질문에 "설사 한 물건이라고 해도 맞지 않습니다"라고 맞받아칩니다. 이렇게 무위진인이든, 한 물건이든, 설사 한 물건도 아니던 이름 붙일 수 없는 이것을 조사 스님들처럼 볼 수 있다면 조사와 다를 것이 없고, 부처님과 다를 것이 없습니다.

해탈
아닌 것이
없다

無不解脫

수행자들이여! 다만 모든 시간 속에 끊어지지 않는다면 눈에 보이는 모든 것이 그대로 진리다. 망념이 생겨 지혜가 막히고 생각이 움직이면 본질이 달라진다. 그래서 삼계를 윤회하며 갖가지 고통을 받는 것이다. 산승이 보는 바에 따라 이야기 한다면 깊고 깊은 경지 아닌 것이 없고 해탈 아닌 것이 없다.

但一切時中 更莫間斷 觸目皆是 祇爲情生智隔 想變體殊 所以
輪廻三界 受種種苦 若約山僧見處 無不甚深 無不解脫.

언제 어디서나 청정한 마음이 끊어지지 않는다면 눈에 보이는 모든 것이 그대로 진리입니다. 그러나 우리의 마음은 일찰나一刹那에도 구백 번이나 생멸生滅을 거듭합니다. 탐욕과 분노와 어리석음을 버리지 못한 까닭에 청정한 마음이 계속 이어지지 못하고, 번뇌와 망상, 감정에 휩쓸려 평정심을 잃습니다. 망념이 생겨 지혜가 막히고, 지혜가 막힘으로 생각이 변하여 움직이면 본질과는 완전히 멀어집니다. 그래서 삼계를 윤회하며 갖가지 고통을 받게 됩니다.

그러나 임제 스님은 조금 다르게 말합니다. 이런 중생심의 세계 또한 깊은 경지이고 해탈이라는 것입니다. 무슨 말씀일까요. 우리의 일상이 바로 진리이며 해탈의 세계와 전혀 다르지 않다는 가르침입니다. 극락, 깨달음, 해탈, 윤회 이 모두가 지금 여기에 있습니다. 우리가 비록 중생이지만 또한 부처라는 말도 같은 맥락입니다. 우리가 부처와 전혀 다를 바 없음을 체득한다면 중생의 몸 그대로 부처입니다. 마찬가지로 현재의 삶이 그대로 깊은 경지이며 또한 해탈입니다.《육조단경六祖壇經》에서 육조혜능 대사는 번뇌煩惱가 곧 보리菩提라고 했습니다. 중생과 부처가 전혀 다르지 않다는 것입니다.

하나의   一心旣無
마음마저
없다면

수행자들이여! 마음이라는 것은 형상이 없어 시방세계를 관통
한다. 눈으로 본다고 하고, 귀로 듣는다고 하고, 코로 냄새를 맡
는다고 하고, 입으로 말을 한다고 하고, 손으로 잡는다고 하고,
발로 바쁘게 걷는다고 한다. 그러나 이것은 본래 하나의 정명이
나뉘어 여섯 가지로 화합된 것이다. 따라서 만일 그 하나의 마
음마저 없다고 한다면 어디서든지 해탈이다.

  산승이 이렇게 이야기하는 그 뜻은 어디에 있는가. 그것은 다
만 도를 배우는 사람들이 밖으로 정신없이 찾아 헤매는 마음을
쉬지 못하고 옛사람의 쓸데없는 말씀과 방편에 끌려다니고 있기
때문이다.

道流 心法無形 通貫十方 在眼曰見 在耳曰聞 在鼻齅香 在口談
論 在手執捉 在足運奔 本是一精明 分爲六和合 一心旣無 隨
處解脫 山僧與麽說 意在什麼處 祇爲道流一切馳求心不能歇
上他古人閑機境

마음은 육체의 반대로서의 의미가 아니라 진리 자체로서의 마음입니다. '마음이 곧 부처心卽是佛'라고 할 때도 마찬가지입니다. 마음에는 형상이 없습니다. 눈으로 볼 수 없고 손으로 만질 수도 없습니다. 그런 까닭에 시방十方을 두루 관통합니다. 시방은 동서남북東西南北의 사방과 건곤간손乾坤艮巽의 사유四維, 그리고 상하上下를 말합니다. 공간의 총합이면서 또한 공간을 초월한 것입니다. 그렇다면 마음은 어디에 있을까요.

눈으로 보고 있을 때는 눈에 있고 말을 할 때는 입에 있다고 말합니다. 무슨 뜻입니까. 마조 스님이 '평상의 마음이 바로 도'라고 했는데, 마음은 우리 일상의 생활 속에 그대로 드러나 있다는 뜻입니다. 듣고 말하고 냄새 맡고 움켜잡고 걷고 하는 생활 자체가 바로 도이며 이것이 마음의 작용입니다. 그렇다면 우리의 삶을 떠난, 일상을 벗어난 마음이란 있을 수 없겠지요.

이런 이치를 다시 설명한 것이 '본래일정명本來一精明 분위육화합分爲六和合'입니다. 하나의 정명이 나뉘어서 여섯 가지로 화합된 것이라는 뜻입니다. 《능엄경》에 나오는 내용인데 일정명一精明은 일심一心입니다. 깊게 들어가면 장식藏識인 아뢰야식이라고 설명하기도 합니다. 여섯 가지는 안이비설신의眼耳鼻舌身意의 육근六根입니다. 즉, 마음이 눈·귀·코·입·몸·뜻을 통해 작용한다는 의미입니다.

그런데 일심이라고 하니 이제는 일심에 집착합니다. 그러나 일심, 즉 마음이라고 하는 것도 없습니다. 그걸 알게 되면 어디에서나 해탈입니다. '수처작주隨處作住 입처개진立處皆眞'과 같은 말입니다. 처한 곳마다 주인이 되면 그 자리가 진리의 세계, 곧 해탈입니다.

그런데 우리가 해탈하지 못하는 이유는 무엇일까요. 진리가 밖에 있는 줄 알고 정신없이 찾아 헤매는 그 마음을 쉬지 못하기 때문입니다. 옛 스님들이나 조사들이 썼던 문자나 방편에 집착하여 흉내를 내거나, 그것을 진리로 착각하는 것이 우리의 해탈을 가로막고 있습니다.

업을 지으면서 부처를 구하고자 한다면 　　　作業求佛

수행자들이여! 산승의 견처를 취한다면 앉은 자리에서 보신불과 화신불의 머리를 끊어버리는 것이다. 십지의 수행을 성취한 보살도 천한 나그네와 같고 등각, 묘각의 깨달음을 체득한 사람도 감옥의 죄수와 같다. 아라한과 벽지불은 마치 화장실의 똥오줌과 같다. 보리니 열반이니 하는 경지도 당나귀를 매어 두는 말뚝과 같다. 왜 이러한가. 도를 닦는 여러분들이 삼아승지겁이 공한 것임을 알지 못하기 때문에 이러한 장애가 있는 것이다.

　만약 진정한 도인이라면 마침내 그렇지 않을 것이니, 다만 인연 따라 옛 업을 녹이고 자유자재로 옷을 갈아입어, 가게 되면 가고 앉고 싶으면 앉아서 한 생각도 불과를 구하는 마음을 가지지 않는다. 어째서 그러한가. 옛사람이 이르기를 만약 업을 지으면서 부처를 구하고자 한다면 부처는 생사를 일으키는 큰 조짐이 될 뿐이라고 하였다.

道流 取山僧見處 坐斷報化佛頭 十地滿心 猶如客作兒 等妙二
覺 擔枷鎖漢 羅漢辟支 猶如厠穢 菩提涅槃 如繫驢橛 何以如
此 祇爲道流不達三祇劫空 所以有此障礙 若是眞正道人 終不
如是 但能隨緣消舊業 任運著衣裳 要行卽行 要坐卽坐 無一
念心希求佛果 緣何如此 古人云 若欲作業求佛 佛是生死大兆

임제 스님은 어떤 권위도 인정하지 않았습니다. 그것이 부처님이건, 조사건 관계없습니다. 깨달음에 방해가 된다면 칼로 끊어내듯 철저히 버려야 합니다. 보신불과 화신불의 머리를 앉은 자리에서 끊어버려려야 합니다. 보신불이라는 고정관념, 화신불이라는 권위를 인정하지 말라는 뜻입니다.

고통은 나의 문제입니다. 해결하는 것도 또한 나의 몫입니다. 불상을 잘 모신다고 절로 해결되지 않습니다. 수학을 잘 하려면 수학 문제를 직접 풀어야 합니다. 수학 참고서를 숭배한다고 수학 실력이 느는 것이 아닌 것과 같은 이치입니다.

이런 이유로 십지의 수행을 성취한 보살 또한 천한 나그네와 같고 등각, 묘각의 깨달음을 체득한 사람도 감옥의 죄수와 같다고 합니다. 나한이니 벽지불이니 보리니 열반이니 하는 것도 마찬가지입니다.《화엄경華嚴經》에서는 부처님이 되기까지 삼아승지겁이 걸린다고 합니다. 그러나 그 무한한 세월이 공함을 모르고 있기 때문에 장애가 생기는 것입니다. 무한한 세월을 한 단계 한 단계 밟아야 깨달음을 얻을 수 있다는 관념 자체가 장애라는 뜻입니다.

선禪의 관점에서 보자면 무한한 세월 자체가 바로 공이며, 깨달음의 단계라는 것 또한 공입니다. 이런 까닭에 진정한 도인이라면 인연에 따라 옛 업을 녹이고 자유자재로 옷을 갈아입으며, 가게 되면 가고 오게 되면 오는 것일 뿐입니다. 불과佛果를 얻거나 깨달음을 얻겠다는 생각 따위도 없습니다. 무위진인에 맡기고 결코 사량하거나 분별하지 않아야 합니다. 만약 수행하여 부처가 되고자 하는 마음을 갖게 된다면 이것이야말로 생사윤회의 커다란 계기가 될 뿐입니다. 부처를 구하고자 하는 마음 자체가 뜻으로 짓는 업이 되는 까닭에 결코 해탈을 이룰 수 없습니다.

연야달다의
잃어버린
머리

演若達多

수행자들이여! 시간을 아껴야 한다. 다만 옆길로 들어서서 소란을 피우면서 선을 배우고 도를 배운다고 하지 마라. 이름과 글귀를 잘못 알고 부처를 구하고 조사를 구한다고 하지 마라. 그렇게 잘못 알지 마라.

수행자들이여! 그대들 안에 부모가 있다. 다시 무슨 물건을 구하는가. 그대들 스스로 돌이켜보라. 옛사람이 이르기를 연야달다가 머리를 잃어버렸다고 생각하다가 다시 구하는 마음을 쉰 그 순간에 아무런 일이 없어졌다고 하였다.

大德 時光可惜 祇擬傍家波波地 學禪學道 認名認句 求佛求祖
求善知識意度 莫錯 道流 儞祇有一箇父母 更求何物 儞自返照
看 古人云 演若達多失却頭 求心歇處卽無事

우리는 불법을 배운다고 요란을 떨지만, 옆길로 들어서서 마치 파도를 일으키듯이 소란만 피우고 있습니다. 경전을 읽고 조사들의 어록을 읽으며 이것으로 부처를 구하고 조사를 구할 수 있다고 믿습니다. 그러나 깨달음은 결코 밖에 있지 않습니다. 우리 스스로가 진리의 당체 그 자체입니다. 다만 알지 못할 뿐입니다.

《능엄경》에 연야달다演若達多의 이야기가 있습니다. 연야달다는 매우 잘 생겨서 거울만 보며 살았습니다. 그런데 거울이 사라지자 거울 속에 자기 얼굴이 있다고 착각한 연야달다는 불안한 마음에 자신의 머리를 찾아 헤맵니다. 이렇게 정신없이 거리를 헤매는 연야달다에게 사람들이 말합니다. "당신 머리는 당신 몸에 잘 붙어 있소." 그러자 비로소 마음의 평온을 얻고 머리를 찾아 헤매는 짓을 그만두었다고 합니다.

머리를 찾아 헤매는 연야달다처럼 우리도 지금 도를 구하겠다며 바깥으로 달려나가는 마음으로 부지런을 떨고 있지는 않습니까.

평상심을 바란다면

且要平常

수행자들이여! 평상심을 유지하기 바란다면 모양을 짓지 말아야 한다. 좋고 나쁜 것을 알지 못하는 머리 깎은 노예들이 있다. 그들은 신을 본다, 귀신을 본다 말하고, 동쪽을 가리키고, 서쪽을 가리키고, 맑은 것이 좋으니, 비 오는 것이 좋으니 한다. 이와 같은 무리들은 모두 빚을 지고 염라대왕 앞에 가서 뜨거운 쇳덩이를 삼킬 날이 있을 것이다. 좋은 집안의 남녀들이 들여우와 도깨비 같은 귀신들에게 홀려서 눈을 누르면 헛것이 보이는 것처럼 이상하게 되었다.

눈먼 자들이여! 밥값을 물어내야 할 날이 반드시 있을 것이다.

大德 且要平常 莫作模樣 有一般不識好惡禿奴 便卽見神見鬼 指東劃西 好晴好雨 如是之流 盡須抵債 向閻老前 吞熱鐵丸有日 好人家男女 被這一般野狐精魅所著 便卽捏怪 瞎屢生 索飯錢有日在

평상심을 유지하기 위해서는 밖에 무엇이 있을 거라고 믿고 꾸미려는 행위를 하지 말아야 합니다. 그런데도 수행을 한다는 스님들이 신을 본다느니 귀신을 본다 하는 허황된 말을 합니다. 그런 사람들은 결국은 과보를 받게 될 것입니다. 임제 스님의 이 말씀은 지금 들어도 정신이 번쩍 드는 준엄한 경책이 아닐 수 없습니다.

사실 신도들의 신행이 바르지 않으면 스님들의 수행도 바르게 가지 못합니다. 사부대중이 함께 잘 가야 합니다. 어느 쪽이 잘못되면 한쪽에서 바로잡아 줘야 합니다. 출가자와 재가자의 구분이 있을 수 없습니다. 일부 신도들은 기복에 빠져 있고 수행하지 않는 스님들은 이를 이용해 장사나 하는 풍토가 참담한 오늘입니다.

눈 밝은 스승의 비춤과 씀

四照用

수행자들이여! 나는 어느 때는 먼저 비추고 나중에 쓰며, 어느 때는 먼저 쓰고 나중에 비추며, 어느 때는 동시에 비추고 쓰며, 어느 때는 비춤과 씀을 동시에 하지 않기도 한다.

비춤이 먼저고 씀이 나중일 때는 사람을 우선한 것이요, 씀이 먼저고 비춤이 나중일 때는 법을 우선한 것이다. 동시에 비추고 쓰는 경우는 밭 가는 농부의 소를 빼앗고, 굶주린 사람의 밥을 빼앗고, 뼈를 두드려 골수를 빼앗고, 아픈 곳에 침과 송곳을 꽂는 것이다. 비춤과 씀을 동시에 하지 않는 경우는 질문이 있으면 대답을 하고 손님이 되기도 하고 주인이 되기도 하며, 물에 합하고 진흙으로 변하여 근기에 맞게 사람들을 가르친다.

만약 뛰어난 사람이라면 앞에서 열거한 것들을 드러내기도 전에 떨치고 일어나 가버릴 것이다. 그래야 진리에 계합할 작은 역량이라도 있다고 할 것이다.

示衆云 我有時先照後用 有時先用後照 有時照用同時 有時照
用不同時 先照後用有人在 先用後照有法在 照用同時 驅耕夫
之牛 奪飢人之食 敲骨取髓 痛下鍼錐 照用不同時 有問有答
立賓立主 合水和泥 應機接物 若是過量人 向未擧已前 撩起便
行 猶較些子

임제 스님의 유명한 사조용四照用입니다. 명나라 이전에는 없다 가 뒤에 수록된 것으로 봐서 후대에 가탁한 것으로 보입니다. 그 렇다 해도 사조용은 앞서 나온 임제 스님의 사료간四料揀과 닮 은 점이 많습니다. 이 또한 임제 스님이 제자를 제접하는 네 가 지 방식이기 때문입니다.

사조용四照用에서 조照는 비춘다는 뜻이고, 용用은 쓴다는 의 미입니다. 비춘다는 의미는 제자를 보면 지혜로 비춰보아 그 근 기를 바로 알아낸다는 말입니다. 쓴다는 것은 어떤 때는 고함 을 지르고, 어떤 때는 몽둥이로 때리고, 때로는 침묵하고, 때로 는 친절하게 설명하는 등 근기에 따른 방편을 말합니다. 지혜로 운 스승에게 제자를 깨우치기 위한 정형화된 방법이란 없습니 다. 그때그때 상황과 제자의 근기 등을 고려해 가장 좋은 방편을 걸림 없이 사용하는 것이 눈 밝은 스승의 방식입니다.

먼저 비추고 나중에 쓰는 것은 사람을 중심으로 한 것입니 다. 먼저 근기를 살펴보고 그에 따라 방편을 씁니다. 먼저 쓰고 나중에 비춰보는 것은 먼저 찔러보고 그 반응을 살펴본다는 뜻 입니다. 이것은 법을 우선으로 한 것입니다. 비춤과 씀을 동시 에 하는 것은 극한의 상황에 몰아넣어 수행의 길로 정신없이 몰아붙이는 것입니다. 밭 가는 농부에게 가장 소중한 소를 빼 앗듯이, 굶주린 사람의 밥을 빼앗듯이, 뼈를 두드려 골수를 뽑 듯이 하는 것입니다. 비춤과 씀의 작은 틈도 주지 않고 극한의 상황에 밀어붙입니다.

여기에 반해 비춤과 씀을 동시에 하지 않는다는 의미는 때로는 먼저 비추고 쓰며, 때로는 먼저 쓰고 비추며 어떤 때는 비춤과 씀을 동시에 하는 것을 말합니다. 만약 제자가 질문을 하면 친절하게 대답해주고, 때로는 스승이 질문을 하기도 하고 먼저 대답해주기도 하며, 제자의 근기에 따라 물속으로 들어가기도 하고 진흙 속을 함께 뒹굴기도 합니다. 할머니가 손자를 애틋하게 생각하듯이 제자를 대하는 마음입니다.

그러나 역시 일반적인 기준을 뛰어넘는 사람이 최고입니다. 근기가 남다른 사람입니다. 스승의 가르침과 방편에 의지하고 않고 진리를 향해 굳건하게 나아가는 사람입니다. 그리고 그 정도 근기는 돼야 깨달음을 이룰 수 있는 작은 역량이나마 갖췄다고 할 수 있을 것입니다.

일없는 사람이 귀인이라　　無事貴人

수행자들이여! 간절하게 진정견해를 구해서 천하를 향해 거침없이 다니면서 도깨비 귀신에 홀리지 말아야 한다. 일없는 사람이 참으로 귀한 사람이니 다만 조작하지 말아야 한다. 평상의 마음으로 살아야 한다. 그대들이 밖으로 향하고 옆집을 찾아 헤매면서 붙잡을 것을 찾고 있으니 그르칠 뿐이다. 다만 부처를 구하려고 한다지만 부처란 이름과 글귀일 뿐이다.

師示衆云　道流　切要求取眞正見解　向天下橫行　免被這一般精魅惑亂　無事是貴人　但莫造作　祇是平常　儞擬向外　傍家求過覓脚手錯了也　祇擬求佛　佛是名句

진정견해는 앞서도 나온 말입니다. 정견입니다. 우리가 정견을 갖게 되면 발이 가는대로 천하를 주유해도 도깨비와 같은 잘못된 견해나 주장에 더 이상 현혹되지 않습니다. 일체의 망념이 사라져 일없는 사람이 되는 것입니다. 그러므로 부처가 되겠다거나 조사가 되겠다는 생각을 갖지 않아야 합니다. 무엇이 되려고 하거나, 된 것처럼 조작하지 말라는 것입니다. 지금 그 마음, 그 상태로 부처입니다. 이것이 평상의 마음입니다. 또한 진리입니다.

이런 까닭에 진리는 언제나 우리 안에 있습니다. 부처가 되겠다고 진리를 찾아 밖으로 내달리고 옆집을 찾아 헤매봐야 어리석은 일일 뿐입니다. 밖으로 아무리 부처를 구하려 해도 그것은 실체가 없는 이름과 글귀일 뿐입니다. 그림 속의 음식이 진짜 음식이 아니듯 이름과 글귀로 만나는 부처 또한 진실한 부처가 아니기 때문입니다.

법을 얻어야
모든 것이 끝난다

得法始了

수행자들이여! 그대들이 밖으로 쫓아다니며 구하려고 하는 그가 누구인지 아는가. 삼세와 시방에 부처와 조사가 출현한 것은 다만 불법을 구하기 위해서다. 지금 여기서 공부하는 그대들도 법을 구하기 위함이다. 법을 얻어야 모든 것이 끝나는 것이다. 만약 법을 얻지 못하면 과거와 같이 오도를 윤회하게 되는 것이다.

　법이란 무엇인가. 법이란 마음의 법이다. 마음의 법은 모습이 없어서 시방세계를 두루 관통하며 눈앞에서 지금 작용하고 있다. 그런데 사람들은 이를 믿지 못하는 까닭에 이름과 글귀에 집착해 문자 속에서 법을 구하고 사량과 분별로 이해하려 든다. 그래서 하늘과 땅 만큼이나 멀어져버렸다.

爾還識馳求底麼　三世十方佛祖出來　也祇爲求法　如今參學道流　也祇爲求法　得法始了　未得　依前輪廻五道　云何是法　法者是心法　心法無形　通貫十方　目前現用　人信不及　便乃認名認句向文字中求　求意度佛法　天地縣殊

지금 우리는 밖으로 부처를 찾아 헤매고 있습니다. 그러나 부처
는 바로 내 안에 있습니다. 찾아 헤매는 그 사람이 바로 부처입
니다.

삼세시방에 출현한 모든 부처님과 조사도 법을 구하기 위해서
였습니다. 우리가 지금 수행을 하는 것도 결국 법을 구하기 위해
서입니다. 부처와 우리가 전혀 다르지 않습니다. 법을 얻지 못하
면 결국은 끝없는 윤회를 할 뿐입니다. 여기서 오도五途는 지옥,
아귀, 아수라, 축생, 인간, 천상의 육도六途에서 인간계를 뺀 것
이라 할 수 있습니다.

그런데 법이란 무엇일까요. 바로 심법心法, 마음입니다. 앞서
설명했듯이 마음은 모양도 없고 크기도 없습니다. 시간과 공간
을 막힘없이 관통하며 지금 현재 눈앞에서 작용하고 있습니다.
그러나 사람들은 믿지 못합니다. 그리고는 이름과 글귀에 집착
합니다. 불상에 절을 하고 경전을 외우며 사량과 분별로 진리를
이해하려고 듭니다. 그러나 만약 그렇게 된다면 진리에서 아득
히 멀어지는 것 외에 다른 도리가 없습니다.

신비롭고
그윽한 뜻

之爲玄旨

수행자들이여! 산승이 어떤 법을 설하려고 하는지 아는가. 나는 심지법을 설한다. 능히 범부에도 들어가고 성인에게도 들어가며 깨끗한 곳이나 더러운 곳에도 들어가며, 참된 것에도 들어갔다가 속된 것에도 들어간다. 그러나 중요한 것은 그대들 스스로 진속범성이 아니면서 모든 진속범성에 이름을 붙이고 있다. 진속범성이 참사람에게 이름을 붙이지는 않는다.

수행자들이여! 알았으면 바로 써라. 이름이나 글귀에 집착하지 마라. 이것을 일러 신비롭고 그윽한 뜻이라고 한다.

道流 山僧說法 說什麼法 說心地法 便能入凡入聖 入淨入穢 入眞入俗 要且不是儞眞俗凡聖 能與一切眞俗凡聖 安著名字 眞俗凡聖 與此人安著名字不得 道流 把得便用 更不著名字 號 之爲玄旨

심지心地는 대지地가 만물을 품고 키우듯이 마음心이 모든 작용의 주체이며 또한 본질이라는 뜻입니다. 그래서 삼계가 오직 마음으로 이뤄져 있으며三界唯心, 만법이 오직 마음을 바탕으로 펼쳐집니다萬法唯心. 그리하여 모든 것은 다 마음이 만들어 내는 것一切唯心造이 되는 것입니다. 따라서 마음은 범부의 경지에도 들어갔다가 성인의 경지에도 들어갑니다. 깨끗한 곳에도 들어가고 더러운 곳에도 들어갑니다. 진속범성眞俗凡聖의 차별이 전혀 없습니다. 무애無碍하고 자재自在하여 더럽고 깨끗함의 차별이나 분별이 전혀 없습니다.

그런데 이런 분별을 하는 것은 누구입니까. 바로 우리입니다. 우리의 본질 또는 진리의 당체로서의 마음은 진속범성의 범주로 규정지을 수 없습니다. 그 모든 것을 포함하고 있으면서 벗어나 있기 때문입니다. 이것이 아득하면서도 신비로운 불법의 가르침입니다.

범부와 성인을
따로 취하지 마라

不取凡聖

수행자들이여! 산승이 설하는 법은 천하의 사람들과 다르다. 예를 들어 문수보살과 보현보살이 눈앞에 나타나 일신을 나투어 법을 묻기를 '화상에게 도에 대해 묻습니다' 하자마자 나는 바로 알아차린다.

노승이 가만히 앉아 있는데 어떤 수행자가 찾아와 만나면 나는 바로 알아차린다. 왜냐하면 나는 견해가 다른 사람과 달라서 밖으로 범부와 성인을 따로 취하지 않고 안으로 근본에도 머무르지도 않는다. 나는 견해가 투철해서 어떤 의심이나 오류가 없기 때문이다.

山僧說法 與天下人別 祇如有箇文殊普賢 出來目前 各現一身
問法 纔道咨和尚 我早辨了也 老僧穩坐 更有道流 來相見時
我盡辨了也 何以如此 祇爲我見處別 外不取凡聖 內不住根本
見徹更不疑謬

분별의 마음을 내면 진리에서 바로 멀어집니다. 어떤 것은 진리이고 어떤 것은 진리가 아니라고 말한다면 이것은 진리에 대한 설명이 아니라 바로 차별과 분별에 떨어진 것입니다. 임제 스님은 진리는 말이나 글로 규정될 수 없다고 누누이 말했습니다. 진리는 관념으로 취할 수 없습니다. 생각으로 알 수 없습니다.

부처님은 삼법인三法印을 통해 제행무상과 제법무아를 설했습니다. 모든 것은 변화하여 일정한 모양이 없습니다. 나라고 지칭할 수 있는 것도 없습니다. 그러므로 밖으로 성인과 범부가 영원불멸의 모습으로 존재할 수 없으며, 안으로 변하지 않는 근본이라고 할 수 있는 것도 없게 됩니다. 임제 스님이 밖으로 범부와 성인을 따로 취하지 않고 근본에도 머무르지 않는다고 한 것은 이런 뜻입니다. 견해가 투철해지면正見, 안과 밖, 진과 속, 부처와 범부와 성인이라는 분별심에서 벗어나게 되는 것입니다.

그저
일상 그대로   平常無事

수행자들이여! 불법은 특별히 공부와 노력이 필요한 것이 아니
다. 그저 일상 그대로 아무 일이 없으면 된다. 똥을 싸고 오줌을
누며 옷 입고 밥 먹으며 피곤하면 누워 쉬면 된다. 어리석은 사
람들은 나를 비웃겠지만 지혜로운 사람은 알 것이다. 옛사람이
말하기를 '밖에 나가서 공부한다고 하는 사람은 전부 어리석은
사람들이다' 하였다.

師示衆云 道流 佛法無用功處 祇是平常無事 屙屎送尿 著衣
喫飯 困來卽臥. 愚人笑我 智乃知焉 古人云 向外作工夫 總是
癡頑漢

불법은 억지로 어떻게 해서 이루는 것이 아닙니다. 평상의 마음이 인위적인 조작이나 노력도 가하지 않은 상태 그대로 유지되는 것이 불법입니다. 무용공無用功은 무심無心이라는 말과 상통합니다. 그러나 이 말뜻을 노력하지 말라고 오해해서는 안 됩니다. 노력은 반드시 필요합니다. 그것도 아주 치열한 노력이 있어야 합니다. 용맹정진勇猛精進해야 합니다. 그러나 마지막 순간에는 그 노력마저 버려야 합니다. 강을 건너면 뗏목을 버리는 것과 같은 이치입니다.

유도 선수가 낙법을 처음 할 때는 온몸에 멍이 들도록 노력해야 하지만, 나중에 몸에 배게 되면 억지로 노력하지 않아도 낙법은 절로 됩니다. 그런데도 낙법을 하면서 일부러 동작을 의식하면 몸에 힘이 들어가 제대로 하기 힘듭니다. 깨달음도 마찬가지입니다. 똥 싸고 오줌 싸고 옷 입고 먹고 자는 것이 그대로 이뤄질 때, 즉 번뇌나 망상 없이 인위적인 조작 없이 일상이 그대로 투명하게 일상으로 존재할 때, 이것이 바로 해탈입니다. 그러므로 진리는 나를 떠나 다른 곳에 있지 않습니다. 그런데 사람들은 여전히 밖에서 찾고 있습니다. 법당의 불상에서 찾고, 스승의 권위와 문자를 빌어 진리를 구하고 있습니다.

임제 스님과 동시대 사람으로 조주 스님이 있습니다. 조주 스님의 말씀을 모은 《조주록》에 이런 이야기가 나옵니다.

"무엇이 급한 일인지 말씀해주십시오."

"내가 소변이 급하네. 소변 누는 것이 작은 일이긴 하나 내가 몸소 해야만 하는 일이네."

조주 스님은 자애로운 분이기에 친절하게 설명을 했겠지만 만약 임제 스님께 이런 질문을 드렸다면 흠씬 얻어맞았을지도 모릅니다. 진리를 알려 달라는 말에 조주 스님은 스스로 알아야 한다고 합니다. 결국은 밖에서 찾지 말라는 말입니다.

조주 스님의 깨달음은 조주 스님의 것일 뿐입니다. 단맛을 아무리 설명해도 직접 맛을 보기 전까진 알 수 없듯이 결국은 스스로 해야 합니다. 부처님도, 문수보살, 보현보살도 대신 해줄 수 없습니다.

어디를 가나
주인이 되라

隨處作主

수행자들이여! 그대들이 어디를 가나 주인이 된다면 서 있는 곳
마다 그대로가 모두 참된 것이 된다. 어떤 경계가 다가온다 하여
도 돌이켜 바꿔놓을 수 없다. 설령 묵은 습기와 무간지옥에 들
어갈 다섯 가지 죄업이 있다 하더라도 저절로 해탈의 큰 바다로
변할 것이다. 요즘 공부하는 이들은 모두들 법이 무엇인지 모른
다. 마치 양이 코를 들이대어 닿는 대로 입 안에 집어넣는 것처
럼 노예와 주인을 분간하지 못하고 손님과 주인도 구분하지 못
한다. 이와 같은 무리들은 삿된 마음으로 도에 들어온 사람들로
번거롭고 시끄러운 일에 빠져버린다. 그러므로 진정한 출가인이
라고 이름 할 수 없다. 이들이야말로 진짜 세속의 사람이다.

儞且 隨處作主 立處皆眞 境來回換不得 縱有從來習氣 五無間
業 自爲解脫大海 今時學者 總不識法 猶如觸鼻羊 逢著物安在
口裏 奴郎不辨 賓主不分 如是之流 邪心入道 閙處卽入 不得
名爲眞出家人 正是眞俗家人

수처작주隨處作主 입처개진立處皆眞은 《임제록》에서 가장 유명한 말입니다. 어떤 경우에도, 어디를 가든지 그곳에서 주인이 되면 서 있는 그곳이 곧 참된 곳, 진실한 곳, 극락이라는 뜻입니다.

여기서 주인은 가볍게는 현재 인식되는 나라고 할 수도 있지만, 궁극적으로는 진여불성眞如佛性을 뜻합니다. 그러므로 스스로가 부처가 되면, 혹은 스스로가 부처임을 알게 되면 그곳이 바로 깨달음의 세계이고 정토이며 극락이고 열반의 세계입니다.

돌이켜보면 우리는 삶의 대부분의 시간을 주인으로 살지 못합니다. 기분 나쁜 소리를 하면 바로 화가 일어납니다. 조금이라도 손해를 보면 짜증이 밀려옵니다. 경계에 끌려다니기 때문입니다. 소리라는 경계에, 이해라는 경계에 너무나 쉽게 자신을 잃어버립니다. 주인이 아닌 객체가 돼서 이리저리 헤매는 까닭에 우리가 서 있는 그곳은 극락이 아니라 지옥이 됩니다. 만약 우리가 어떤 상황에서도 중심을 잃지 않고 주인으로 설 수만 있다면 마음의 평정을 지킬 수 있으며 진리 그대로를 알 수 있습니다.

오랜 세월 나쁜 습관들이 쌓여 있다 하더라도, 또한 아버지를 죽이거나殺父, 어머니를 죽이거나殺母, 성인을 죽이거나殺阿羅漢, 부처님 몸에 피를 내거나出佛身血, 승가의 화합을 깨는破和合僧 무간지옥에 떨어질 다섯 가지 죄를 지었더라도 수처작주만 하면 저절로 해탈의 큰 바다가 펼쳐질 것입니다. 그런데 공부하는 사람들이 이 법을 모릅니다. 코에 무엇이 닿기만 하면 그것이 음식인지 아닌지 구분도 없이 미친 듯 입에 집어넣는 양처럼, 세속의 온갖 경계에 정신이 팔려 탐진치 삼독에 물들고 있습니다. 이런 사람들이 출가해서 가사를 입고 있다 하더라도 결코 진정한 의미의 출가인이 될 수 없습니다.

부처와 마군을 잘 판단해라

辨佛辨魔

수행자들이여! 진심으로 출가한 사람은 모름지기 평상의 참되고 바른 안목으로 부처와 마군을 잘 판단해야 한다. 또 진실과 거짓을 구분하고 범부와 성인을 가려내야 한다. 이와 같이 가려낼 수만 있다면 진짜 출가라고 할 수 있지만 만약 부처와 마군을 구분하지 못한다면 그저 한 집에서 나와 다른 집으로 들어간 것에 불과하다. 이는 업을 짓는 중생이지 진정한 출가인이라고 할 수 없다.

지금 부처와 마군이 함께 있어서 나눌 수 없는 것이 마치 물과 우유가 섞여 있는 것과 같다. 그러나 거위는 우유만 먹는다. 눈 밝은 도인이라면 마군과 부처를 다 함께 부셔버린다. 그대들이 만약 성인을 좋아하고 범부를 싫어한다면 생사의 바다에 떴다 잠겼다 할 것이다.

夫出家者 須辨得平常眞正見解 辨佛辨魔 辨眞辨僞 辨凡辨聖
若如是辨得 名眞出家 若魔佛不辨 正是出一家入一家 喚作造
業衆生 未得名爲眞出家人 祇如今有一箇佛魔 同體不分 如水
乳合 鵝王喫乳 如明眼道流 魔佛俱打 儞若愛聖憎凡 生死海裏
浮沈

지혜가 없으면 겉모습이나 권위에 의지해 사물을 판단합니다. 부처와 마군도 마찬가지입니다. 사람도 겉으로는 화려하고 거룩해 보이지만 내면엔 알맹이 하나 없는 허깨비가 들어 있을 수 있고 옷은 거지처럼 누더기를 걸쳤지만 내면은 환한 지혜가 가득 찬 성자일수도 있습니다. 만약 진짜 수행자라면 속지 않고 진실과 거짓을 구분해내는 지혜가 있어야 합니다. 그렇지 못하다면 그저 세간에서 출세간으로 집을 옮긴 것에 불과합니다.

때로는 부처와 마군이 함께 섞여 있거나 한몸일 수도 있습니다. 마치 물과 우유가 섞여 있는 것처럼 말입니다. 그럼에도 거위는 우유만 먹듯이 지혜로운 사람은 이를 잘 구분해서 취합니다. 그리고 궁극적으로 눈 밝은 도인이라면 부처와 마군을 동시에 부셔버려야 합니다. 참과 거짓을 구별해내는 것도 결국에는 분별이기 때문입니다. 만약 마지막 단계에서 이 분별을 버리지 못하다면 결국은 해탈하지 못하고 생사의 바다에서 허우적거리게 되는 것입니다.

부처라는
마구니

何是佛魔

어느 스님이 물었다.

"무엇이 부처와 마구니입니까."

"그대의 한 생각에 의심이 일어나면 그것이 바로 마구니다. 만약 그대의 마음에 만법이 일어나지 않고 마음이 환임을 알아서 다시는 한 티끌, 한 법도 없어서 곳곳이 청정해지면 그것이 곧 부처다. 그러나 부처와 마구니가 이와 같다면 깨끗함과 더러움의 두 가지 경계에 걸리게 된다.

산승이 보는 바에 따르면 부처와 중생이 따로 없고 과거와 현재도 따로 없어서 곧바로 깨닫기 때문에 시간이 필요치 않다. 따라서 닦을 것도 증득할 것도 없으며 얻을 것도 잃을 것도 없어 일체의 시간 속에 특별한 법이 없다.

설사 이보다 훌륭한 다른 법이 있다 하더라도 나는 그것이 꿈 같고 환영 같은 것이라고 말할 것이다. 산승이 말하고자 하는 것은 이것이 전부다."

問 如何是佛魔 師云 儞一念心疑處是箇魔 儞若達得萬法無生
心如幻化 更無一塵一法 處處清淨是佛 然佛與魔 是染淨二境
約山僧見處 無佛無衆生 無古無今 得者便得 不歷時節 無修無
證 無得無失 一切時中 更無別法 設有一法過此者 我說如夢如
化 山僧所說皆是

"어떤 것이 부처와 마구니입니까." 이 말을 깊이 들여다보면 "어떤 것이 부처라는 마구니입니까"라고 해야 합니다. 사람들은 부처님은 깨끗하고 마구니는 더럽다고 생각합니다. 관념 속의 부처님과 마구니는 항상 대립관계 속에 있습니다. 마음에 의심이 일어나면 곧 마구니입니다. 불법을 믿지 못하는 것에서부터 나에게 불성이 있음을 믿지 못하는 것까지 모든 것이 마구니입니다. 이와 반대로 마음이 환영幻影인줄 알아서 아주 작은 티끌이든, 일체의 법이든 집착하지 않아 항상 청정하면 바로 부처입니다.

그런데 임제 스님의 생각은 조금 다릅니다. 만약 부처와 마구니를 분리해서 생각하면 깨끗함과 더러움이라는 두 가지 경계에 떨어지게 됩니다. 본래 부처와 중생이 따로 있지 않습니다. 그런 까닭으로 증득할 것도 얻을 것도 잃을 것도 없습니다. 오랜 세월 수행의 단계를 차근차근 밟아가며 닦아야 할 특별한 법도 없습니다. 만약 이보다 나은 법이 있다고 한다면 그것 또한 잘못된 것입니다. 부처가 곧 중생이고 중생이 곧 부처입니다.

부연하자면 내가 본래 부처인데, 내가 부처인 줄 모르고 있다가 어느 날 갑자기 부처임을 깨닫습니다. 그렇다면 나는 언제부터 부처였을까요. 그리고 한때나마 중생이었을까요. 몰랐을 뿐이지 본래부터 부처였습니다. 주머니에 금덩이를 담고 있으면서 금덩이를 잃어버린 줄 알고 찾아 헤매다가 어느 날 문득 주머니에 금덩이가 있는 것을 알게 됐습니다. 이 경우도 금덩이를 새로 얻은 것이 아닙니다. 원래 나에게 있었는데 몰랐을 뿐입니다. 따로 얻은 것도 아니지만 또한 잃어버린 적도 없습니다. 깨달음 또한 이와 같습니다. 얻고 잃을 것이 없습니다. 또 달리 시간이 필요한 것도 아닙니다. 지금 당장 깨닫는 것입니다. 따라서 '부처라는 마구니'로 보는 것이 임제 스님의 뜻에 부합할 것입니다.

부처를 만나면
부처와 말하고

逢佛說佛

수행자들이여! 바로 지금 눈앞에서 호젓이 밝고 역력히 듣고 있는 이 사람은 가는 곳마다 걸림이 없고 시방세계를 관통하고 삼계에 자유자재하다. 온갖 경계에 들어가도 경계에 떨어지지 않으니 한 찰나에 법계에 뛰어들어가 부처를 만나면 부처와 말하고 조사를 만나면 조사와 말하고 아라한을 만나면 아라한과 말하며 아귀를 만나면 아귀와 말한다. 일체의 장소와 국토를 다니면서 중생을 교화하지만 일찍이 한 생각도 떠나본 일이 없다. 가는 곳 어디에서나 청정하여 그 빛이 시방에 두루 비쳐 만법이 한결같다.

道流 卽今目前孤明歷歷地聽者 此人處處不滯 通貫十方 三界自在 入一切境差別 不能回換 一刹那間 透入法界 逢佛說佛 逢祖說祖 逢羅漢說羅漢 逢餓鬼說餓鬼 向一切處 游履國土 敎化衆生 未曾離一念 隨處淸淨 光透十方 萬法一如

'지금 눈앞에서 호젓이 밝고 역력히 듣고 있는 이 사람'은 누구일까요. 지금 눈앞에서 설법을 듣고 있는 대중들입니다. 이 미혹된 대중들이 본래 무위진인이며, 진리의 당체이며 또한 부처라는 말입니다. 이를 알게 되면 삼계에 걸쳐 자재하고 온갖 경계에 들어가도 경계에 떨어지지 않습니다. 그래서 부처를 만나면 부처와 대화하고 아귀를 만나면 아귀와 대화할 수 있습니다. 중생을 교화하며 세간에 살아도 한 생각도 진리에서 벗어남이 없습니다.

본래
아무 일이
없다

本來無事

수행자들이여! 대장부라면 바야흐로 지금 여기서 본래 아무 일이 없음을 알아야 한다. 다만 그대들의 믿음이 철저하지 못해서 생각마다 밖으로 내달리며 법을 구하게 되면 자기 머리를 놔두고 다른 머리를 찾느라 스스로 쉬지 못하게 될 것이다.

최상의 진리를 깨달았다는 원돈보살은 법계에 들어가 몸을 드러내 정토에 있으면서 범부를 싫어하고 성인을 좋아한다. 이러한 사람들은 취하고 버리는 마음을 잊지 못하여 더럽고 깨끗함에 대한 차별심이 남아 있다.

그러나 선종의 견해는 이와 다르다. 지금 바로 이 순간이지 따로 다른 시절은 없다. 산승이 설하는 것은 모두 병에 따라 그때그때 약을 쓰는 것이지 따로 실제 법이 존재하는 것은 아니다. 만약 이와 같이 볼 수 있다면 진정한 출가라고 할 것이며 하루에 만 냥의 황금을 써도 괜찮다.

道流 大丈夫兒 今日方知本來無事 祇爲爾信不及 念念馳求 捨
頭覓頭 自不能歇 如圓頓菩薩 入法界現身 向淨土中 厭凡忻聖
如此之流 取捨未忘 染淨心在 如禪宗見解 又且不然 直是現今
更無時節 山僧說處 皆是一期藥病相治 總無實法 若如是見得
是眞出家 日消萬兩黃金

모든 진리는 텅 비어 생기지도 멸하지도 않고
더럽지도 깨끗하지도 않으며 늘거나 줄지도 않는다
是諸法空相 不生不滅
不垢不淨 不增不減

《반야심경般若心經》에 나오는 내용입니다. 본래무사本來無事는 처음부터 할 일이란 없다는 뜻입니다. 진리가 그런 것임을, 우리가 본래 그런 존재임을 알게 되면 처음부터 수행을 한다거나 도를 닦는다는 것들이 허황된 짓임을 알게 됩니다. 물론 깨달음의 경지에서 그렇다는 말이지, 노력이 중요치 않다는 말은 아닙니다. 그러나 미혹한 우리는 이를 믿지 못합니다. 정신없이 밖으로 진리를, 도를, 깨달음을 찾아 헤맵니다. 앞서 말한 연야달다가 거울이 사라지자 거울에 비치던 자신의 머리가 없어진 줄 알고 밖으로 찾아 헤매듯이 말입니다.

원돈보살圓頓菩薩은 대승불교에서 최상의 진리를 깨달은 보살을 말하는데, 이런 보살도 범부를 싫어하고 성인을 좋아합니다. 아직도 더러움과 깨끗함이라는 대립적인 마음이 남아 있기 때문입니다.

그러나 선종의 깨달음은 이와 다릅니다. 성인을 좋아하고 범부를 싫어하지도 않습니다. 계단을 올라가듯이 단계를 밟아가는 것이 아닙니다. 지금 바로 깨닫는 것이지 따로 때를 기다리는 것이 아닙니다. 미혹에서 깨어나기만 하면 됩니다. 우리에게는 부처의 씨앗이 있으며 본래 부처입니다. 따라서 깨달음은 지금 바로 이 순간입니다. 달리 증득할 것이 있는 것이 아니고 먼 훗날을 기약하며 단계를 밟아가는 것도 아닙니다. 우리가 법문을 듣고 경전을 읽는 것은 방편일 뿐입니다. 고정불변의 법이란 없습니다. 일체一切가 모두 공空하기 때문입니다.

선을 알고
도를 안다고
떠들지 마라

解禪解道

수행자들이여! 그대들은 함부로 제방 노사들의 말씀을 얻어 듣고 나는 선을 알고 도를 안다고 떠들지 마라. 설사 그의 설법이 폭포수가 쏟아지는 것처럼 유창하더라도 이는 다 지옥 갈 업을 짓고 있는 것이다.

만약 진정한 도를 배우는 사람이라면 세상의 허물을 구하지 않는다. 참되고 바른 견해를 체득하는 일이 급하다. 만일 참되고 바른 견해를 얻어 뚜렷하고 분명해지면 일을 남김없이 마쳤다고 할 수 있다.

道流 莫取次被諸方老師印破面門 道我解禪解道 辯似懸河 皆是造地獄業 若是眞正學道人 不求世間過 切急要求眞正見解若達眞正見解圓明 方始了畢

어떤 위대한 스승에게 인가를 받았다고 해서 깨달음이 생기는 것은 아닙니다. 팔만대장경을 달통해 막힘이 없다 하더라도 이 또한 지식일 뿐 진리의 입장에서 보면 허상에 불과합니다. 깨달음은 세상의 평판이나 평가로 체득하는 것이 아닙니다. 오로지 우리에게 필요한 것은 참되고 바른 견해입니다. 진리의 당체를 참되고 바르게 알기만 하면 됩니다. 그러면 미망에서 깨어날 수 있습니다. 그런 까닭으로 참되고 바른 견해가 둥글고 밝은 태양처럼 확연해져야 비로소 할 일을 마쳤다고 하는 것입니다.

참되고   眞正見解
바른 견해

어떤 스님이 물었다.

"어떤 것이 참되고 바른 견해입니까."

"여러분은 언제 어디서나 범부의 경지에도 들어가고 성인의 경지에도 들어가며 더러운 곳이나 깨끗한 곳에도 들어간다. 모든 부처님의 국토에도 들어가고 미륵의 누각에도 들어가며 비로자나불의 법계에도 들어가서 가는 곳곳에서 국토를 나타낸다. 그 모든 국토가 성주괴공하게 되리라."

問 如何是眞正見解 師云 儞但一切入凡入聖 入染入淨 入諸佛國土 入彌勒樓閣 入毘盧遮那法界 處處皆現國土 成住壞空

《임제록》에는 진정견해를 묻는 질문이 유독 많습니다. 임제 스님이 가장 중요하게 생각하는 부분이 정견正見이기 때문입니다.

그렇다면 무엇이 진정견해일까요. 범부의 세계이든 성인의 세계이든, 더러운 곳이든 깨끗한 곳이든 차별 없는 부처님의 세계를 바로 봐야 합니다. 차별은 다만 정견을 갖지 못한 까닭에 생기는 것입니다. 어떤 것도 영원불멸하지 않습니다. 생겨서 머물다 허물어져 사라지는 성주괴공成住壞空의 흐름 속에 있습니다. 미륵보살의 미륵누각이든 비로자나 부처님의 법계라도 마찬가지입니다. 모든 것이 무상無常이라는 변화 속에 있습니다. 변하지 않는 어떤 모양이나 형상은 없다는 말입니다. 이것을 바로 아는 것이 진정견해입니다.

임제 스님의 말씀은 《화엄경》의 〈입법계품〉을 배경으로 하고 있습니다. 미륵누각은 선재동자가 51번째로 찾아간 선지식이며 비로자나불毘盧遮那佛은 《화엄경》의 주불主佛입니다. 비로자나는 범어 vairocana를 음역한 것입니다. 광명변조光明遍照라는 의미로 지혜의 광명 그 자체이며, 진리 그 자체입니다.

어디에도
의지함이 없는
도인

무依道人

수행자들이여! 부처님께서는 세간에 출현해 큰 법륜을 굴리고 다시 열반에 드셨지만 가고 오는 모양을 볼 수 없으며 그 자리에서 생사를 찾아도 결코 얻지를 못한다. 곧 무생법계에 들어가 곳곳에서 국토를 노닐며 화장세계로 들어가 모든 법이 다 텅 비어 있어 전혀 실다운 법이 없음을 알게 된다.

오직 내 앞에서 법을 듣는 어디에도 의지함이 없는 도인이 모든 부처님의 어머니이다. 그러므로 부처는 의지함이 없는 곳으로부터 출현한다. 만약 의지함이 없음을 깨닫는다면 부처라는 것도 얻을 것이 없다. 만약 이와 같이 보게 된다면 이것이야말로 참되고 올바른 견해인 것이다.

佛出于世 轉大法輪 却入涅槃 不見有去來相貌 求其生死 了不可得 便入無生法界 處處游履國土 入華藏世界 盡見諸法空相 皆無實法 唯有聽法無依道人 是諸佛之母 所以佛從無依生 若悟無依 佛亦無得 若如是見得 是眞正見解

석가모니 부처님이 세상에 출현해 살다간 행적을 여덟 가지로 분류하고 정리한 것이 팔상성도八相成道입니다. 여기서는 태어나고 불법을 전하고 열반에 든 세 가지 내용이 큰 줄기를 이루고 있습니다. 그런데 팔상성도를 통해 부처님의 모습을 찾으려고 한다면 결코 찾을 수가 없습니다.

무릇 형상이 있는 것은 모두 다 허망한 것이니
만약 형상이나 모습이 진실된 것이 아님을 안다면
바로 여래를 보게 되리라
凡所有相 皆是虛妄
若見諸相非相 卽見如來

《금강경》에서 부처님이 우리에게 주는 가르침입니다. 물론 부처님의 행적이 전혀 쓸모없고 무의미하다는 뜻은 아닙니다. 부처님의 삶의 궤적은 당연히 본받고 따라야 합니다. 그러나 행적이나 모습에서 부처님을 찾는다면 결코 진리의 당체로서의 부처님을 찾을 수가 없다는 의미입니다. 진리의 입장에서 보면 부처님은 세상에 오고 간 적이 없습니다. 이런 이치를 알아야 태어남과 사라짐이 없는 무생법계無生法界에 들어갈 수 있습니다. 무생법계에 들어가면 여기저기 국토를 돌아다니고 연꽃으로 장엄된 화장세계에 들어가더라도 일체의 모든 법이 공하기 때문에 변하지 않는 고정불변의 실체가 없음을 바로 알게 됩니다.

법을 듣는 어디에도 의지함이 없는 도인이 바로 부처님의 어머니라는 뜻은 내 앞에서 법문을 듣고 있는 그대들이 바로 부처님이라는 뜻입니다.

우리는 관념이나 말, 다른 무엇에 의지해서 부처님을 이해하려 합니다. 그러나 이런 방법으로는 부처님을 만날 수 없습니다. 부처님은 의지함이 없이 생긴다는 진리를 명확히 알아야 합니다. 그리고 이를 체득하는 것이 바로 참되고 바른 견해입니다. 달리 말하면 진정견해는 내가 바로 부처라는 사실을 명확하게 아는 것입니다.

이름과 글귀에 집착하면

爲執名句

수행자들이여! 요즘 공부하는 사람들은 이를 잘 알지 못하고 이름과 글귀에 집착하여 범부니 성인이니 하는 이름에 사로잡힌다. 이런 까닭으로 도의 눈이 장애를 받아 분명하게 보지 못한다.

　십이분교라는 것도 모두 이치를 드러내기 위한 설명일 뿐인데 공부하는 사람들이 이를 알지 못하고 명칭이나 글귀에 집착해서 알음알이를 일으킨다. 그러나 이 모든 것은 무엇에 의지한 것으로 인과에 떨어져 삼계를 생사윤회하게 된다.

學人不了 爲執名句 被他凡聖名礙 所以障其道眼 不得分明 祇如十二分敎 皆是表顯之說 學者不會 便向表顯名句上生解 皆是依倚 落在因果 未免三界生死

경전과 큰스님들의 법문을 듣는 것은 이를 통해 진리의 문으로 들어가려고 하는 것입니다. 그러나 강을 건너는 배처럼 목적을 이루면 버려야 하는데, 오히려 경전이나 큰스님의 말씀을 붙들고 분별의 강을 헤어나오지 못하는 경우가 많습니다. 이러면 지혜의 눈이 장애를 받아 진리를 명확히 보지 못합니다.

십이분교十二分教는 부처님의 교설을 열두 가지로 분류해 놓은 것입니다. 팔만대장경이라고 봐도 좋습니다. 대장경은 진리를 드러내기 위한 설명과 방편입니다. 그런데 사람들은 경전 속의 내용이나 경구에 집착합니다. 이것이 마치 진리 그 자체인 양 착각합니다. 이렇게 무엇에 의지해서 파악하다보면 진리에서 영원히 멀어집니다.

찾아 나서면
더 멀어지고

覓著轉遠

수행자들이여! 만약 그대들이 태어나고 죽는 것과 가고 머무름에 있어 자유를 얻고자 한다면 지금 법문을 듣는 그 사람이 누구인지 잘 알아야 한다. 이 사람은 형체도 없고 모양도 없으며, 근본도 없고 머무는 곳도 없어 활발발하게 살아 움직인다. 여러 가지 방편으로 이해하려고 해도 쓸모가 없다. 그러므로 찾아 나서면 더 멀어지고 구하려 하면 더욱 어긋난다. 이것을 일러 비밀이라고 한다.

儞若欲得生死去住脫著自由 卽今識取聽法底人 無形無相 無根無本 無住處 活鱍鱍地 應是萬種施設 用處祇是無處 所以覓著轉遠 求之轉乖 號之爲祕密

생사로부터 자유롭고 싶거든 당장 법문을 듣고 있는 그 사람이 누구인지 알아야 한다고 밝히고 있습니다. 그런데 그 사람은 형상도 없고 근본도 없고 머무르는 곳도 없습니다. 다만 활발발하게 움직입니다. 활발발은 물고기가 힘차게 파닥거리는 모습입니다. 형상도 모양도 근본도 없는데 지금 현재 활발하게 작용하고 있습니다. 따라서 방편을 사용해서 표현하려고 해도 할 수가 없습니다. 밖에서 찾을 수도 없고 구하려고 하면 또 점점 멀어질 뿐입니다. 대기 중에 공기가 있는 것은 분명하지만 잡을 수도 그려낼 수도 없는 것과 같은 이치입니다. 그래서 이것을 부득이 비밀이라고 말하는 것입니다.

이 몸뚱이를
잘못 알지 마라

夢幻伴子

수행자들이여! 그대들은 꿈과 허깨비 같은 이 몸뚱이를 잘못 알지 말라. 머지않아 무상으로 돌아갈 것이다. 그대들은 이 세계 속에서 무엇을 찾아 해탈하려고 하는가. 그저 한 술 밥을 찾아먹고 옷을 기워가며 시간을 보내고 있지만 무엇보다 중요한 것은 선지식을 찾아 배우는 일이다. 꾸물거리며 쾌락이나 좇아 지내지 마라. 시간을 아껴야 한다. 생각은 덧없이 흘러가서 거칠게는 지수화풍으로 흩어지고 미세하게는 생주이멸 사상에 쫓기고 있다.

수행자들이여! 지금 가장 중요한 것은 모양이나 형상이 없는 네 가지 경계를 깨달아 경계에 휘둘리지 않는 것이다.

道流 儞莫認著箇夢幻伴子 遲晚中間 便歸無常 儞向此世界中 覓箇什麽物作解脫 覓取一口飯喫 補毳過時 且要訪尋知識 莫因循逐樂 光陰可惜 念念無常 麤則被地水火風 細則被生住異減四相所逼 道流 今時且要識取四種無相境 免被境擺撲

시간을 헛되이 쓰면 안 됩니다. 우리의 몸은 머지않아 지수화 풍地水火風 사대四大로 흩어지고 우리의 생각은 끊임없이 생주 이멸生住異滅합니다. 결국 윤회의 업보를 벗어날 수 없습니다. 사대가 허망한 것임을 알아야 합니다. 우리 몸을 구성하고 있는 지수화풍은 의심과 애욕과 분노와 기뻐하는 마음이 만들어 낸 것에 불과합니다. 따라서 사대든 사상四相이든 그 또한 실체가 없음을 알아야 합니다. 몸과 마음에 대한 집착을 하루 빨리 벗어버려야 합니다.

모양이 없는 경계

四無相境

어떤 스님이 물었다.

"무엇이 모양이 없는 네 가지 경계입니까."

"그대의 한 생각 의심하는 마음이 흙이 되어 그대의 앞을 가로막으며, 한 생각 애욕의 마음이 물이 되어 그대를 빠지게 하며, 한 생각 분노하는 마음이 불이 되어 그대를 불태우며, 한 생각 기뻐하는 마음이 바람이 되어 그대를 날아가게 하는 것이다.

만약 이런 내용을 명확히 알게 된다면 경계와 대상에 끌려다니지 않고 어느 곳에서나 경계를 활용하게 될 것이다. 동쪽으로 솟았다가 서쪽으로 사라지고 남쪽에서 솟았다가 북쪽으로 사라지고 가운데서 솟았다가 가장자리에서 사라지고, 가장자리에서 솟았다가 가운데서 사라진다. 땅을 밟는 것처럼 물을 밟고, 물을 밟는 것처럼 땅을 밟는다. 어째서 그러한가. 사대가 꿈과 같고 환영과 같음을 완전히 통달해 알았기 때문이다."

問 如何是四種無相境 師云 儞一念心疑 被地來礙 儞一念心
愛 被水來溺 儞一念心瞋 被火來燒 儞一念心喜 被風來飄 若
能如是辨得 不被境轉 處處用境 東涌西沒 南涌北沒 中涌邊沒
邊涌中沒 履水如地 履地如水 緣何如此 爲達四大如夢如幻故

네 가지 모양 없는 경계四種無相境는 우리 육체를 이루고 있는 지수화풍 사대를 말합니다. 지수화풍은 인연화합에 의해 조합된 것입니다. 그러므로 그 본질은 공空합니다.

지수화풍 사대를 마음의 상태로 설명하고 있습니다. 지수화풍은 육체를 구성하는 요소지만 또한 의심과 애욕과 분노와 들뜬 마음을 일으키는 원인이라는 것입니다. 사대가 우리 마음에 번뇌와 분별을 일으키는 것은 집착 때문입니다. 사대가 영원할 것이라는 애착이 끊임없이 마음의 동요를 일으킵니다. 사대는 인연에 따라 일어난 것임을 명확히 알아야 합니다. 그래야 경계와 대상에 끌려다니지 않게 됩니다. 한 발 더 나아가 경계에 휘말리지 않고 경계를 있는 그대로 보고 마음대로 부릴 수 있게 됩니다. 임제 스님의 말씀대로 수처작주隨處作主 입처개진立處皆眞입니다. 가는 곳마다 주인이 되고 처한 곳마다 진리의 세계가 되는 것입니다.

가거나 머무름에
자유롭게 되리라

去住自由

수행자들이여! 지금 나의 법문을 듣고 있는 것은 사대로 이뤄진 그대들의 육신이 아니다. 그대들의 사대를 능숙하게 부리고 있는 사람이다. 능히 이와 같이 볼 수만 있다면 이내 가거나 머무름에 자유롭게 될 것이다. 나의 견해에 의하면 꺼려할 것이 전혀 없다. 그대들이 성인을 좋아한다고 하지만 성인이란 성스럽다는 이름일 뿐이다.

학인들은 오대산에 가서 문수보살을 만나려고 한다. 그러나 이미 틀린 일이다. 오대산에는 문수가 없다. 문수를 알고 싶은가. 다만 그대들의 눈앞에 또렷하게 작용하고 있으며 처음과 끝이 다르지 않고 어디에서나 의심할 바 없는 그것이 살아있는 문수다.

그대들의 한 생각에 차별 없는 마음의 빛이 어디에나 두루 비치는 것이 진짜 보현보살이며 그대들의 한 생각 마음이 스스로 결박을 풀어헤치고 어디에서나 해탈하는 그것이 바로 관세음보살의 삼매법이다.

서로 주인이 되기도 하고 조연이 되기도 하며 나올 때는 동시에 나온다. 따라서 하나가 셋이고 셋이 곧 하나다. 이런 진리를 이해해야 비로소 경전에 설해져 있는 가르침을 잘 알 수 있는 것이다.

道流 儞祗今聽法者 不是儞四大 能用儞四大 若能如是見得 便乃去住自由 約山僧見處 勿嫌底法 儞若愛聖 聖者聖之名 有一般學人 向五臺山裏求文殊 早錯了也 五臺山無文殊 儞欲識文殊麽 祇儞目前用處 始終不異 處處不疑 此箇是活文殊 儞一念心無差別光 處處總是眞普賢 儞一念心自能解縛 隨處解脫 此是觀音三昧法 互爲主伴 出則一時出 一卽三三卽一 如是解得 始好看敎

지금 법문을 듣고 있는 사람은 누구입니까. 앞서 사대는 공한 것이라고 했으니 적어도 사대로 이뤄진 육신이 법문을 듣고 있는 것은 아닐 겁니다. 그렇다면 누구일까요. 임제 스님은 사대를 능숙하게 부리는 무언가가 있다고 말합니다. 그 사람이 법문을 듣고 있습니다.

만약 이것을 확연히 알게 되면 생사에 걸림이 없게 될 것입니다. 우리는 성인을 좋아하고 따르려 합니다. 그러나 성인은 우리의 환상이 만든 허깨비일 뿐입니다. 성인이다 범부다 차별을 두는 그 마음 때문에 진리에서 멀어집니다.

마찬가지로 흔히들 오대산에 문수보살이 상주한다고 합니다. 그런데 오대산에 과연 문수보살이 계실까요. 문수보살이 특정 지역에 특별하게 존재하는 객관적 대상이냐 하는 말입니다. 문수보살을 찾는 사람은 이미 글러먹었고 보현보살도 관세음보살도 마찬가지입니다.

보살은 바로 우리 마음의 작용입니다. 맑고 밝고 차별 없는 마음이 곧 문수보살이며 보현보살이며 관세음보살입니다. 흔히 문수보살은 지혜의 상징, 보현보살은 행원 또는 실천의 상징, 관세음보살은 자비의 상징이라고 말합니다. 지금 우리 육신을 굴리면서 법문을 들으며 밝고 맑고 차별 없는 한량없는 자비의 마음을 내는 이가 바로 문수보살이며 보현보살이며 관세음보살입니다. 내 안에 깃들어 있습니다. 따라서 보살이 밖에 따로 존재한다고 생각하고 이를 찾으려고 하면 진리에 한 발자국도 들어갈 수 없습니다. 이들 보살의 특징은 마음을 쓸 때마다 함께 작용합니다. 지혜가 발현될 때 행원이 함께하고 자비가 발현될 때 지혜가 발현되는 것입니다. 함께 작용하지만 전혀 걸림이 없습니다. 아무 차별이 없이 서로 주인이 되기도 하고 조연이 되기도 합니다. 그럼으로 세 분 보살은 결국은 하나입니다.

《화엄경》에서는 이들 세 보살을 진리의 빛인 비로자나불의 작용으로 설명합니다. 그러나 비로자나불 또한 달리 존재하는 것이 아니라 우리 안에 이미 있습니다. 우리의 밝고 맑은 마음이 비로자나불입니다. 그러므로 우리가 바로 진리이며 부처님입니다. 지금 법을 듣고 있는 바로 그 사람입니다. 이런 이치를 확연히 알고 경전을 봐야 경전의 뜻을 제대로 이해할 수 있습니다.

스스로를 믿어라

且要自信

수행자들이여! 오늘날 도를 배우는 사람들에게 가장 중요한 것은 스스로를 믿는 것이다. 밖에서 찾아서는 안 된다. 모두 다 옛 사람들이 방편으로 설한 문자와 언설에 휩쓸려 어떤 것이 삿되고 무엇이 바른지 구분을 못하고 있다.

예컨대 조사니 부처니 하는 것은 모두 다 교학의 자취 가운데 있는 것일 뿐이다. 어떤 사람이 한 구절의 말을 거론하였을 때 그 말의 의미가 확연치 않으면 곧바로 의심을 내어 이리저리 온갖 생각을 다해 보며 하늘을 보고 땅을 보며 옆 사람을 찾아가 물으며 망연자실해 한다.

師示衆云 如今學道人 且要自信 莫向外覓 總上他閑塵境 都不辨邪正 祇如有祖有佛 皆是敎迹中事 有人拈起一句子語 或隱顯中出 便卽疑生 照天照地 傍家尋問 也太忙然

부처님은 '스스로를 진리의 등불로 삼으라'고 했습니다. 임제 스님 역시 도를 배우는 사람은 스스로를 의심하지 말고 믿어야 한다고 합니다. 마조 스님도 그대들의 마음이 바로 부처임을 믿어야 한다고 했습니다. 절대로 밖에서 찾지 말아야 합니다.

우리는 어디에 가면 기도를 잘 받는다느니, 어떤 다라니를 독송하면 좋다느니, 어느 절 부처님이 영험하다느니, 이런 불교가 아닌 말들을 많이 합니다. 물론 이 또한 진리로 들어가기 위한 방편이 되기도 한다는 점은 부인할 수 없습니다. 그러나 방편은 방편일 뿐입니다. 문제는 방편의 길에서 헤매다 어느덧 방편을 진리로 착각하는 데 있습니다. 뗏목은 강을 건너기 위한 방편인데, 뗏목에 집착하다 어느새 뗏목을 진리로 착각하는 것과 같습니다.

옛사람이 방편으로 설한 문자나 언설에서 진리를 찾다보면 어떤 것이 바른지 그른지 구분을 못하게 됩니다. 조사니 부처니 하는 것은 다만 발자취일 뿐입니다. 불교는 자취를 찾는 것이 아니라 스스로 부처가 되는 공부입니다. 진리 그 자체에 들어 가야 합니다. 스스로가 만법의 주체이며, 우리 안에 있는 불성을 일깨워 반드시 깨달음을 체득하리라는 확고한 신념을 가져야 합니다. 보고 듣고 말하는 우리 안에 모두 갖춰져 있음을 확신해야 합니다.

논쟁으로
세월을
보내지 마라

수행자들이여! 대장부라면 주인이니 도적이니, 옳으니 그르니, 사랑이니 재물이니 하는 쓸데없는 논쟁으로 세월을 보내지 마라.

산승은 이곳에서 승속을 논하지 않으며, 찾아오는 사람이 있으면 모두 다 알아내버린다. 그가 어디에서 오든지 모두 소리와 이름과 문구일 뿐 다 꿈이요 허깨비일 뿐이다.

大丈夫兒 莫祇麼論主論賊 論是論非 論色論財 論說閑話過日 山僧此間 不論僧俗 但有來者 盡識得伊 任伊向甚處出來 但有 聲名文句 皆是夢幻

대장부라면 세상일에서 벗어나야 합니다. '주인이니 도적이니'로 해석한 논주논적論主論賊에서 주主는 왕王으로, 적賊은 왕과 대립되는 사람으로 이해해야 합니다. 요즘 말로 풀이하면 정치에 관여하지 말라는 뜻이 될 것입니다. 옳다 그르다는 시비에서 벗어나고 남녀의 사랑과 재물에서도 초연해야 합니다. 그래야 모름지기 백척간두百尺竿頭에서 진일보進一步하는 대장부라 할 수 있습니다.

승속에 차별을 두지 않고 사람들을 만나보아도 목소리만 요란하고 지위로 자신을 드러내고 문자에 얽매여 꿈과 환상에 사로잡힌 사람밖에 없다고 한탄하고 있습니다.

경계를
타고 가는
사람

乘境底人

수행자들이여! 경계를 마음대로 부리는 사람을 본다면 그 사람이 부처님의 깊은 뜻을 체득한 사람이다. 부처님의 경계는 '내가 부처의 경계다'라고 스스로 말할 수 없는 것이다. 도리어 어디에도 의지함이 없는 무의도인이 경계를 마음대로 쓰며 나타난다.

　만약 어떤 사람이 와서 나에게 부처를 구한다고 묻는다면 나는 즉시 청정한 경지를 드러내어 대한다. 또 어떤 사람이 보살에 대해서 묻는다면 나는 즉시 자비의 경지를 드러내어 대한다. 또 어떤 사람이 보리를 묻는다면 나는 즉시 깨끗하고 오묘한 경지를 드러내어 대한다. 또 어떤 사람이 열반을 묻는다면 나는 즉시 고요한 경지를 드러내어 대한다.

　경계가 수만 가지로 차별되지만 사람은 다른 사람이 아니다. 그러므로 사람에 응하여 형상을 나타내는 것이 마치 물에 비친 달과 같다.

却見乘境底人 是諸佛之玄旨 佛境不能自稱我是佛境 還是這
箇無依道人 乘境出來 若有人出來 問我求佛 我卽應淸淨境出
有人問我菩薩 我卽應慈悲境出 有人問我菩提 我卽應淨妙境出
有人問我涅槃 我卽應寂靜境出 境卽萬般差別 人卽不別 所以
應物現形 如水中月

승경저인乘境底人은 경계를 타고 가는 사람이라는 뜻입니다. 경계가 와도 이에 끌려가는 것이 아니라 오히려 경계를 자유자재로 부리는 사람입니다. 부처의 경지는 설명할 수 없습니다. 언설言說을 넘어서 있기 때문입니다. 또 부처의 경지라는 것이 고정 불변한 모습으로 존재하는 것도 아닙니다. 어디에도 의존하지 않은 무의도인無依道人의 모습으로 드러날 뿐입니다.

임제 스님은 사람이 묻는 바에 따라 경계를 드러내 보여줍니다. 무의도인의 모습입니다. 청정함을 물으면 청정한 경지를 드러내 보여주고, 보살을 물으면 자비의 경지를 보여줍니다. 이렇게 수만 가지 경계가 드러나지만 보여주는 이는 임제 스님 단 한 사람입니다. 마치 달이 천 강에 비쳐 달이 천 개로 보이지만 본래의 달은 하나인 것과 같은 이치입니다.

부처와 중생, 성인과 마구니가 서로 다른 경계로 드러나지만 이것은 마음이 만들어낸 차별적인 경계에 불과합니다. 따라서 부처와 중생이 다르지 않습니다. 달이 각기 다른 강에 비치듯 마음이 부처와 중생으로 달리 드러나는 것뿐입니다.

다른 사람의
유혹에 흔들리지
않아야

不受人惑

수행자들이여! 그대들이 만약 여법하고자 한다면 모름지기 대장
부라야 가능하다. 어디에 기대고 줏대 없이 살아서는 결코 얻지
못한다. 금이 간 그릇에는 제호같은 좋은 음식을 담을 수 없다.

　큰 그릇의 사람이라면 다른 사람의 유혹에 흔들리지 않아야
한다. 그래야 가는 곳마다 주인이 되고 서 있는 곳이 항상 진리
가 되는 것이다.

　다가오는 어떤 것이든 다 받아들이지 마라. 한 생각이라도 의
심을 갖게 되면 곧 마음에 마구니가 침입한다. 비록 보살이라도
의심을 내게 되면 생사의 마구니가 틈을 얻게 된다. 쓸데없는 생
각을 멈추고 다시는 밖에서 구하지 말라. 어떤 것이 오든 지혜로
본질에 비춰보아야 한다.

道流 儞若欲得如法 直須是大丈夫兒始得 若萎萎隨隨地 則不
得也 夫如甒嗄(上音西下所嫁切)之器 不堪貯醍醐 如大器者
直要不受人惑 隨處作主立處皆眞 但有來者 皆不得受 儞一念
疑 卽魔入心 如菩薩疑時 生死魔得便 但能息念 更莫外求 物
來卽照

위위수수萎萎隨隨는 넝쿨들이 나무를 감아 의지해 살아가듯 주체성 없이 다른 것에 의지해 살아가는 모습을 뜻합니다. 또 배추를 소금에 절여놓은 것처럼 시들시들한 상태를 뜻하기도 합니다. 참된 불자로, 부처로 살아가려면 스스로 우뚝 선 대장부가 돼야 합니다. 금이 간 그릇에 우유를 담을 수 없듯이 흠이 없는 큰 그릇이라야 합니다. 그래야 유혹에 쉽게 흔들리지 않게 됩니다. 가는 곳마다 주인이 되고, 서 있는 바로 그곳이 참된 진리의 장이 됩니다.

사람의 유혹, 즉 인혹人惑은 《임제록》에 자주 등장합니다. 그만큼 중요하다는 뜻이겠지요. 인혹은 사람의 유혹만을 뜻하지는 않습니다. 부처든 조사든 나를 미혹케 하면 모두 인혹입니다. 그러므로 다가오는 경계를 모두 받아들여서는 안 됩니다. 만약 스스로가 부처라는 사실을 확고하게 믿지 않고, 조사의 말이나, 경전의 자구에 얽매이게 되면 의심이 나게 됩니다. 아무리 작은 의심이라도 드는 순간 마구니가 바로 마음으로 침투합니다. 보살도 마찬가지입니다. 생사가 없는 경지에 있다가도 한순간 의심이 일게 되면 바로 생사의 마구니가 비집고 들어올 틈을 내주게 됩니다. 쓸데없는 망념을 쉬어야 합니다. 밖에서 찾지 말아야 합니다.

경계가 오면 그저 지혜로 조용히 관조하기만 하면 됩니다. 왜냐하면 스스로가 구족된 부처이기 때문입니다. 경계는 바로 내 마음에 의지해 나타난 환영일 뿐입니다. 거울 속 모습을 진짜로 착각하지 말아야 합니다.

오직
헛된 이름뿐

唯見空名

수행자들이여! 그대가 지금 바로 작용하는 이것을 믿기만 하면 그 외에 다른 일은 없다. 그대들의 한 생각 마음이 삼계를 만들어내고 인연을 따라 경계에 사로잡혀 육진으로 나눠진다. 그대들이 응하여 지금 쓰고 있는 그곳에서 무슨 부족함이 있겠는가.

　한 찰나 사이에 깨끗한 국토에도 들어가고 더러운 국토에도 들어가며, 미륵누각에도 들어가고 삼안국토에도 들어가서 곳곳을 돌아다니지만 오직 헛된 이름뿐임을 보게 된다.

儞但信現今用底　一箇事也無　儞一念心生三界　隨緣被境　分爲六塵　儞如今應用處　欠少什麽　一刹那間　便入淨入穢　入彌勒樓閣　入三眼國土　處處游履　唯見空名

현재 나를 통해 작용하는 그것이 바로 부처입니다. 이것만 확고
부동하게 알면 됩니다. 그렇게만 된다면 얻고 말고 할 것이 없습
니다. 한 생각에 욕계, 색계, 무색계의 삼계가 만들어집니다. 인연
에 끌려 경계에 사로잡히면 색성향미촉법色聲香味觸法의 여섯
가지 번뇌의 작용으로 나뉘집니다. 우리가 부처임을 알 때 바깥
의 경계가 모두 우리의 아뢰야식의 현현임을 알게 됩니다.

우리는 전혀 부족할 것이 없다는 것을 알아야 합니다. 내 안
에 모든 것이 갖춰져 있습니다. 한 찰나에 깨끗한 곳에도 더러
운 곳에도 미륵누각에도 삼안국토에 들어가더라도 집착함이
없기에 텅 비어 있음을 보게 되는 것입니다.

빈 주먹에
누런 잎사귀를
들고

空拳黃葉

어떤 스님이 물었다.

"무엇이 삼안국토입니까."

"나는 그대들과 함께 청정하고 미묘한 국토에 들어가 청정한 옷을 입으면 법신불로서 법을 설하고 차별 없는 국토에 들어가 차별 없는 옷을 입으면 보신불로서 법을 설하며 해탈국토에 들어가 광명의 옷을 입으면 화신불로서 법을 설한다.

이 삼안국토라는 것은 모두가 무엇인가를 의지해 변한 것이다. 경론을 연구하는 사람들은 법신을 근본으로 하고 보신과 화신을 작용으로 본다.

그러나 산승이 보는 바에 따르면 법신도 법을 이해하거나 설법을 할 줄 모른다. 이런 까닭으로 옛사람이 말하기를 몸이라고 하는 것은 뜻에 의지해 세운 것이고 국토란 본체에 근거해서 논한 것이라고 했다. 따라서 법성신과 법성토는 건립된 법이고 무엇에 의지해야만 통할 수 있는 국토라는 것을 분명히 알아야 한다. 빈주먹에 누런 잎사귀를 들고 황금이라고 어린아이들을 속이는 것이다. 말라 비틀어진 뼈다귀 같은 나무에서 무슨 국물을 찾을 수 있겠는가. 마음 밖에 따로 법이 없고 마음 안에서도 얻을 수 없는데 무엇을 구하려고 하는가.”

問 如何是三眼國土 師云 我共儞入淨妙國土中 著淸淨衣 說法
身佛 又入無差別國土中 著無差別衣 說報身佛 又入解脫國土
中 著光明衣 說化身佛 此三眼國土 皆是依變 約經論家 取法
身爲根本 報化二身爲用 山僧見處 法身卽不解說法 所以古人
云 身依義立 土據體論 法性身 法性土 明知是建立之法 依通
國土 空拳黃葉 用誑小兒 蒺藜菱刺 枯骨上覓什麼汁 心外無法
內亦不可得 求什麼物

임제 스님은 삼안국토三眼國土를 법신, 보신, 화신의 개념으로 설명하고 있습니다. 그러나 삼신 또한 무언가에 의지해서 변화한 것입니다. 교학을 공부하는 사람들은 법신을 근본으로 보고 보신과 화신을 쓰임으로 보지만 법신도 보신, 화신도 이름으로만 있을 뿐 설법을 할 수도, 들을 수도 없습니다.

설법을 듣고 이해할 수 있는 것은 지금 임제 스님 앞에 있는 그 사람입니다. 법성신이든 법성토든 모두 어디엔가 의지해서 드러날 뿐입니다. 그런데 이것을 마치 있는 것처럼 설명하는 것은 손에 노란 잎사귀를 쥐고 아이들에게 황금이라고 속이는 것이나 마찬가지입니다.

마음의 바깥에 따로 법이 없습니다. 그렇다고 마음 안에 법이 있다고 해도 틀립니다. 그러나 어디에나 있습니다. 그러면서 끊임없이 드러나고 나타납니다. 지금 현재 작용하고 있는 그것이 바로 진리입니다. 스스로 부처임을 확연하게 믿어야 합니다. 조작하지 않으면 됩니다. 그러면 일상의 마음과 모습 그대로가 진리입니다.

닦을 것도 깨달음도 있다고 하지 마라

有修有證

수행자들이여! 그대들은 제방에서 닦을 것도 있고 깨달음도 있다고 말하나 착각하지 마라. 설사 닦아서 얻을 것이 있다고 해도 그것은 모두가 생사유전의 업이다. 그대들이 육도만행을 빠짐없이 닦는다고 하지만 내가 보기에는 다 업을 짓는 일이다. 부처를 구하고 법을 구하는 것도 곧 지옥의 업을 짓는 것이고, 보살을 구하는 것도 역시 업을 짓는 것이며, 경을 보거나 부처님의 가르침을 듣는 것도 또한 업을 짓는 일이다.

　부처와 조사는 바로 일없는 사람이다. 이런 이유로 부처와 조사에게는 번뇌와 이로 인한 미혹이든 번뇌가 완전히 사라져 전혀 걸림이 없는 경지든 간에 모두 청정함이라는 업이 되는 것이다.

儞諸方言道 有修有證 莫錯 設有修得者 皆是生死業 儞言六度
萬行齊修 我見皆是造業 求佛求法 卽是造地獄業 求菩薩 亦
是造業 看經看敎 亦是造業 佛與祖師 是無事人 所以有漏有爲
無漏無爲 爲淸淨業

깨달음을 이루고 부처가 되기 위해서 우리는 많은 수행을 해야 합니다. 경전도 공부해야 하고 참선도 해야 하고 보살행도 해야 합니다. 그러나 이런 노력들이 모두 업을 짓는 일이라고 잘라 말합니다. 무엇 때문일까요. 자, 우리의 신행 형태를 한번 살펴 봅시다.

옛날 함경도 선비가 과거를 보러 가다가 절에 들러 좁쌀 한 되를 부처님 앞에 놓고 합격 기도를 했습니다. 그리고 과거를 봤 는데 그만 떨어지고 말았습니다. 할 수 없이 고향으로 돌아가던 선비는 가는 길에 기도를 했던 절에 들렀습니다. 그리고 법당에 들어가 부처님을 쳐다보며 말합니다. "부처님, 제 좁쌀 한 되를 그냥 공으로 드시고 왜 놀놀하게 앉아계십니까."

지금의 우리 신행 모습과 조금도 다르지 않습니다. 모두들 무 언가 바라면서 기도하고 참선하고 그러지 않습니까. 우리의 신 행은 욕망의 연장선 위에 있습니다. 이것이 참된 기도이며 참선 일까요.

모두 업을 짓는 미혹한 행위일 뿐입니다. 무엇을 밖에서 구한 다는 생각이 남아 있으면 모두 업을 짓는 일입니다. 잘못된 공부 라는 것이지요. 번뇌가 완전히 사라져 전혀 걸림이 없는 해탈이 라고 하는 것도 얻고자 하는 마음이 있다면 해탈이 아니라 해 탈이라는 업이 되고 마는 것입니다. 그래서 참선이라 하지만 참 선한다는 마음이 남아 있는 한 절대 참선이 되지 않습니다.

무언가 얻고 구한다는 생각이 들면 바로 진리에서 멀어지게 됩니다. 부처님과 조사님들이 다 무심無心하고 무사無事한 사람들입니다. 마음은 텅 비어 걸림이 없고 또한 일이 없는 사람들입니다.

이것은
외도의 법이다

是外道法

수행자들이여! 어떤 머리 깎은 눈먼 사람들은 배불리 밥을 먹고 나서 바로 좌선하거나 관행을 하면서 번뇌망상을 꽉 붙들어서 일어나지 못하게 한다. 또 시끄러운 것을 싫어하고 고요함을 구하는데 이것은 다 외도의 법이다.

조사께서 말했다. 그대들이 만약 마음을 머물게 해서 고요함을 들여다보고, 마음을 일으켜 밖으로 관조하며, 마음을 수습하여 안으로 맑히며, 마음을 응집시켜 선정에 들려고 한다면 이것들은 모두 조작일 뿐이다.

그대들은 지금 이렇게 법문을 듣는 그 사람을 어떻게 닦게 하고, 어떻게 그를 깨닫게 하며, 어떻게 그를 장엄할 수 있겠는가. 그것은 닦을 수 있는 것이 아니며 장엄할 수 있는 물건도 아니다. 만약 그것을 장엄할 수 있다면 무엇이든지 다 장엄할 수 있을 것이니 그대들은 착각하지 마라.

有一般瞎禿子 飽喫飯了 便坐禪觀行 把捉念漏 不令放起 厭喧求靜 是外道法 祖師云 儞若住心看靜 擧心外照 攝心內澄 凝心入定 如是之流 皆是造作 是儞如今與麼聽法底人 作麼生擬修他證他莊嚴他 渠且不是修底物 不是莊嚴得底物 若敎他莊嚴 一切物卽莊嚴得 儞且莫錯

육조혜능 스님의 제자인 하택신회 스님이 북종선北宗禪을 비판한 내용을 조사의 말씀으로 인용했습니다. 좌선을 하고 관행을 하면서 번뇌가 일어나지 못하게 억누르고 각종 삼매에 든다는 방법들을 사용하지만 이 모든 것이 다 조작일 뿐이라는 것입니다.

왜냐하면 지금 이렇게 법문을 듣는 사람들의 본질인 무위진인은 닦을 수도, 깨닫게 할 수도, 장엄할 수도 없기 때문입니다. 이미 깨끗하기 때문에 닦을 것이 없으며, 진리 그 자체이기에 깨달을 것도 없습니다. 또한 모양이 없기 때문에 장식할 수도 없습니다. 내 안에 이미 존재하는 무위진인, 불성은 완전무결하여 더할 것이 없습니다. 그런데 우리들은 착각합니다. 닦을 것도 증득할 것도 없는 완벽한 진리 그 자체이건만 밖에서 찾고 구하고 인위적인 노력을 하며 부산을 떱니다. 그냥 무심하게, 평소의 마음을 그대로 조작하지 않고 쓰면 그것이 바로 도의 현현이라고 말하고 있습니다.

이 눈먼
사람들아

瞎屢生

수행자들이여! 그대들은 어떤 노스님의 설법을 듣고서 그것이
참된 도라고 여긴다. '이 선지식은 참으로 불가사의한데 나는 범
부의 마음이어서 감히 노스님의 생각을 헤아려 볼 수 없다'고
한다.

이 눈먼 사람들아! 그대들은 평생을 이러한 견해만 지으면서
한 쌍의 지혜의 눈을 저버리는구나. 추워서 벌벌 떠는 모습이 마
치 얼음판 위를 조심스럽게 걸어가는 당나귀 새끼 같구나! 그러
면서 구업이 두렵기 때문에 감히 선지식을 비방할 수 없다고 말
한다.

道流 儞取這一般老師口裏語 爲是眞道 是善知識不思議 我是
凡夫心 不敢測度他老宿 瞎屢生 儞一生祇作這箇見解 辜負這
一雙眼 冷嗽嗽地 如凍凌上驢駒相似 我不敢毁善知識 怕生
口業

진리를 추구하는 데 큰 장애 가운데 하나가 바로 권위에 굴복하는 것입니다. 임제 스님은 이런 권위주의를 가장 경계했습니다. 부처든 조사든 만약 진리를 추구하는 데 걸림이 되면 인정하지 말라고까지 합니다. 그런데 우리는 노스님의 설법을 듣고는 옳고 그름은 따지지도 않고 권위만을 쫓아 노스님을 절대시하고 자신을 비하합니다. 그러면서 자신이 지니고 있는 지혜의 눈을 애써 감아버립니다. 노스님의 말씀이나 행동 중에 부처님의 가르침과 어긋나는 것이 있어도 구업口業을 지을까봐 선지식의 말씀을 비방할 수 없다고 변명합니다.

불교는 스스로 깨우치는 공부인데 마치 절대자의 말씀에 복종하는 종교마냥, 교리에 의심을 품으면 지옥으로 떨어진다고 가르치는 사람들처럼 부들부들 떨면서 큰스님이네, 조실스님이네 하는 스님들의 말씀에 복종합니다. 이렇게 공부해서는 결코 깨닫지 못합니다. 부처가 될 수도 없고 조사가 될 수도 없습니다.

당당해야 합니다. 대장부가 돼야 합니다. 스스로 진리를 탐구하지 못하고 권위와 제도에 주눅이 들어 얼음판 위의 당나귀처럼 벌벌 떨어서야 어찌 수행자라고 할 수 있겠습니까. 우리는 스스로 부처입니다. 다만 미혹해서 이를 알지 못할 뿐입니다. 그러므로 우리의 눈으로 보지 못할 것이 없습니다. 다만 애써 보지 않으려고 할 뿐입니다. 부처님이 보았고 조사님이 보았다면 당연히 나도 볼 수 있습니다.

천하의   是非天下
옳고 그름을
논할 수 있어야

수행자들이여! 큰 선지식이 돼야 비로소 부처와 조사를 비방하
고 천하의 옳고 그름을 논할 수 있다. 경·율·논 삼장의 가르침을
배척하고, 어린애 같은 하근기의 무리들을 욕할 수 있다.

　거슬리거나 순종하는 경계를 사용하며 진짜 사람을 찾을
수 있다. 그러므로 나는 십이 년 동안 업의 성품을 찾았지만
겨자씨만 한 것도 찾을 수 없었다.

道流 夫大善知識 始敢毀佛毀祖 是非天下 排斥三藏教 罵辱諸
小兒 向逆順中覓人 所以我於十二年中 求一箇業性 如芥子許
不可得

큰 선지식이 돼야 합니다. 그러면 부처와 조사를 비방할 수도 있고 경전 속의 가르침을 불쏘시개로 사용해도 허물이 되지 않습니다. 세상 사람들을 역경 속에도 집어넣고 순경 속에도 넣어보면서 자유자재로 근기를 시험해볼 수도 있습니다. 실제로 임제 스님은 십이 년 동안이나 그렇게 했다고 밝히고 있습니다. 그럼에도 어떤 작은 허물도 찾을 수 없었다고 당당히 말합니다. 마음이 허공처럼 텅 비어 걸림이 없었기 때문입니다.

사자가   師子一吼
한번 포효를
하면

수행자들이여! 만약 이제 갓 시집 온 새색시 같은 선사라면 절
에서 쫓겨나 밥을 얻어먹지 못할까 두려워 안락한 마음을 갖질
못한다. 예로부터 선배들은 가는 곳마다 사람들의 불신을 받고
쫓겨난 다음에야 비로소 귀한 사람인 줄 알았다.

  만약 가는 곳마다 사람들이 인정한다면 이런 사람이 무슨 쓸
모가 있겠는가. 그러므로 사자가 한번 포효를 하면 여우의 뇌가
찢어진다고 하는 것이다.

若似新婦子禪師 便卽怕趁出院 不與飯喫 不安不樂 自古先輩
到處人不信 被趁出 始知是貴 若到處人盡肯 堪作什麼 所以師
子一吼 野干腦裂

신부는 여리고 나약해 항상 조심스럽게 살아가는 모습을 비유한 것입니다. 남의 말이나 주장에 끌려다니며 이렇게 저렇게 휘둘리는 존재를 뜻합니다. 대중들의 눈치나 살피는 스님들을 두고 하는 말입니다. 임제 스님의 성품으로는 추호도 용납할 수 없습니다. 대중들에게 환영받지 못하더라도 똑바로 진리의 한길을 가야 합니다.

달마 스님은 중국 역사상 가장 위대한 호불황제護佛皇帝 양무제에게서도 쫓겨납니다. 그럼에도 빼어난 제자들을 길러냈고 지금까지도 선禪의 역사에는 달마 스님의 종지가 흐르고 있습니다. 좋은 약이 입에 쓰듯이 대개 우매한 대중은 뛰어난 선사들을 배척합니다. 그러나 낭중지추囊中之錐라고 결국 나중에는 귀한 사람인 줄 알게 됩니다. 가는 곳마다 대중과 야합하여 인정에 안주하는 선사가 어찌 제대로 된 선사일 수 있겠습니까. 임제 스님의 사자후에 부처님의 말씀이나 팔아먹던 거짓선지식들의 얄팍한 밑바닥이 세상에 드러난 것입니다.

봄날의
가랑비처럼
흔하다

如春細雨

수행자들이여! 제방에서 말하기를 닦아야 할 도가 있고 깨우쳐
야 할 법이 있다고 하는데 도대체 무슨 법을 깨치고 무슨 도를
닦아야 한다는 말인가. 그대들이 지금 쓰고 있는 것에서 어떤 물
건이 모자란단 말이며 어떤 것을 닦고 보완해야 한다는 것인가.

후대의 못난이들이 잘 모르고 여우와 도깨비 같은 허망한 이
들의 말을 믿고 그들의 말과 행동을 받아들여 다른 사람들까지
얽어매어 말하기를 '이치와 행이 서로 부합하고 삼업을 잘 지켜
야만 비로소 성불할 수 있다'고 말한다. 이와 같이 말하는 자들
은 봄날의 가랑비처럼 흔하다.

道流 諸方說 有道可修 有法可證 儞說證何法修何道 儞今用處
欠少什麼物 修補何處 後生小阿師不會 便卽信這般野狐精魅
許他說事 繫縛他人 言道理行相應 護惜三業 始得成佛 如此
說者 如春細雨

《도덕경道德經》에서 노자老子는 '도를 도라고 말하면 참된 도가 아니다道可道非常道'라고 했습니다. 여기서 도는 궁극의 진리와 같은 의미인데 말로 표현할 수 없는 그 무엇입니다. 그런데 이를 말로 표현하면 사람들은 그 말에 집착해 그것이 도인줄 알고 찾아 헤매게 됩니다. 이렇게 하면 도는 영영 멀어집니다. 언어로 표현할 수 없는 것을 언어에서 찾고 있기 때문입니다.

마찬가지로 우리의 본질은 부처입니다. 자성청정심自性淸淨心입니다. 닦아서 얻거나 증득할 수 있는 것이 아닙니다. 그 자체로 드러내기만 하면 되는 것입니다. 구름이 걷히면 태양이 드러나는 것과 같은 이치입니다. 태양의 광명이 곧 나의 본질입니다. 그런데 사람들은 이를 모르고 태양을 닦아서 밝게 만들거나 얻을 수 있다고 생각합니다. 이는 큰 착각입니다. 진리에서 영영 멀어지게 됩니다.

후대의 못난 선승들이 이를 모르고 몸과 입과 뜻으로 짓는 삼업三業을 잘 지켜야 성불한다고 이야기합니다. 본래 닦거나 얻을 것이 없이 청정한데 무엇을 잘 지켜야 한다는 말입니까. 마음속 부처의 작용에 부족함이 없는데 무엇을 닦아야 한다는 말입니까. 불교를 안다는 사람들이 이렇게 말을 하고 있으니, 장님이 길을 안내하는 격입니다. 그런데 안타깝게도 이런 사람들이 봄에 자주 내리는 가랑비처럼 아주 많습니다. 임제 스님의 장탄식이 들리는 것 같습니다.

평상의
마음이
바로 도

平常心道

수행자들이여! 옛사람이 이르기를, 길에서 도에 통달한 사람을 만나거든 도에 대해서 말하지 말라고 했다. 그래서 말하기를 만약 어떤 사람이 도를 닦는다고 하면 도는 행해지지 않고 오히려 만 가지의 삿된 경계들이 앞을 다투어 일어난다.

　지혜의 칼을 뽑아들면 한 물건도 없으며, 밝은 것이 나타나기 전에 어둔 것이 밝아진다고 하였다. 그래서 옛사람이 말하기를 '평상의 마음이 바로 도'라고 한 것이다.

古人云 路逢達道人 第一莫向道 所以言 若人修道道不行 萬般邪境競頭生 智劍出來無一物 明頭未顯暗頭明 所以古人云 平常心是道

앞서도 말했듯이 도道는 말로써 또는 이해로써 알 수 없습니다. 그러므로 말을 듣고 이해하여 도를 구하려고 하면 오히려 번뇌와 장애만이 무성하게 일어날 뿐입니다. 부처님께서 염화미소拈華微笑로 진리를 설명한 이유를 잘 헤아려야 합니다. 도는 설명될 수 없기 때문입니다. 도를 닦겠다고 인위적으로 노력하면 오히려 도에서 멀어지게 됩니다.

자신에게 갖춰져 있는 불성, 지혜의 칼을 드러내기만 하면 모든 경계가 절로 사라집니다. 밝은 것이 나타나기 전에 어둔 것이 밝아진다고 하였는데, 이는 어두운 방에 불을 켜는 것과 같습니다. 불을 켜고 나면 어둠이 어디로 사라지는 것이 아닙니다. 어둠이 그대로 밝음으로 바뀌게 됩니다. 결국 어둠과 밝음은 본질적으로 하나입니다. 그래서 평상의 마음이 그대로 도가 되는 것입니다. 평상의 마음 따로 도 따로 있는 것이 아닙니다. 평상의 마음이 도인줄 알면 도는 그대로 드러나게 됩니다.

의심하여
그르치지 마라

不用疑誤

수행자들이여! 무슨 물건을 찾고 있는가. 지금 바로 눈앞에 법문을 듣고 있는 어느 것에도 의지함이 없는 무의도인은 너무도 역력하고 분명해서 조금도 부족함이 없다.

만약 그대들이 조사와 부처님과 다르지 않기를 바란다면 다만 이와 같이 보기만 하면 된다. 의심하여 그르치지 마라. 그대들의 마음과 마음이 다르지 않을 때 이를 살아있는 조사라고 한다. 마음이 만약 변한다면 성품과 모습에 구별이 있게 된다. 그러나 마음이 변하지 않기 때문에 성품과 모습이 다르지 않게 되는 것이다.

大德 覓什麼物 現今目前聽法無依道人 歷歷地分明 未曾欠少 儞若欲得與祖佛不別 但如是見 不用疑誤 儞心心不異 名之活祖 心若有異 則性相別 心不異故 卽性與相不別

다른 곳에서 부처와 조사를 찾는 일을 그만둬야 합니다. 지금 법문을 듣고 있는 그 사람이 아무것에도 의지함이 없는 무의도인임을 알아야 합니다. 파도가 잠잠해지면 고요하고 깊은 바다의 본질이 드러나게 마련입니다. 틈틈이 파도가 일어나고 해일이 일어나지만 본래 파도와 해일이 따로 있지 않습니다. 인연에 따라 잠시 모습을 달리한 것일 뿐입니다. 파도와 해일의 본질은 바다입니다. 우리 또한 항상 번뇌와 망상에 휩싸여 있지만 본래 바탕은 부처이며 자성청정심입니다. 무의도인입니다. 부처가 되고자 한다면 더 이상 의심하지 말아야 합니다.

마음과 마음이 다르지 않다는 말의 뜻은 우리의 마음이 순간순간 번뇌에 물들지 않고 항상 본래의 자리에서 여일如一한 상태를 말합니다. 그런 상태라면 살아있는 조사님과 다를 바 없습니다. 그러나 우리의 마음은 여일하지 못해서 경계에 미혹됩니다. 그래서 마음의 본성인 성품과 드러난 현상인 모습이 서로 달라지는 것입니다. 만약 마음에 변함이 없다면 일상의 삶 그대로 불성의 현현이 될 것입니다. 파도가 일더라도 파도 자체에 끌려다니지 않고 바다의 조화임을 알게 된다면 본체로서의 바다와 현상으로서의 파도는 아무런 차이가 없게 됩니다. 그러나 바다와 파도를 따로 분리해서 집착하게 되면 도에서 영영 멀어지게 되는 것입니다.

마음과 마음이
달라지지 않는
경계

心心不異

어떤 스님이 물었다.

"무엇이 마음과 마음이 달라지지 않는 경계입니까."

"그대들이 물으려 하는 순간 벌써 달라져 성품과 모습이 서로 나눠져버렸다. 수행자들이여! 착각하지 마라. 세간이나 출세간이나 모든 법은 다 자성이 없으며, 또한 태어나는 일도 없다. 다만 헛된 이름만 있을 뿐이고 그 이름 또한 텅 비었다. 그대들은 오로지 저 부질없는 이름을 진실한 것으로 알고 있으나 큰 착각이다.

설사 그러한 것들이 있다 하더라도 모두가 의지해서 변화한 경계들이다. 이른바 보리의 의지와 열반의 의지와 해탈의 의지와 부처의 삼신이라고 하는 의지와 경계와 지혜의 의지와 보살의 의지와 부처의 의지들이 있다.

그대들은 의지하여 만들어진 가짜 국토에서 무엇을 찾고 있는가. 삼승십이분교라 할지라도 모두가 화장실의 휴지에 불과하다. 부처란 허깨비의 몸이고, 조사란 늙은 비구인데 그대들은 어머니의 몸에서 태어난 사람들이 아니었던가.

그대들이 만약 부처를 구하면 부처라는 마구니에게 사로잡히고 조사를 구하면 조사라는 마구니에게 속박된다. 그대들이 만약 구하는 것이 있으면 괴로움만 있을 뿐이다. 일없는 무사함만 같지 못하다."

問 如何是心心不異處 師云 儞擬問早異了也 性相各分 道流莫錯 世出世諸法 皆無自性 亦無生性 但有空名 名字亦空 儞祇歷認他閑名爲實 大錯了也 設有皆是依變之境 有箇菩提依 涅槃依 解脫依 三身依 境智依 菩薩依 佛依 儞向依變國土中 覓什麼物 乃至三乘十二分敎 皆是拭不淨故紙 佛是幻化身 祖是老比丘 儞還是娘生已否 儞若求佛 卽被佛魔攝 儞若求祖 卽被祖魔縛 儞若有求皆苦 不如無事

마음과 마음이 달라지지 않는 경지는 이미 표현의 세계를 떠난 것입니다. 말로 표현할 수 없으니 본각本覺, 진여眞如라고 했지만 이 또한 바른 표현은 아닙니다. 그래서 물어보는 순간 성품과 모습은 달라지는 것입니다. 우리가 사람 이름을 떠올릴 때 그 사람 자체가 그대로 떠오르는 것이 아니라 이름과 함께 우리 기억 속에 담겨 있는 그 형상이 떠오릅니다. 본래 그 사람과 모습으로 인식되는 그 사람은 같은 사람이 아닙니다. 그래서 묻는 순간 성품과 모습이 다르게 됩니다. 진리에 대한 질문에 미소를 짓거나 침묵할 수밖에 없는 까닭입니다.

그래서 착각하지 말아야 합니다. 세간법이든 출세간법이든 모든 것이 텅 비어 있습니다. 아무것도 없는 것이 아니라 인연에 따라 끊임없이 변하기 때문에 고정된 실체가 없습니다. 그래서 자성自性이 본래 공空입니다. 이름은 있지만 그 이름 또한 부득이하게 붙인 것으로 본질은 허망한 것입니다. 그런데 이름에 집착해서 그것이 진실한 것으로 변함없는 실체인 것으로 착각들을 합니다. 보리라는 것도, 열반이라는 것도, 부처라는 것도 모두 의지해서 변화한 가상의 것들입니다. 사람들을 이해시키기 위해 허수아비에 부처라는 옷을 입히고, 보살이라는 옷을 입힌 것에 불과합니다. 결국은 다 허망한 것들입니다.

그런데 우리는 진리를 추구한다면서 가짜로 만들어진 세계에서 가짜로 만들어진 이름에 집착하며 밖으로 내달리고 있습니

다. 성문, 연각, 보살을 위한 가르침과 십이분교로 분류되는 팔만
대장경의 가르침이 모두 휴지조각에 불과한데도 말입니다.

　부처와 조사가 거룩한 다른 세계에서 온 것이 아닙니다. 밖에
서 찾아 헤매지만 않으면 됩니다. 부처와 조사를 우상으로 받들
고 구하려고 해봤자 괴로움만 늘어날 뿐입니다. 고요히 마음을
가라앉히고 스스로를 돌이켜봐야 합니다. 본래 구할 것이 없으
며 다 갖춰져 있음을 알아야 합니다. 그저 진리가 드러나고 불성
이 현현하도록 놓아두는 것만이 우리가 할 일입니다.

그 부처님은
지금 어디에
있느냐

佛今何在

수행자들이여! 일반적으로 머리 깎은 비구들이 학인들에게 말하기를 부처야말로 최고의 궁극적인 경지이니 삼대 아승지겁 동안 수행을 해 그 결과가 다 채워짐으로 비로소 도를 이룬다고 한다.

수행자들이여! 그대들이 만약 부처를 최고의 궁극적인 경지라 여긴다면 어찌하여 부처님께서 팔십 년 후에 쿠시나가라성의 사라쌍수 사이에서 옆으로 누워 돌아가셨는가. 그 부처님은 지금 어디에 계신단 말인가.

분명히 알아야 한다. 부처님과 우리의 생사가 다르지 않다. 그대들은 삼십이상 팔십종호가 부처님이라고 말할 것이다. 그렇다면 마땅히 전륜성왕도 여래이어야 한다. 마땅히 알아야 한다. 그것은 환영이고 허깨비이다.

有一般禿比丘 向學人道 佛是究竟 於三大阿僧祇劫 修行果
滿 方始成道 道流 儞若道佛是究竟 緣什麽八十年後 向拘尸羅
城雙林樹間 側臥而死去 佛今何在 明知與我生死不別 儞言
三十二相八十種好是佛 轉輪聖王應是如來 明知是幻化

부처가 되기 위해서는 오랜 세월 수행해야 한다는 것이 일반적인 인식입니다. 무수한 생을 다시 태어나며 선업을 쌓고 수행한 결과 부처님이 됐다는 기록은 경전에도 나옵니다. 특히 상좌부上座部 불교에서는 이런 가르침을 중시하고 실제 수행의 과정에서도 충실히 따르려고 노력합니다. 그런데 우리가 목표로 삼고 있는 그 부처님은 지금은 돌아가시고 없습니다. 그렇다면 부처님은 어디에 있을까요. 이렇게 말하면 혹자는 삼십이상 팔십종호가 부처님이라고 말하겠지만 전륜성왕도 이런 특징을 가지고 있습니다. 그렇다면 전륜성왕이 부처님입니까. 이렇게 우리의 관념 속에 들어 있는 부처님의 모습은 모두가 허상이고 환영에 지나지 않습니다. 부처님도 우리와 생사가 다르지 않다는 말을 잘 기억해야 합니다.

모습 없는 곳에
참모습이 있다

無相眞形

수행자들이여! 옛사람이 이르기를, 여래가 갖추신 몸의 모습은 세상의 인정에 순응하기 위한 것이다. 사람들이 아무것도 없다는 단견을 일으킬까 두려워 방편으로 세운 헛된 이름이다. 가짜로 삼십이상을 말한 것이고 팔십종호도 헛소리다. 육신은 깨달음의 본체가 아니며, 고정된 모습이 없는 그곳에 참모습이 있다.

古人云 如來擧身相 爲順世間情 恐人生斷見 權且立虛名 假言 三十二 八十也空聲 有身非覺體 無相乃眞形

중국 양나라 때 비승비속非僧非俗으로 살았던 부대사가 《금강
경》에 송頌을 붙였는데 삼십이상 팔십종호를 비롯해서 법신·화
신·보신 등 부처님을 찬탄하는 모든 이름들은 사람들의 인정에
따른 것이라고 했습니다. 부처님이 '비어 있다空, 없다無'고 말하
니까 그 근본 뜻을 헤아리지 못하고 단견斷見을 일으켜 모든 것
을 아무것도 없는 허무한 것으로 여기는 까닭에 방편으로 헛된
이름을 세웠을 뿐이라는 설명입니다.

따라서 육신이나 모양은 깨달음의 당체가 아님을 잘 알아야
합니다. 고정된 모습이 없는 그곳에 진짜 모습이 있습니다. 《금강
경》에 '무릇 형상이 있는 것은 모두 다 허망한 것이니, 만약 형
상이나 모습이 진실된 것이 아님을 안다면 바로 여래를 보게 되
리라'고 했듯이 보이는 것이 그대로 진실은 아닙니다. 진실은 보
이는 모습 너머에 있습니다. 아니 보이는 모습 그대로 진리이면
서 또한 그 모습을 넘어서 있습니다. 우리가 비록 중생이지만 본
질은 부처인 것과 같은 이치입니다.

업의 신통과
무엇에 의지한
신통들

業通依通

수행자들이여! 그대들은 부처님께서 여섯 가지 신통을 지니고 있으시니 참으로 불가사의하다고 말한다. 그런데 여러 천신들과 신선과 아수라와 큰 힘이 있는 귀신들도 역시 신통이 있다. 그렇다면 이들도 마땅히 부처라고 해야 하지 않겠는가.

수행자들이여! 착각하지 마라. 아수라들이 제석천과 싸우다 패하자 팔만사천의 권속들을 거느리고 연근의 구멍 속으로 들어가 숨었다고 하는데 이들도 성인이라 해야 하지 않겠는가. 내가 예를 든 것은 모두 업의 신통이거나 무엇에 의지한 신통들이다.

儞道 佛有六通 是不可思議 一切諸天 神仙阿修羅 大力鬼 亦有神通 應是佛否 道流莫錯 祇如阿修羅與天帝釋戰 戰敗領八萬四千眷屬 入藕絲孔中藏 莫是聖否 如山僧所擧 皆是業通依通

육신통六神通이란 멀리 있는 것에서 미래까지 보는 천안통天眼通, 어디든지 마음대로 갈 수 있는 신족통神足通, 남이 듣지 못하는 것을 다 듣는 천이통天耳通, 전생과거의 것들을 다 보는 숙명통宿命通, 말하지 않아도 마음을 읽어내는 타심통他心通, 번뇌가 다해 더 이상 증득할 것이 없는 누진통漏盡通이 그것입니다. 누진통을 제외한 다섯 가지 신통은 천신들도 가지고 있으나 누진통은 유일하게 부처님만 가지고 있는 신통이라고 합니다.

그런데 만약 신통으로 부처님의 존재를 증명하려 한다면 문제가 생깁니다. 이런 신통은 부처님뿐만 아니라 천신과 신선과 아수라 등도 가지고 있기 때문입니다. 부처님께서 구족한 신통이 바로 우리가 알고 있는 이런 신통을 의미하지는 않습니다. 임제 스님이 예로 든 신통은 노력을 통해서, 혹은 무언가에 의지해서 생긴 신통이라고 밝히고 있습니다. 끊임없는 노력을 통해 생기는 것이 업의 신통이고 물건이나 의식을 매개로 생기는 신통이 의통입니다. 그렇다면 부처님의 육신통은 무엇일까요.

땅을 걸어다니는 신통

地行神通

수행자들이여! 무릇 부처님의 육신통이란 그런 것이 아니다. 물질의 경계에 들어가지만 물질에 미혹당함이 없고 소리의 경계에 들어가지만 소리에 미혹당함이 없고, 냄새의 경계에 들어가지만 냄새에 미혹당함이 없고 맛의 경계에 들어가지만 맛에 미혹당함이 없고 감촉의 경계에 들어가지만 감촉에 미혹당함이 없고 법의 경계에 들어가지만 법의 경계에 미혹당하지 않는다.

그러므로 색성향미촉법, 이 여섯 가지가 모두 텅 비어 있음을 완전히 깨달았기에 어디에도 매이지 않는 무의도인을 결코 속박할 수 없다. 비록 오온으로 이뤄져 번뇌의 덩어리이면서도 땅을 걸어다니는 그 자체로 신통인 것이다.

夫如佛六通者 不然 入色界不被色惑 入聲界不被聲惑 入香界
不被香惑 入味界不被味惑 入觸界不被觸惑 入法界不被法惑
所以達六種色聲香味觸法皆是空相 不能繫縛此無依道人 雖
是五蘊漏質 便是地行神通

부처님의 신통은 감각기관을 통해 들어오는 여섯 가지 경계인 색성향미촉법色聲香味觸法에 전혀 미혹당하지 않는 것입니다. 그것이 육신통입니다. 부처님은 이들 경계들이 텅 비어 공함을 투철하게 깨달았기에 무의도인이 될 수 있었습니다.

육신통은 요술이나 마술을 부리는 그런 능력이 아닙니다. 부처님은 이런 신통을 삿된 것이라 했습니다. 부처님의 제자 중에 목련존자가 신통제일로 칭송받습니다. 부처님은 목련존자에게 신통은 바른 길이 아니므로 쓰지 말라고 합니다. 그래서 목련존자는 그 이후로 신통을 쓰지 않았습니다. 외도外道들에게 맞아 죽어가면서도 절대로 쓰지 않았다고 합니다.

다만 각종 경계에 한 치의 미혹됨이 없으면 그것이 바로 깨달음입니다. 이렇게만 된다면 번뇌의 뿌리인 색수상행식色受想行識 오온五蘊으로 이뤄진 그 몸, 그대로 부처가 되는 신통을 부릴 수 있는 것입니다.

참된 부처는
형상이 없고

眞佛無形

수행자들이여! 참된 부처는 형상이 없고 진정한 법은 모양이 없다. 그대들은 다만 허깨비 같은 환영 위에 이런저런 모양을 짓고 있다. 설사 구해서 얻을 것이 있다 하더라도 모두 여우귀 신들이며 결코 참된 부처가 아니며 이것은 외도의 견해인 것이다.

무릇 진실로 도를 배우는 사람이라면 부처도 취하지 않고 보살과 나한도 취하지 않고 삼계의 뛰어난 경계도 취하지 않는다. 그런 것들과 홀로 떨어져 어떤 사물에도 구애되지 않는다. 하늘과 땅이 뒤집힌다 할지라도 나는 더 이상 의심하지 않는다.

시방의 모든 부처님이 모습을 드러내도 한 생각 기쁜 마음이 없다. 삼악도의 지옥이 갑자기 나타나도 조금도 두려워하지 않는다. 어째서 그런가. 내가 보기에 일체의 법은 텅 비어 모습이 없으니 움직일 때는 존재하고 움직이지 않을 때는 아무것도 없는 것이다.

삼계는 오직 마음일 뿐이고 만법은 오직 의식이 만들어낸 것이기 때문이다. 그러므로 꿈같고 환상 같고 허공의 꽃 같은 것을 어째서 애써 붙잡으려 하겠는가.

道流 眞佛無形 眞法無相 儞祇麼幻化上頭 作模作樣 設求得 者 皆是野狐精魅 幷不是眞佛 是外道見解 夫如眞學道人 幷不 取佛 不取菩薩羅漢 不取三界殊勝 逈然獨脫 不與物拘 乾坤 倒覆 我更不疑 十方諸佛現前 無一念心喜 三塗地獄頓現 無 一念心怖 緣何如此 我見諸法空相 變卽有 不變卽無 三界唯心 萬法唯識 所以夢幻空花 何勞把捉

만약 모습으로 나를 보거나 음성으로 나를 구하면

이 사람은 사도를 행하는 것으로 능히 여래를 보지 못하리라

若以色見我　以音聲求我

是人行邪道　不能見如來

《금강경》 사구게입니다. 부처님은 모습 속에 있지 않고 생각 속에 있지 않고 소리 속에 있지 않습니다. 그런데 사람들은 생각 속에서 모습을 짓고 소리로 부처님을 찾으려 합니다.

환상을 따라가면서 수행이라 여기고 있습니다. 텔레비전 속의 냉장고가 형상으로 보이기는 하지만 그 냉장고는 실재하지 않습니다. 텔레비전을 끄고 나면 없어지는 환영에 불과합니다. 이렇게 일체가 텅 비어 있어 공합니다. 이 모든 것이 마음이 만들어낸 것임을 알게 되면 부처님에게도 지옥에도 마음을 빼앗기지 않게 됩니다.

불에
들어가도
타지 않고

入火不燒

수행자들이여! 오직 도를 배우는 그대들 눈앞에 법을 듣는 그
사람이 있다. 그 사람은 불에 들어가도 타지 않고 물에 들어가
도 빠지지 않으며 삼악도의 지옥에 들어가도 유원지에서 노는
것과 같다. 아귀, 축생의 세계에 들어가도 과보를 받지 않는다.

왜 그러한가. 싫어하는 마음이 전혀 없기 때문이다. 그대들이
만약 성인은 좋아하고 범부를 싫어한다면 생사의 바다에서 윤회
하게 된다. 마음 때문에 번뇌가 생기는 것이니 텅 빈 마음이 된다
면 어찌 번뇌가 사람을 구속하겠는가.

애써 분별하여 모습을 취하지 않으면 잠깐 사이에 저절로 도
를 얻을 것이다. 그대들이 옆길에서 분주하게 배워서 얻으려 한
다면 삼아승지겁을 노력해도 결국 생사윤회하게 될 것이다. 일
없이 총림으로 와서 선원의 의자에 앉아 참선을 하는 것만 못
하다.

唯有道流 目前現今聽法底人 入火不燒 入水不溺 入三塗地獄
如遊園觀 入餓鬼畜生 而不受報 緣何如此 無嫌底法 儞若愛
聖憎凡 生死海裏沈浮 煩惱由心故有 無心煩惱何拘 不勞分別
取相 自然得道須臾 儞擬傍家波波地學得 於三祇劫中 終歸生
死 不如無事 向叢林中 牀角頭交脚坐

부처가 따로 있는 것이 아니라 바로 우리가 부처입니다. 모르고 있을 뿐입니다. 그래서 다시 말합니다. 바로 내 앞에서 법을 듣고 있는 그대들이 부처이며 무위진인이라고. 이를 알게 되면 그 사람은 온갖 고통의 세계에 있어도 유원지에 있는 것처럼 유유자적합니다. 모든 고통이 꿈이나 환상과 같고 허공의 꽃과 같은 몽환공화夢幻空花라는 사실을 알기 때문입니다. 그래서 분별하거나 집착하지 않습니다.

《육조단경》에 '착함도 생각하지 말고 악함도 생각하지 마라不思善不思惡'는 말이 있습니다. 우리는 성인을 좋아하고 범부를 싫어합니다. 그러나 이것 또한 분별입니다. 원수를 사랑하라고 말하지만 사랑할 원수를 가져서는 안 됩니다. 우리가 추구하는 깨달음은 아름다움과 추함을 떠난 자리입니다. 차별이나 분별이 사라진 곳입니다. 차별이나 분별은 본래 있는 것이 아니라 마음으로부터 생깁니다. 마음을 쉬고 진리를 찾는다며 허둥지둥하지만 않으면 번뇌는 절로 사라집니다.

주인과 손님 　　　　　　四賓主

수행자들이여! 여러 곳에서 학인이 찾아왔을 때 주인과 손님이
서로 인사를 하고 나면, 학인이 곧바로 한 마디 말을 던져 앞에
있는 선지식을 시험해보려고 한다.

　말하자면 학인이 한 가지 시험하는 말을 끄집어내어 선지식
의 앞에 던져 '어디 당신이 아는지 모르는지 말해보시오'라는 질
문을 하게 된다. 그때 선지식이 시험하는 하나의 경계라는 것을
알면, 그 말을 붙잡아 곧장 구덩이에 던져버린다. 그러면 학인은
곧 평상의 자세로 돌아와 선지식의 가르침이 떨어지기를 기다린
다. 그러나 선지식은 여전히 그를 모른 척한다. 그런 경우 학인은
'지혜가 높으신 진정한 선지식입니다'라고 찬탄한다. 그러면 선지
식은 '너는 좋고 나쁜 것도 모르는 놈이다' 한다.

　만약 선지식이 능력을 시험해볼 수 있는 경계의 말을 학인 앞
에 내놓고 희롱하면 학인이 흔들리지 않고 그것을 알아차려 경
계에 미혹되지 않는다.

　다시 선지식이 깨달은 바의 반을 보여주면 학인이 곧장 고함

을 친다. 선지식이 또 일체의 차별적인 언어를 던져 우롱하면 학인은 '머리 깎은 늙은 중이 좋고 나쁜 것도 모르는구나' 하고 말한다. 선지식이 감탄해 말하기를 '도를 배우는 진정한 구도자로구나' 한다.

道流 如諸方有學人來 主客相見了 便有一句子語 辨前頭善知
識 被學人拈出箇機權語路 向善知識口角頭過 看儞識不識 儞
若識得是境 把得便抛向坑子裏 學人便即尋常 然後便索善知
識語 依前奪之 學人云 上智哉 是大善知識 即云 儞大不識好
惡 如善知識 把出箇境塊子 向學人面前弄 前人辨得 下下作主
不受境惑 善知識便即現半身 學人便喝 善知識又入一切差別
語路中擺撲 學人云 不識好惡老禿奴 善知識歎曰 眞正道流

흔히 이 단락을 사빈주四賓主라고 합니다. 주인과 손님의 네 가지 형태라는 말인데 주主는 스승, 즉 선지식을 말하고 빈賓은 공부하러 온 수행자 혹은 학인을 말합니다.

첫째는 선지식은 뛰어난데 학인이 시원찮은 경우, 둘째는 선지식도 뛰어나고 학인도 훌륭한 경우, 셋째는 학인은 훌륭한데 선지식은 별 볼일 없는 경우, 넷째는 선지식과 학인 모두 시원찮은 경우가 있습니다. 선종에는 제자를 깨달음으로 이끄는 다양한 방법들이 있습니다. 때리기도 하고 고함을 지르기도 하고 이해할 수 없는 질문을 통해 구석으로 몰기도 합니다.

《육조단경》에 육조혜능 대사와 남악회양 선사의 대화가 나옵니다. 하루는 남악회양이 육조혜능을 찾아갔습니다. 그러자 육조혜능이 묻습니다. "어떤 물건이 이렇게 왔는고." 남악회양은 그 질문에 그만 꽉 막혀버리고 말았습니다. 남악회양은 그 길로 선원에 들어가 8년을 정진했습니다. 그리고 다시 육조혜능에게 갔습니다. 이번에도 육조혜능이 묻습니다. "어떤 물건이 이렇게 왔는고." 그러자 남악회양이 대답합니다. "설사 한 물건이라고 해도 맞지 않습니다." 혜능 대사의 질문이 다시 날아듭니다. "네가 말한 것은 닦아서 증득한 것인가." 남악회양이 말합니다. "닦아서 증득할 바는 없지 않으나 더럽혀질 수는 없습니다." 육조혜능이 다시 말했습니다. "이 더럽혀질 수 없는 것만이 바로 부처가 수호하는 바이니, 그대가 그러하고 나 또한 이미 그러하다." 그러고는 남악회양을 인가합니다.

　이것이 선종입니다. 선종에서 선지식의 임무는 학인을 끊임없이 딜레마의 세계로 몰아넣는 것입니다. 화두를 참구하는 간화선은 선지식의 도움이 없으면 수행이 불가능합니다. 그런데 공부하는 학인 가운데 선지식을 시험하려는 맹랑한 이들도 있습니다. 이리저리 화두를 던지지만 뛰어난 선지식이라면 한눈에 척 알고 어쭙잖은 질문을 한 방에 제압합니다. 그러면 학인은 숨을 죽이고 선지식의 가르침을 기다릴 수밖에 없게 됩니다. 이런 경우 학인은 형편없지만 선지식은 뛰어난 경우라고 해야겠지요. 뛰어난 선지식들은 학인 앞에서 다양한 경계를 드러내며 희롱을 합니다. 형편없는 학인이라면 경계에 빠져 허우적거리겠지만 눈 밝은 학인은 한 마디 말로 이를 빠져나갑니다. 선지식의 칭찬을 받거나 인가를 받게 되겠지요. 선지식도 훌륭하고 학인도 훌륭한 경우입니다. 가장 이상적인 선원의 모습입니다.

삿된 것과
바른 것을
구분 못하고

不辨邪正

수행자들이여! 제방의 여러 선지식들은 삿된 것과 바른 것을 구분하지 못한다. 그래서 학인이 찾아와서 보리와 열반과 삼신과 경계와 지혜 등을 묻는다. 눈이 먼 노사는 그에게 해설을 해주다가 학인으로부터 힐난을 받게 되면 곧바로 몽둥이로 후려치면서 '이 예의와 법도도 모르는 놈'이라고 한다. 그것은 스스로 그대들 선지식들이 안목이 없기 때문이다. 그 학인에게 화를 내서는 안 되는 것이다.

如諸方善知識 不辨邪正 學人來問 菩提涅槃三身境智 瞎老師 便與他解說 被他學人罵著 便把棒打他 言無禮度 自是儞善知 識無眼 不得瞋他

노사老師는 나이만 먹은 스님이라는 뜻으로 열등한 표현입니다. 불법의 대의에 대해 아는 지식을 동원해 구구절절 설명하다 눈 밝은 학인에게 한 방에 나가떨어지면 권위를 이용해서 화를 내고 몽둥이질을 하는 스님들이 선지식이라며 목에 힘을 주고 있는 현실을 지적하고 있습니다. 학인은 훌륭한데 선지식이 형편없는 경우입니다.

눈썹에
털이 몇 개
남았는가

眉毛幾莖

수행자들이여! 좋고 나쁜 것을 모르는 머리 깎은 중들이 있어서 동쪽을 가리키다 서쪽을 가리키고 맑은 날을 좋아하다가 비오는 날을 좋아하며, 등롱과 노주를 좋아한다. 그대들은 잘 보아라! 눈썹에 털이 몇 개가 남아 있는가. 이 일에는 기연이 갖춰져 있는데 학인들은 알지 못하고 곧 미쳐버리는 것이다. 이런 무리들은 모조리 여우나 귀신 도깨비들이다. 그 좋은 학인들에게 '이 눈멀고 머리 깎은 늙은이가 온 천하 사람들을 미혹하고 어지럽게 만드는구나'라는 비웃는 말을 듣게 되는 것이다.

有一般不識好惡禿奴 卽指東劃西 好晴好雨 好燈籠露柱 儞看
眉毛有幾莖 這箇具幾緣 學人不會 便卽心狂 如是之流 總是野
狐精魅魍魎 被他好學人嗌嗌微笑 言老禿奴惑亂他天下人

독노禿奴는 머리 깎은 노예라는 뜻으로 경멸의 표현입니다. 선지식이랍시고 높은 자리를 차지하고 앉아서 온갖 것들을 종교와 신비라는 이름으로 포장해 세상 사람들에게 파는 장사치들을 말합니다. 입으로는 불교를 말하지만 마음은 온갖 물욕과 탐욕이 가득합니다. 학인들도 마찬가지입니다. 불교를 공부한다면서도 수행은 않고 온갖 사업구상에 몰두하며 이익을 내기 위해 동분서주합니다. 출가의 본래 의미를 잃어버린 사람들입니다.

중국에는 거짓말을 하면 눈썹이 빠진다는 속설이 있습니다. 그래서 자칭 선지식들에게 눈썹이 얼마나 남아 있는지 살펴보라고 경책하고 있습니다. 아마 임제 스님 당시의 수행 풍토도 지금과 크게 다르지 않았나 봅니다. 이런 경우 선지식과 학인 모두 형편없는 것을 넘어 여우나 도깨비 같은 무리라고 꾸짖고 있습니다.

도안이
분명해야

道眼分明

수행자들이여! 출가한 사람은 도를 배우는 것이 무엇보다 중요하다. 나는 과거 계율에 마음을 두었고, 또 경론을 연구했다. 그러나 나중에 그것들이 세간을 구제하기 위한 약방문이며 드러내어 표현하는 것에 불과하다는 것을 깨닫고 일시에 버려버렸다.

  그리고 곧바로 도를 찾아 참선을 했다. 뒷날 큰 선지식을 만나뵙고 나서야 마침내 도안이 분명해져 비로소 천하의 노화상들의 삿됨과 바름을 알게 됐다. 이것은 어머니 뱃속에서 태어나면서부터 알게 된 것이 아니다. 몸으로 부딪쳐 연구하고 갈고 닦은 결과이며 어느 날 하루아침에 스스로 깨닫게 된 것이다.

道流 出家兒且要學道 祇如山僧 往日曾向毘尼中留心 亦曾於
經論尋討 後方知是濟世藥 表顯之說 遂乃一時抛却 卽訪道參
禪 後遇大善知識 方乃道眼分明 始識得天下老和尙 知其邪正
不是娘生下便會 還是體究練磨 一朝自省

임제 스님이 도를 이루기까지의 과정이 잘 설명돼 있습니다. 임제 스님도 처음엔 경율론經律論을 배우고 익혔습니다. 그러나 이런 것들이 진리가 아니라 문자로 표현된 것에 불과하다는 걸 알게 되자 기존의 것들을 한꺼번에 버리고 참선에 돌입해 정진합니다. 그 노력에 더해 황벽 스님이라는 뛰어난 선지식을 만나면서 깨달음의 문이 활짝 열립니다.

원문의 비니毘尼는 비나야卑奈耶로 산스크리트어 vinaya를 음역한 것입니다. 수행자가 지켜야 할 계율을 모은 율장律藏을 의미합니다.

경율론 삼장三藏을 약방문에 비유하고 있습니다. 말하자면 처방전입니다. 처방전을 달달 외운다고 병이 나을 리 없습니다. 약을 복용해야 병이 낫습니다. 그러니 참선은 약이라고 봐도 무방합니다. 약의 강도와 질에 따라 깨달음을 얻기도 하고 그렇지 않을 수도 있을 것입니다. 임제 스님 스스로 말씀하셨듯이 도는 그냥 이뤄지는 것이 아닙니다. 선지식의 가르침이 있어야 하고 또한 치열한 수행이 바탕이 돼야 합니다. 그런 결과로 어느 날 몰록 깨닫게 되는 것입니다.

부처를 죽이고
조사를 죽이고

殺佛殺祖

수행자들이여! 법에 맞는 올바른 견해를 얻고자 한다면 다른 사
람에게 미혹함을 당하지 말아야 한다. 안으로 향하건 밖으로 향
하건 만나는 대로 바로 죽여라. 부처를 만나면 부처를 죽이고,
조사를 만나면 조사를 죽이고, 아라한을 만나면 아라한을 죽
이고, 부모를 만나면 부모를 죽이고, 친척권속을 만나면 친척권
속을 죽여라. 그래야 비로소 해탈하게 된다. 이렇게 되면 사물에
구속되지 않고 자유자재하게 될 것이다.

道流 儞欲得如法見解 但莫受人惑 向裏向外 逢著便殺 逢佛
殺佛 逢祖殺祖 逢羅漢殺羅漢 逢父母殺父母 逢親眷殺親眷
始得解脫 不與物拘 透脫自在

임제 스님의 유명한 '살불살조殺佛殺祖'입니다. 부처를 죽이고 조사를 죽인다는 뜻입니다. 부처를 만나면 부처를 죽이고 조사를 만나면 조사를 죽이라는 말은 나를 얽어매는 것은 무엇이든지 부셔버리라는 뜻입니다. 부처라는 관념, 조사나 아라한이라는 이름에 속박되면 절대자유를 누릴 수 없습니다. 이런 종교적 권위로 만들어진 우상을 부셔버리지 않고서 진정한 자유와 해탈을 이룰 수 없습니다. 권위든 경험이든 관념이든 나를 속박하는 것은 그 무엇이라도 과감하게 쳐버려야 합니다. 그렇게 할 때 스스로가 주인이 될 수 있습니다. 그래야 이르는 곳마다 주인이 되고 서 있는 곳마다 참된 진리의 자리가 되는 것입니다. 불교의 승려는 성직자나 제사장이 아니라 스스로 부처가 되기 위해 공부하는 수행자입니다. 임제 스님은 조금은 과격한 말로 이를 확실하게 일깨워주고 있습니다.

옛사람의
방편을 흉내내지
마라

古人機境

수행자들이여! 여러 곳에서 온 수행자들 중에 아무것에도 의지
하지 않고 찾아오는 사람들 하나도 없었다. 산승은 그러면 처음
부터 쳐버린다. 손에서 나오면 손을 치고, 입에서 나오면 입을 치
고, 눈에서 나오면 눈을 쳐버린다. 홀로 벗어나서 쓸데없는 것을
다 버리고 있는 그대로 온 사람은 한 사람도 없었다. 모두 옛사
람들의 쓸데없는 방편이나 도구에 의존하고 있었다.

如諸方學道流 未有不依物出來底 山僧向此間 從頭打 手上出
來手上打 口裏出來口裏打 眼裏出來眼裏打 未有一箇獨脫出來
底 皆是上他古人閑機境

선사랍시고 선어록의 화두문답이나 읊조리며 허송세월 보내는 사람들이 많습니다. 진솔한 자신의 모습을 적나라하게 보이지 않고 옛사람들의 방편이나 흉내 내서는 결코 깨달을 수 없습니다. 연극무대에서 아무리 오랫동안 판사 역할을 한들 판사가 될 리 없는 이치와 같습니다. 옛사람의 흉내를 내는 것은 연극에서 판사 역할을 하면서 스스로 판사라고 착각하는 것과 같습니다.

닦을 것도
깨달을 것도
없다

無修無證

수행자들이여! 산승은 다른 사람에게 줄 법이 하나도 없다. 다만 병을 치료해주고 결박돼있는 것을 풀어줄 뿐이다. 제방에서 정진하는 수행자들이여! 시험 삼아 어떤 것에도 의지하지 말고 나와 보라.

나는 그대들과 함께 법에 대해서 논쟁하고 싶다. 십 년이 가고 오 년이 지나도 어느 누구 한 사람도 없었다. 모두가 풀과 나무 잎사귀에 붙어 있는 유령이나 대나무나 나무에 붙어 사는 귀신들이다. 또 들여우나 도깨비 같은 것들이어서 모두 똥덩어리에 달라붙어 어지럽게 씹어 먹는 것이다.

눈먼 자들이여! 저 시방의 신도들이 시주한 귀중한 보시를 함부로 쓰면서 나는 출가한 수행자라고 하며 이따위 형편없는 견해를 짓는다.

나는 그대들에게 분명히 말한다. 부처도 없고 법도 없고 닦을 것도 없고 깨달을 것도 없다. 그런데 이렇게 옆길로 돌아다니면서 어떤 물건을 구하고자 하는가. 눈먼 자들이여! 머리 위에 또 머리를 얹는 것이나 마찬가지다. 그대들이 무엇이 부족하단 말인가.

山僧無一法與人　祇是治病解縛　儞諸方道流　試不依物出來　我要共儞商量　十年五歲　並無一人　皆是依艸附葉竹木精靈　野狐精魅　向一切糞塊上亂咬　瞎漢　枉消他十方信施　道我是出家兒作如是見解　向儞道　無佛無法　無修無證　祇與麼傍家擬求什麼物　瞎漢　頭上安頭　是儞欠少什麼

깨달음은 다른 곳에 있는 것이 아닙니다. 부처는 밖에 따로 존재하는 것이 아닙니다. 내가 스스로 부처입니다. 모든 것이 갖춰져 있습니다. 다른 사람에게 줄 법이 없다는 뜻은 이런 의미입니다. 다만 삼독에 빠져 진리의 당체가 무명에 가린 것뿐입니다. 본래 부처인데 병이 들거나, 묶여 있습니다. 병이 낫거나 묶인 줄을 풀어버리면 그대로 해탈입니다. 따로 어디서 부처님을 데리고 오거나 찾아오는 것이 아닙니다. 임제 스님은 스스로가 부처임을 모르는 사람들에게 본래의 모습을 일러주고 있습니다. 그런데 수행한다는 사람들이 밖에서 부처를 찾고 옛사람이 남긴 찌꺼기를 뒤져 진리를 말합니다. 신도들의 신심이 담긴 시주를 받아 귀신 짓거리를 하면서 수행자라고 뻐기고 있습니다.

금생에 마음을 밝히지 못하면
한 방울의 물도 소화하기 어렵다
今生未明心
滴水也難消

서산 스님의 《선가귀감禪家龜鑑》에 나오는 말입니다. 그만큼 시주물의 은혜는 지중합니다. 목에 머리를 달고 있으면서 또 다시 머리를 찾아 헤매는 어리석음은 이제 그쳐야 합니다.

눈앞에서
작용하는
그놈

目前用底

수행자들이여! 그대들의 눈앞에서 작용하는 그놈. 그놈이 바로 조사나 부처와 다르지 않다. 왜 믿지 않고 밖에서 구하는가. 착각하지 마라. 밖에는 법이 없으며 안에도 얻을 것이 없다.

이렇게 말하니 이제 산승의 입 속에서 나오는 것에 집착하는 것 같은데 생각을 쉬어 일없이 지내는 것만 못하다. 이미 일어난 것을 계속하지 않도록 하고 아직 일어나지 않은 것은 일어나지 않도록 내버려두어라. 이것이 십 년을 행각하는 것보다 나을 것이다.

산승이 보는 바에 따르면 불법은 복잡한 일들이 없는 것이니, 평소대로 옷 입고 밥 먹으며 일없이 세월을 보내는 것이다.

道流 是儞目前用底 與祖佛不別 祇麼不信 便向外求 莫錯 向外無法 內亦不可得 儞取山僧口裏語 不如休歇無事去 已起者莫續 未起者不要放起 便勝儞十年行脚 約山僧見處 無如許多般 祇是平常 著衣喫飯 無事過時

바로 눈앞에서 작용하는 그놈, 법문을 듣고 있는 바로 그놈. 즉 네가 바로 부처라고 이미 여러 차례 말했습니다. 밖에서 찾지 말라는 것입니다. 물론 반대로 안을 찾아 헤매도 얻을 것은 없습니다. 내가 부처라고 하니까 내 안을 뒤져보는 것은 황금알을 낳는 거위의 배를 갈라 황금을 찾으려고 하는 것과 다를 바 없습니다. 알기만 하면 됩니다. 내가 부처임을 체득하기만 하면 됩니다. 그래서 안팎으로 치달리는 마음을 쉬고 일없이 있어야 합니다. 여기서 일없다는 말은 흔히 생각하는 게으름이나 무기력과는 다릅니다. 안팎으로 투철한 견해가 만들어져 지옥의 고통에 직면해도 두려워하지 않고 삼세제불이 눈앞에 나타나도 티끌만큼의 기쁨도 갖지 않는 것입니다. 이런 투철한 견해가 바탕이 됐을 때 일없음이 도가 되는 것입니다. 말 그대로 평상平常이 그대로 도道입니다.

삼계를 벗어나
어디로 가려는가

出離三界

수행자들이여! 제방에서 온 그대들은 모두 부처를 구하고, 법을 구하고, 해탈을 구하여 삼계를 벗어나려는 마음이 있다. 어리석은 사람들아! 그대들은 삼계를 벗어나서 어디로 가려고 하는가. 부처와 조사는 의탁해 찬탄하려고 붙인 이름일 뿐이다.

그대들은 삼계가 무엇인지 알고자 하는가. 지금 그대들이 법문을 듣고 있는 그 마음을 떠나 존재하지 않는다. 바로 여기, 그대들의 한순간 탐내는 마음이 욕계이고, 한순간 성내는 마음이 색계이며, 한순간 어리석은 마음이 무색계다. 삼계는 그대들의 집에 있는 가구와 같다. 삼계는 '스스로 내가 삼계다'라고 말하지 않는다.

수행자들이여! 내 눈앞에서 신령스럽게 모든 것을 비추어 보고 세계의 무게와 거리를 재고 있는 그대들이 바로 삼계라고 이름을 붙인 것이다.

儞諸方來者 皆是有心求佛求法 求解脫求出離三界 癡人 儞要
出三界 什麼處去 佛祖是賞繫底名句 儞欲識三界麼 不離儞今
聽法底心地 儞一念心貪是欲界 儞一念心瞋是色界 儞一念心
癡是無色界 是儞屋裏家具子 三界不自道 我是三界 還是道流
目前靈靈地照燭萬般 酌度世界底人 與三界安名

삼계三界는 중생이 사는 세계입니다. 욕계欲界, 색계色界, 무색계無色界는 욕망의 집착과 순도에 따라 나눠지지만 삼계 중에 가장 높은 세계인 무색계라 할지라도 윤회의 틀 안에 있습니다. 그런데 이 삼계는 마음 밖에 따로 있는 것이 아닙니다. 죽은 뒤에 과보로 인해 가는 곳도 아닙니다. 지금 이 순간 한 마음의 변화 속에 있습니다. 이 또한 우리가 편하도록 이름을 붙인 것에 불과합니다. 삼계의 주인이 바로 우리이고 우리의 한 마음 속에 있습니다.

무명은
머무는 곳이
없다

無明無住

수행자들이여! 사대로 이뤄져 있는 이 몸은 무상한 것이다. 비장, 위장, 간장, 쓸개와 머리카락과 털과 손톱과 이빨 등 존재하는 것은 모두 실체가 없다. 그대가 한 생각 쉬게 됐을 때 이를 보리수라 하고, 한 생각 쉬지 못할 때 무명수라 한다.

무명은 일정하게 머무는 곳이 없으며, 시작도 끝도 없다. 그러므로 만약 그대들이 찰나찰나에 생겨나는 망념을 쉬지 못한다면 곧바로 무명수 위에 올라가서 육도사생에 들어가 몸에는 털이 나고 머리에는 뿔이 돋은 축생이 될 것이다.

大德 四大色身是無常 乃至脾胃肝膽 髮毛爪齒 唯見諸法空相
儞一念心歇得處 喚作菩提樹 儞一念心不能歇得處 喚作無明
樹 無明無住處 無明無始終 儞若念念心歇不得 便上他無明樹
便入六道四生 披毛戴角

우리 몸은 지수화풍 사대로 이뤄져 있습니다. 우리는 이 몸이 영원할 것이라는 생각 때문에 집착하며 괴로워합니다. 그런데 이 모든 것이 무상無常합니다. 영원하지 않습니다. 늙고 병들어 죽으면 내 몸은 결국 허공으로 흩어집니다. 그러므로 집착할 것이 없습니다. 이를 알고 마음을 쉬어버리면 괴로워할 것이 없습니다. 이것이 곧 깨달음입니다. 만약 마음을 쉬지 못하고 분주하게 망념을 일으키면 곧 무명에 빠져 육도를 윤회할 것입니다.

그렇다면 마음을 쉬는 것만으로 깨달을 수 있을까요. 물론입니다. 이유는 우리가 본래 그대로 부처이기 때문입니다. 거센 파도가 잠잠해지면 맑은 바다는 절로 드러납니다. 그래서 쉬라고 하는 것입니다. 온갖 탐욕과 성냄과 어리석음으로 어지러운 마음은 파도와 같습니다. 그러나 이를 쉬어버리면 진리 그 자체의 마음이 드러나게 됩니다. 그래서 무명은 시작과 끝이 따로 없습니다. 본래 실체가 없기 때문입니다. 파도가 본래 실체가 없는 것과 마찬가지입니다.

바람이라는 인연에 의해 바다가 출렁거릴 뿐입니다. 무명도 이와 같습니다. 바람이 잠잠해지면 파도는 절로 사라집니다. 본래 있었던 것이 아니기에 다른 곳으로 가는 것도 아닙니다. 어둠은 밝음이 없는 상태일 뿐이지 어둠이 본래 있는 것은 아닙니다. 이를 잘 알아야 합니다.

보리는
머무는 곳이
없다

菩提無住

수행자들이여! 그대들이 만약 쉬기만 하면 그대로가 청정한 법신의 세계다. 그대들이 한순간도 망념을 일으키지 않으면 곧 보리수에 올라가 삼계에서 신통변화를 일으키고 마음대로 몸을 바꾸고 법의 기쁨과 선의 즐거움으로 몸에서 빛이나 저절로 비추게 될 것이다.

옷을 생각하면 화려한 비단 옷이 천 겹으로 걸쳐지고 먹을 것을 생각하면 백 가지 진수성찬이 차려지며 다시는 뜻하지 않은 병에 걸리는 일도 없을 것이다. 보리는 머무는 장소가 없다. 그러므로 얻을 것 또한 없다.

儞若歇得 便是清淨身界 儞一念不生 便是上菩提樹 三界神通變化 意生化身 法喜禪悅 身光自照 思衣羅綺千重 思食百味具足 更無橫病 菩提無住處 是故無得者

화신化身은 윤회와 다릅니다. 윤회는 업력에 의해 끌려가는 것이지만 화신은 원력에 의해 원하는 대로 몸을 드러내는 것입니다. 한순간도 망념을 일으키지 않으면 그렇게 된다는 말입니다. 보리菩提는 이미 나에게 있습니다. 그래서 깨닫는다고 밖에서 얻어지는 것이 아닙니다. 그저 알아차릴 뿐입니다. 그래서 《반야심경》에서는 '지혜도 없고 얻을 것도 없다無智亦無得'고 했습니다.

기쁨도 근심도 없어야

無喜無憂

수행자들이여! 대장부로서 다시 무엇을 의심하는가. 내 눈 앞에서 작용하는 이가 또 누구인가. 이 사람을 잡아 잘 활용해야 한다. 다시는 이름이나 문자에 집착하지 마라. 이것을 일컬어서 현지라고 한다. 이렇게 알고 싫어하거나 차별하는 그런 법을 두지 마라. 옛사람도 이렇게 말한다.

> 마음은 만 가지 경계를 따라 흘러가지만
> 흘러가는 그곳이 참으로 그윽하여라
> 마음이 흘러가는 그곳을 따라 본성을 깨달으면
> 기쁨도 없고 근심도 없을 것이다

道流 大丈夫漢 更疑箇什麼 目前用處 更是阿誰 把得便用 莫著名字 號爲玄旨 與麼見得 勿嫌底法 古人云 心隨萬境轉 轉處實能幽 隨流認得性 無喜亦無憂

이름이나 문자에 집착하지 말고 지금 숨 쉬고 있는 나의 근원인 그 사람을 잘 인지하고 잘 활용해야 합니다. 이것이 불교의 미묘한 가르침입니다. 어떤 것도 차별하거나 분별하지 말아야 합니다. 이것은 좋고, 저것은 싫다는 그런 마음을 갖지 않아야 한다는 말입니다. 차별을 두지 말고 있는 그대로 봐야 합니다.

서천 제22조 마나라존자摩拏羅尊者는 '마음이 경계를 따라 어디론가 흘러가도 차별을 두거나 집착을 하지 않으면 망념이 결코 일어나지 않는다. 물론 진리의 자리에서 벗어나는 일도 없을 것이다. 그런 까닭으로 좋은 일이 있다고 희희낙락하지 말고 나쁜 일이 있다고 슬퍼하거나 실의에 빠지지 마라'고 했습니다.

사구와 활구가 뚜렷하다

死活循然

수행자들이여! 선종의 견해로는 사구와 활구가 뚜렷하다. 참선을 하는 사람들은 모름지기 자세하게 살펴서 알아야 한다. 주인과 손님이 서로 만나면 곧 말을 주고받는다. 어떤 경우에는 상대방의 역량에 맞추어서 모습을 나타내기도 하고 어떤 때는 전체를 다 드러내 보이기도 하며 어떤 때는 방편으로 웃거나 성내기도 하며, 어떤 때는 모습을 반쯤 나타내 보이기도 하고, 어떤 때는 사자를 타며 어떤 때는 코끼리를 타기도 한다.

道流 如禪宗見解 死活循然 參學之人 大須子細 如主客相見 便有言論往來 或應物現形 或全體作用 或把機權喜怒 或現半身 或乘獅子 或乘象王

사활순연死活循然에 대해서는 많은 해석이 있습니다. 삶과 죽음이 돌고 돈다거나, 혹은 죽이고 살리는 일에 순서가 있다거나, 삶과 죽음이 하나라고 풀이하기도 합니다. 그러나 다음 단락에 바로 선원에서 스승과 제자가 만났을 때의 대화 형태를 다루고 있으므로 사구死句와 활구活句로 풀이하는 것이 타당할 것입니다.

선원에서는 스승과 제자가 만나면 선문답을 주고받습니다. 공부의 정도를 알아보기 위한 것인데 여기에 사구와 활구가 있습니다. 그 자체로 삶과 죽음입니다. 부처를 뽑는 시험을 보는 셈입니다. 그런데 스승과 제자의 만남에는 여러 가지 변수가 있습니다. 스승이 똑똑할 수도 무지할 수도 있고, 제자가 똑똑할 수도 무지할 수도 있습니다. 이렇게 스승과 제자의 만남을 근기에 따라 네 가지로 구분해놓은 것을 사빈주四賓主라고 합니다.

앞서도 나왔지만 사빈주는 주인과 손님의 네 가지 형태라는 말인데 주主는 스승, 즉 선지식을 말하고 빈賓은 공부하러 온 수행자 혹은 학인을 말합니다. 첫째는 선지식은 뛰어난데 학인이 시원찮은 경우, 둘째는 선지식도 뛰어나고 학인도 훌륭한 경우, 셋째는 학인은 훌륭한데 선지식은 별 볼일 없는 경우, 넷째는 선지식과 학인 모두 시원찮은 경우입니다.

선문답을 할 때는 근기에 따라 대화가 진행됩니다. 일부만 드러내며 살필 수도 있고 전체를 드러내 치열하게 싸우는 경우도 있습니다. 또는 방편을 써서 함정에 빠뜨리기도 하고 살짝 반만 드러내놓고 시험하기도 합니다.

사자를 탄다는 말은 사자가 지혜를 상징하는 문수보살을 의미하니 이치로써 드러낸다는 말이고 코끼리는 실천의 상징인 보현보살을 상징하니 실질적인 행동으로써 드러낸다는 뜻입니다. 앞으로 소개될 사빈주의 총론입니다.

스승과 제자의 만남

是主看客

수행자들이여! 만약 진정한 학인이 있어서 갑자기 '할' 하며 아교풀을 담은 항아리를 하나 내놓는다. 그런데 선지식이 이것이 경계인 줄 모르고 이내 그 경계에 올라타 이리저리 생각하고 궁리를 한다. 이에 학인이 다시 '할' 하여도 선지식은 이를 놓지 못하니 이것은 도저히 고칠 수 없는 불치의 병이다. 이런 경우를 손님이 주인을 간파한다고 한다.

  또 어떤 선지식은 아무것도 내놓지 않고 학인이 질문하면 그대로 빼앗아버린다. 학인이 빼앗기고도 죽어도 놓아버리려 하지 않으면 이것을 주인이 손님을 간파한 것이라고 한다.

如有眞正學人 便喝先拈出一箇膠盆子 善知識不辨是境 便上
他境上 作模作樣 學人便喝 前人不肯放 此是膏盲之病 不堪醫
喚作客看主 或是善知識不拈出物 隨學人問處卽奪 學人被奪
抵死不放 此是主看客

지금부터는 스승과 제자가 만났을 때 드러나는 모습에 대한 구체적인 설명입니다. 학인이 큰스님을 찾아와서 갑자기 '할' 하고 고함을 친 것은 스승을 시험하기 위함입니다. 여기서 학인이 내놓았다는 '아교풀 담은 항아리'는 함정이나 처치가 곤란한 말이나 행동을 뜻합니다. 아교풀은 끈적끈적해서 처리하기가 힘듭니다. 접착력이 좋아서 약간만 묻어도 그냥 붙어버립니다. 아마 이해하기 어려운 화두도 그런 것이 아닐까 합니다. 그런데 큰스님이 그리 밝지는 못한 모양입니다. 아교풀에 딱 붙어버려서 자신을 시험하는 경계인 줄 모르고 궁리하고 또 궁리합니다. 말에 집착하고 있는 것입니다. 학인이 다시 고함을 쳐도 알아듣지 못합니다. 이렇게 되면 불치병으로 고칠 방법이 없습니다. 이 경우 학인은 훌륭한데 스승은 어둡다고 합니다.

또 어떤 큰스님은 학인이 왔는데 어떤 가르침도 내리지 않고 조용히 있습니다. 좀이 쑤신 학인이 물어옵니다. 그러면 스승은 이것을 그대로 배격해버립니다. 그러면 바로 알아들어야 하는데 따지고 들며 끝까지 놓지 않습니다. 스승은 훌륭한데 학인은 어두운 경우입니다.

스승도 훌륭하고
학인도 훌륭하고

好主好賓

수행자들이여! 혹 어떤 학인이 하나의 청정한 경계로 선지식 앞에 나타난다. 그러나 선지식은 이것이 경계인 줄을 알아차리고 집어다가 구덩이 속에 던져버린다. 그러자 학인이 '참으로 훌륭한 선지식이십니다'라고 말하자 선지식은 곧 '이 멍청한 놈아! 좋고 나쁨도 구별하지 못하는 구나' 하고 타박한다. 그러면 학인이 절을 하는데 이것을 주인이 주인을 간파한다고 한다.

或有學人 應一箇淸淨境 出善知識前 善知識辨得是境 把得抛向坑裏 學人言 大好善知識 卽云 咄哉 不識好惡 學人便禮拜 此喚作主看主

호주호빈好主好賓입니다. 스승도 훌륭하고 학인도 훌륭합니다. 가장 이상적인 모습입니다. 청정한 경계라는 것은 여법한 모습, 또는 깨달음의 경지에 있는 모습으로 큰스님에게 다가온 것을 말합니다. 만약 어두운 스승이라면 이것이 또한 경계인 줄 모르고 입에 침이 마르도록 칭찬을 했을 것입니다.

그런데 눈 밝은 스승은 이것이 경계임을 단박에 알아차리고 그대로 무시해버립니다. 자신의 경지를 인정해주지 않는 스승에 대해 화를 낼만도 한데 학인 또한 훌륭합니다. 경계에 걸리지 않고 오히려 스승을 칭찬합니다.

그 칭찬마저 무시하고 또 다시 타박을 합니다. 그러자 이에 학인은 일어나서 예배까지 합니다. 이심전심以心傳心입니다. 서로 알고 있는 것입니다. 스승도 훌륭하고 학인도 뛰어납니다. 스승과 학인 사이에 전혀 우열이 없습니다. 두 사람 모두 주인입니다.

스승도 어둡고   爲客看客
학인도 어둡고

수행자들이여! 혹 어떤 학인이 있어서 목에 칼을 쓰고 발에 족
쇄를 찬 채 선지식 앞에 나타났는데 선지식은 그 위에 다시 칼
과 족쇄를 한 겹 더 씌워버린다. 그런데 학인은 좋아서 기뻐하
고 피차를 분간하지 못하면 이것을 손님이 손님을 간파한다고
한다.

   수행자들이여! 산승이 이와 같이 예를 든 것은 모두 마구니를
찾아내고 이단을 가려내어 삿된 것과 올바른 것이 무엇인지 알
게 하기 위해서이다.

或有學人 披枷帶鎖 出善知識前 善知識更與安一重枷鎖 學人
歡喜 彼此不辨 呼爲客看客 大德 山僧如是所擧 皆是辨魔揀異
知其邪正

가枷는 옛날 죄수들의 목에 씌우는 칼을 말하고 쇄鎖는 수갑이
나 족쇄를 말합니다. 이것은 경계나 언어 혹은 문자에 집착하는
것을 말합니다. 도그마나 특정한 사상에 집착하는 것도 마찬가
지입니다.

자신의 생각이 옳은 줄 알고 잔뜩 가쇄를 둘러 쓴 학인이 있
습니다. 그런데 큰스님이 이를 바로잡지 못하고 오히려 칭찬하며
부추기고 있습니다. 족쇄를 한 겹 더 씌워버린 셈입니다. 그런데
학인은 아둔해서 이것이 칭찬인지 족쇄인지를 알지 못하고 좋
아서 날뜁니다. 스승과 학인이 함께 아둔하면 이런 결과가 생깁
니다. 스승도 어둡고 학인도 어두운 경우입니다.

송장을
짊어지고
다니는구나

負死屍行

수행자들이여! 진실한 마음을 내기는 어렵고 불법은 심오하고 깊어 어렵다. 그래도 해득하는 일이 그리 어려운 일은 아니다.

　산승은 하루 종일 그대들을 위해 불법을 설하지만 수행자들은 도무지 관심을 갖지 않는다. 천번만번 밟고 다니면서도 깜깜해서 어둡기만 하다. 어떤 형상이나 모습도 없지만 뚜렷하게 홀로 밝은 것이 있다. 그러나 학인들은 믿지 못하고 말이나 문구로 이해하려 한다.

　나이 오십이 되도록 오로지 옆길로 빠져서 죽은 송장을 짊어지고 다니고 있구나. 무거운 짐을 짊어지고 천하를 돌아다니고 있으니 신발값을 물어내야 할 때가 있을 것이다.

道流 寔情大難 佛法幽玄 解得可可地 山僧竟日與他說破 學者總不在意 千徧萬徧 脚底踏過 黑沒焌地 無一箇形段 歷歷孤明 學人信不及 便向名句上生解 年登半百 祇管傍家負死屍行 擔却擔子天下走 索草鞋錢有日在

진실한 마음은 보리심, 또는 진리를 향한 마음입니다. 보리심이나 진리의 마음을 내는 것은 쉽지가 않습니다. 지속하기가 어렵기 때문입니다. 또 불법은 심오하고 깊어 항상 가물거립니다. 알음알음으로 알 수 있는 것이 아니라 체득해야 합니다. 음식 맛을 설명하기 힘든 것과 마찬가지입니다. 같은 음식을 먹고 같은 맛을 느낀 사람들은 굳이 말을 안 해도 그 맛을 이해합니다. 그래서 깨달은 분들의 대화는 이심전심입니다. 그러나 맛을 보지 못한 사람은 아무리 말로 설명해도 제대로 이해하기 어렵습니다. 오히려 맛은 모르면서 말에 집착해 도그마를 지어 전혀 다르게 이해하고 있을 수도 있습니다. 그래서 불법은 어렵습니다.

그렇지만 다행인 것은 내가 항상 진리와 함께하고 있고, 진리의 당체이기도 하다는 것입니다. 그렇기 때문에 불법을 해득하는 일이 한편으로 어려운 일은 아닙니다. 천번만번 밟고 다니면서도 깜깜하다는 것이 바로 이런 뜻입니다. 지금 숨 쉬고 말하고 있는 이 순간도 진리의 당체와 함께하고 있습니다. 다만 모를 뿐입니다. 마치 자극적인 반찬의 맛에 정신이 팔려 정작 매일 먹는 밥의 맛을 모르는 것과 마찬가지입니다.

반평생이 되도록 이를 모르고 지수화풍 시대로 구성된 송장 같은 육체를 짊어지고 이리저리 헤매고 있습니다. 죽은 송장은 옛사람들이 남긴 말의 찌꺼기에 집착한다는 의미이기도 합니다.

깊고 깊은
캄캄한 구덩이

湛湛黑暗

수행자들이여! 산승이 바깥에는 법이 없다고 이야기하면 학인들은 알아듣지 못하고 곧 안에 법이 있나 하고 이해하려 든다. 그리고는 이내 벽을 향해 앉아 혀를 입천장에 붙이고 가만히 움직이지 않는다. 그리고 이것이 조사문중의 불법이라 집착한다.

　그러나 이는 정말로 잘못 아는 것이다. 그대들이 만약 움직임이 없는 청정한 경계를 옳다고 여긴다면 그대들은 무명을 주인으로 삼는 것이나 다를 바가 없다.

　옛사람이 말하기를 '깊고 깊은 캄캄한 구덩이는 참으로 무섭고 두렵다' 하였는데 이를 두고 한 말이다.

大德 山僧說向外無法 學人不會 便卽向裏作解 便卽倚壁坐
舌拄上齶 湛然不動 取此爲是祖門佛法也 大錯 是儞若取不動
淸淨境爲是 儞卽認他無明爲郞主 古人云 湛湛黑暗深坑 實可
怖畏 此之是也

바깥이 아니라고 하면 안을 집착하고 안이 아니라고 하면 바깥을 집착하는 것이 우리의 마음입니다. 차별과 분별의 세계에 빠진 범부들의 당연한 반응입니다. 바깥에 법이 없다고 하면 사람들은 좌선을 한다며 벽을 보고 앉아서 안을 들여다봅니다. 그리고 이것이 조사문중의 불법이라고 집착합니다. 그러나 이는 오히려 무명을 주인으로 삼는 일이 됩니다. 텅 빈 공을 자주 이야기하다보니 공에 집착합니다. 있음의 상대적인 개념으로써 공을 말하고 있는데 이를 이해하지 못하고 허망하게 텅 비어 있음만을 진리로 생각하는 것입니다. 그러다 보면 생각이 없이 멍하게 있는 것을 공이라고 착각하는 경우도 있습니다.

이런 것들이 악취공惡取空이며 무기공無記空입니다. 공은 집착이 끊어진 자리입니다. 물질적으로 혹은 생각으로 아무것도 없는 텅 빈 그런 상태가 아닙니다.

참선은 필요합니다. 그러나 벽을 보고 가만히 앉아서 움직이지 않는 것이 참선의 목적이 될 수는 없습니다. 현재 한국불교의 모습을 되돌아보게 하는 임제 스님의 크나큰 경책이 아닐 수 없습니다.

움직이는 것과
움직이지 않는 것　　　　動與不動

수행자들이여! 만약 그대들이 오인해서 움직이는 것을 옳다고 한다면 온갖 초목들도 다 움직일 줄 아니 그것도 당연히 도라 해야 할 것이다. 그러므로 움직이는 것은 바람의 성질이고 움직이지 않는 것은 땅의 성질이다. 움직이는 것과 움직이지 않는 것이 모두 다 고정된 실체가 없다.

　만약 그대들이 움직이는 곳에서 그것을 붙잡으려 하면 그것은 움직이지 않는 곳에 서 있다. 그대들이 만약 움직이지 않는 곳에서 그것을 붙잡으려 하면 그것은 움직이는 곳에 서 있다. 비유하자면 마치 물속에 있는 물고기가 물결을 치면서 물 위로 뛰어오르는 것과 같다.

　수행자들이여! 움직이는 것과 움직이지 않는 것이 두 가지 경계일 뿐이다. 의지함이 없는 무의도인이라야 움직이는 것을 쓰기도 하고 움직이지 않는 것을 쓰기도 한다.

儞若認他動者是 一切艸木皆解動 應可是道也 所以動者是風
大 不動者是地大 動與不動 俱無自性 儞若向動處捉他 他向不
動處立 儞若向不動處捉他 他向動處立 譬如潛泉魚 鼓波而自
躍 大德 動與不動 是二種境 還是無依道人 用動用不動

지수화풍은 우리 육체를 구성하는 요소이기도 하고 삼라만상의 토대이기도 합니다. 이중에서 바람은 움직임을 의미하고 땅는 움직임이 없는 것을 의미합니다. 지수화풍은 성질로서 존재하는 것이지 고정된 실체가 있는 것이 아닙니다. 따라서 바람도 땅도 고정된 실체가 없습니다. 그러므로 도道는 움직이거나 또는 움직이지 않는 것에 있는 것이 아닙니다.

《무문관無門關》29칙에 비풍비번非風非幡 이야기가 있습니다. 사찰에 깃발이 나부끼는 것을 보고 두 스님이 논쟁을 합니다. 한 스님은 깃발이 움직인다고 하고 다른 스님은 바람이 움직인다고 합니다. 그러자 육조혜능 대사가 '깃발이 움직이는 것도 바람이 움직이는 것도 아니다. 그대들의 마음이 움직이고 있을 뿐이다'라고 합니다.

과연 무엇이 움직인 것일까요. 도를 움직이는 곳에 있다고 착각하는 것도 움직이지 않는 곳에 있다고 하는 것도 잘못입니다. 물고기가 늘 물속에 가만히 있을 거라 생각하지만 가끔 물을 차고 밖으로 튀어 오릅니다. 움직이지 않는 곳에 있다고 생각하는데 움직임으로 드러나기도 하고 움직이는 곳에 있다고 생각하면 움직임이 없는 곳에 자리 잡기도 합니다. 진리가 이와 같습니다. 움직이는 것과 움직이지 않는 것 모두 하나의 경계일 뿐입니다.

진리는 움직임의 모습으로, 때로는 움직이지 않는 모습으로 드러납니다. 그러므로 움직이는 것 또는 움직이지 않는 것에 진리가 있다는 생각은 모두 그릇된 분별과 집착에 불과합니다.

세 가지 근기

三種根器

수행자들이여! 제방에서 학인들이 찾아오면 산승은 세 가지의 근기로 그들을 판단한다.

중하근기가 오면 바로 그들의 경계를 빼앗지만 법은 없애지 않는다. 만약 중상근기가 오면 나는 바로 그들의 경계와 법을 모두 빼앗는다. 만약 상상의 근기가 오면 나는 바로 그들의 경계와 법, 사람 어느 것도 빼앗지 않는다.

만약 격을 벗어난 뛰어난 견해를 가진 사람이 오면 나는 온몸으로 대응하며 근기를 따지지 않는다.

如諸方學人來 山僧此間 作三種根器斷 如中下根器來 我便奪其境 而不除其法 或中上根器來 我便境法俱奪 如上上根器來 我便境法人俱不奪 如有出格見解人來 山僧此間 便全體作用 不歷根器

학인들을 대하는 방법에 대해 앞서 사료간四料揀으로 설명했습니다. 지금 설명하고 있는 삼종근기三種根器 또한 사료간과 크게 다르지 않습니다. 중하근기가 오면 일단 공부의 길로 인도하기 위해 잘못된 생각이나 견해를 모두 제거해줘야 합니다. 그러면서 법에 대해 설명을 합니다. 경계를 제거하고 법은 없애지 않는다는 의미입니다. 그러나 중상근기가 오면 경계와 법 모두 집착할 것이 없음을 일깨워야 합니다. 강을 건넜으면 뗏목을 버려야 함을 알려주는 것입니다. 그러므로 경계와 법을 모두 부정해버립니다.

그렇다면 상상근기가 왔을 때는 어떻게 할까요. 모든 것을 그대로 둡니다. 이미 알고 있기 때문입니다. 경계와 법에 대한 애착과 집착이 모두 사라져 굳이 가르칠 것이 없습니다. 그대로 두면 됩니다. 그렇다면 격을 벗어난 뛰어난 견해를 가진 사람이 오면 어떻게 할까요. 이것이야말로 부처님이 부처님을 만난 격입니다. 조용히 미소 지을 일밖에 무엇이 더 있겠습니까? 진리의 견지에서 완벽히 하나가 되고 너와 나의 구분이 없으니 온몸으로 서로를 맞이하게 되는 것입니다.

의심이 생기면
어긋나버리고

擬心卽差

수행자들이여! 이러한 경지에 이르게 되면 학인이 힘을 다하는 곳에서는 바람이 통하지 않고 전광석화도 찰나 간에 지나가버린다. 학인이 만약 눈만 깜박여도 바로 교섭이 사라진다. 의심이 생기면 어긋나버리고 생각을 움직였다하면 바로 틀려버린다. 이러한 사실을 잘 알고 이해하는 사람은 눈앞을 떠나지 않는다.

大德 到這裏 學人著力處不通風 石火電光卽過了也 學人若眼定動 卽沒交涉 擬心卽差 動念卽乖 有人解者 不離目前

학인이 격을 벗어난 경지에 도달하면 더 이상 번뇌와 망념으로 흔들리지 않을 것입니다. 또한 전광석화와 같은 지혜작용이 순간적으로 일어나게 됩니다. 여기서 바람은 번뇌망념을, 전광석화는 지혜를 상징합니다. 그러나 만약 학인이 눈을 깜박일 정도의 미세한 의심만 일으켜도 진리와의 교섭은 일시에 끊어져버립니다. 그래서 의심이 생기면 어긋나고 망념이 일어나면 그르치는 것입니다. 이런 사실을 잘 아는 사람은 결코 진리에서 벗어나지 않습니다. '눈이 마주치는 그곳에 바로 도가 있다目擊道存'는 말이 있습니다. 도는 분별이나 이해를 떠나 있습니다. 그러므로 도는 지금 바로 눈앞에서 끊임없이 작용하고 있는 것입니다.

신령스러운 소리는
항상 들려오는데

靈音屬耳

수행자들이여! 그대들은 밥통과 똥주머니를 걸머지고 옆길로 돌아다니며 부처를 구하고 법을 구하려고 한다. 지금 그렇게 구하려고 뛰어다니는 바로 그 사람이 누구인지 아는가.

활발하게 뛰어다니며 작용하지만 뿌리가 없으니 끌어모아도 모이지 않고 흩어버리려 해도 흩어지지 않는다. 구할수록 더욱 멀어진다. 그러나 구하지 않으면 도리어 눈앞에 있다. 신령스런 소리는 항상 귀에 들려오는데 사람들이 믿지 않으면 백년을 헛수고할 뿐이다.

大德 儞擔鉢囊屎擔子 傍家走求佛求法 卽今與麽馳求底 儞還識渠麽 活鱍鱍地 祇是勿根株 擁不聚 撥不散 求著卽轉遠 不求還在目前 靈音屬耳 若人不信 徒勞百年

육신을 부지런히 굴려 부처를 구하고 법을 찾으려고 해도 결코 구할 수 없습니다. 진리는 마음 밖에 있지 않기 때문입니다. 이 마음은 현재 활발하게 작용하고 있지만 고정된 실체가 없습니다. 그러므로 모으거나 흩어버릴 수도 없습니다. 그래서 만약 억지로 구하려고 하면 영원히 멀어지고 맙니다. 무언가 구하려는 마음을 일으키는 순간 그 마음은 진리 그 자체로서의 마음이 아니라 번뇌와 망상의 마음입니다. 그런 까닭에 구하려는 마음 자체를 쉬어버리면 바로 눈앞에서 진리는 그냥 드러나는 것입니다. 해를 가린 구름이 지나가고 나면 태양이 본래 그 자리에서 환하게 빛나는 것과 같습니다. 이런 깨달음의 신령스런 소리는 항상 우리 귀에 들려오고 있습니다. 부처님을 비롯해서 수많은 조사들이 또한 이를 일깨웁니다. 의심하지 말아야 합니다. 만약 이런 사실을 믿지 못하고 밖으로 찾아 돌아다니면 평생을 수행해도 깨달음은 있을 수 없습니다.

일시에
놓아버려라

一時放却

수행자들이여! 한 찰나 사이에 연화장 세계에 들어가며 비로자나불의 국토에 들어가며 해탈국토에 들어가며 신통국토에 들어가며 청정국토에도 들어간다. 또 법계에도 들어가며 깨끗한 곳에도 들어가며 더러운 세계에도 들어간다. 범부의 세계에도 들어가고 성인의 세계에도 들어가며 아귀와 축생의 세계에도 들어간다.

그러나 곳곳 어디에나 찾아보아도 생사라는 것은 없고 단지 헛된 이름만이 있을 뿐이다. 허깨비나 허공의 꽃과 같은 것을 애써 붙잡으려 하지 말고, 얻는다 잃는다 옳다 그르다, 이런 것을 일시에 놓아버려라.

道流 一刹那間 便入華藏世界 入毘盧遮那國土 入解脫國土 入神通國土 入淸淨國土 入法界 入穢入淨 入凡入聖 入餓鬼畜生 處處討覓尋 皆不見有生有死 唯有空名 幻化空花 不勞把捉 得失是非 一時放却

마음은 한 찰나에도 모든 국토에 들어갑니다. 진리의 세계에도 들어가고 더러운 세계에도 들어가고 성인의 세계에도 범부의 세계에도 들어갑니다. 그러나 어느 곳에도 생사는 없습니다. 생기고 멸하는 실체가 없는 까닭에 이 모든 것이 헛된 이름일 뿐입니다. 그러므로 허깨비나 허공의 꽃과 같은 것을 잡으려 하지 말고 모든 것을 놓아버려야 합니다. 부처님의 세계나 성인의 경지를 추구하고, 범부의 세계를 싫어하는 모든 것이 분별이며 차별이며 망상입니다. 범부의 세계나 성인의 세계나 모두 헛된 이름일 뿐입니다. 깨달음은 옳고 그름, 깨끗함과 더러움, 선과 악의 구별이 사라진 세계입니다. 그런데 좋고 아름다운 세계만이 진리라고 생각한다면, 그리고 이를 추구한다면 이 또한 진리에서 한참을 벗어난 것입니다. 그러므로 이런 분별을 일시에 놓아버려야 합니다.

분명한
선문의 정통

的的相承

수행자들이여! 산승의 불법은 분명하고 확실하게 선문의 정통을 이어온 것이다. 마곡 화상을 비롯하여 단하 화상, 도일 화상, 여산 화상과 석공 화상까지 한길로 조사선의 가풍을 천하에 두루 펴고 있다. 그러나 이를 믿고 깨달음을 얻은 사람은 없고 모두들 비방만 일삼고 있다.

마조도일 화상의 가르침은 순수하고 잡스럽지 않아 학인이 삼백 명, 오백 명이나 되었으나 모두 화상의 뜻을 알지 못했다. 여산 화상은 자재하며 참되고 반듯해서 순으로 또는 역으로 가르쳤으나 학인들은 그 경계를 측량하지 못하고 모두 다 망연자실해 했다. 단하 화상은 구슬을 가지고 놀면서 감추기도 하고 드러내기도 하며 가르쳤는데 찾아오는 학인들마다 모두 꾸지람만 들었다. 마곡 화상의 가르침은 소태나무와 같이 써서 모두들 가까이하지 못하였다. 또 석공 화상의 가르침은 화살 끝에서 사람을 찾는 것이어서 찾아온 사람들이 모두 두려워했다.

道流 山僧佛法 的的相承 從麻谷和尚 丹霞和尚 道一和尚 廬
山與石鞏和尚 一路行徧天下 無人信得 盡皆起謗 如道一和尚
用處 純一無雜 學人三百五百 盡皆不見他意 如廬山和尚 自在
眞正 順逆用處 學人不測涯際 悉皆忙然 如丹霞和尚 翫珠隱顯
學人來者 皆悉被罵 如麻谷用處 苦如黃檗 皆近不得 如石鞏用
處 向箭頭上覓人 來者皆懼

임제 스님은 자신의 불법이 선문의 전통과 가르침을 확실하게 이어온 것임을 밝히고 있습니다. 말씀에 따르면 여기 등장하는 선사들은 모두 독특한 가풍을 지니고 있습니다. 깨달음은 같을지라도 가르침의 방식은 여러 가지가 있을 것입니다. 선사들은 모두 독특한 개성을 지닌 다양한 방법으로 법을 폈습니다. 그러나 가르침에 따라 깨친 이는 드물었던 것 같습니다.

그런데 한 가지 짚고 넘어갈 것은 여기 등장하는 마곡, 단하, 여산, 석공 스님은 모두 마조도일 스님의 제자들입니다. 그런데 마곡 스님이 먼저 나오고 그 다음에 마조 스님이 나옵니다. 이것은 모두 달마의 선법을 정통으로 계승하고 있다는 뜻으로 이해하면 될 것 같습니다.

마조 스님은 그 문하에서 인가받은 제자만 70여 명이 넘었다고 합니다. 중국 선종은 마조 스님 이후 풍성해졌으며, 그의 문하에서 임제종과 위앙종이 탄생합니다.

경계가
나를 변화시키지
못한다

境不能換

수행자들이여! 오늘 산승의 가르침은 진정으로 만들거나 허물면서 가지고 놀기도 하고 신통변화를 부리기도 한다. 일체 경계에 들어가지만 가는 곳마다 아무 일이 없음으로 경계가 나를 변화시키지 못한다. 다만 찾아와서 구하는 이가 있으면 나는 곧바로 그를 알아보지만 그는 나를 알아보지 못한다. 내가 곧 여러 가지 옷을 입어보이면 학인들은 알음알이를 내어 하나같이 내 말에 끌려들고 만다.

아! 슬픈 일이로다. 눈멀고 안목 없는 중들이 내가 입은 옷을 보고 푸르다거나 누렇다거나 붉다거나 하얗다고 인식한다. 내가 그 옷을 벗어버리고 청정한 경계 속으로 들어가면 학인은 한번 보고 좋아하는 마음을 일으킨다. 내가 다시 그 옷마저 벗어버리면 학인들은 마음 둘 곳을 몰라 망연자실하여 미친 듯이 내달리며 내가 옷이 없다고 한다. 그때 '내가 바로 옷을 입고 있던 그 사람이라는 것을 모르시오'라고 말하면 홀연히 머리를 돌려서 나를 본다.

如山僧今日用處 眞正成壞 翫弄神變 入一切境 隨處無事 境不
能換 但有來求者 我卽便出看渠 渠不識我 我便著數般衣 學人
生解 一向入我言句 苦哉 瞎禿子無眼人 把我著底衣 認靑黃赤
白 我脫却入淸淨境中 學人一見 便生忻欲 我又脫却 學人失心
忙然狂走 言我無衣 我卽向渠道 儞識我著衣底人否 忽儞回頭
認我了也

임제 스님의 가르침은 걸림이 없습니다. 수처작주隨處作主 입처개진立處皆眞입니다. 가는 곳마다 주인이 되니, 처한 그곳이 항상 참된 진리가 되는 것입니다. 그래서 일체 경계에 들어가지만 집착하지 않음으로 경계에 물들지 않습니다. 진리의 모습으로 학인들을 대하면 학인들은 알아보지 못합니다. 그래서 임제 스님은 학인들의 기호에 맞춰 다양한 모습과 말로 그들을 가르칩니다. 이것이 옷의 의미입니다.

그러나 그 모습이나 말속에 담긴 참뜻은 모른 채 겉모습에 속고 맙니다. 손가락으로 달을 가리키는데 달은 보지 않고 손가락에 집착합니다. 아니 아예 손가락이 진리라고 착각합니다. 그렇다고 손가락으로 가리키지 않고서야 달을 보게 할 방법이 없습니다. 그래서 임제 스님의 한탄이 깊습니다. 노란 옷을 입으면 사람은 보지 못하고 그 사람을 노랗다고 생각합니다. 빨간 옷을 입으면 사람은 보지 못하고 빨갛다고 말합니다.

진리가 이와 같습니다. 부득이 말과 글을 빌려 설명하면 그 말과 글에 집착해 그것을 불교라고 착각합니다. 진리는 청정함과 더러움을 벗어나 있음에도 방편으로 설한 부처님이나 성인의 경지를 청정함으로 착각해 아름다움과 추함의 분별을 일으켜 진리에서 영원히 멀어져버립니다.

조사의 옷
부처의 옷

祖衣佛衣

수행자들이여! 옷을 보지 마라. 옷은 스스로 움직이지 못한다. 사람이 능히 옷을 입는 것이다. 청정한 옷이 있고, 생사가 없는 옷이 있고, 보리의 옷도 있고, 열반의 옷이 있으며, 조사의 옷도, 부처의 옷도 있다.

수행자들이여! 다만 소리와 명칭과 문구 따위가 다 옷에 따라 변화한 것들이다. 배꼽 아래 단전으로부터 치고 올라와 이빨을 두드려 글과 뜻을 이루는 것이니 이것은 분명히 환화임을 알아야 한다.

수행자들이여! 밖으로 소리 내어 말을 하고 안으로 마음의 대상을 표현하며 생각으로 헤아리는 것이 있다면 모두가 옷에 지나지 않는다. 그대들이 다른 사람이 걸치고 있는 옷을 진짜라고 여긴다면 억겁의 세월이 지나더라도 옷에 대해서만 통달할 수 있을 뿐이다.

이렇게 되면 삼계를 돌고 돌면서 생사를 되풀이하게 되니, 일 없는 것만 같지 못하다. 서로 만나면서도 알지 못하고 함께 말을 나누면서도 이름을 알지 못한다.

大德 儞莫認衣 衣不能動 人能著衣 有箇淸淨衣 有箇無生衣
菩提衣 涅槃衣 有祖衣 有佛衣 大德 但有聲名文句 皆悉是衣
變 從臍輪氣海中鼓激 牙齒敲磕 成其句義 明知是幻化 大德
外發聲語業 內表心所法 以思有念 皆悉是衣 儞祇麼認他著底
衣爲實解 縱經塵劫 祇是衣通 三界循環 輪廻生死 不如無事
相逢不相識 共語不知名

옷은 스스로 움직이지 못합니다. 옷은 입고 있는 사람에 의해 움직입니다. 그런데 사람은 보지 않고 옷만 봅니다. 나쁜 사람이라도 좋은 옷을 입으면 좋은 사람으로 착각하고, 성인이라 해도 옷이 남루하면 비루하게 여깁니다. 사람이 주인일 터인데 사람들은 옷을 주인으로 여깁니다.

글과 말로 설명되는 모든 내용이 옷에 불과합니다. 예를 들어 '밥'이라고 말로 소리를 내어도 그 자체로 밥이 되지 않습니다. 공책에 성불이라고 백 번을 쓴들 성불할 수 있는 것이 아닙니다. 말은 소리의 울림일 뿐이고 마음으로 대상을 그려봐도 그것은 허공 속의 그림에 불과합니다. 그런데 사람들은 그저 옷에 불과한 말과 글을 진리로 여깁니다.

이렇게 되면 아무리 열심히 공부를 하고 수행을 한들 억겁의 윤회를 면치 못합니다. 더 어이없는 것은 윤회 속에서 같은 사람을 수백 번 만나고 대화를 해도 끊임없이 옷만 보는 까닭에 그 사람의 이름도 모릅니다.

죽은 노스님들의　　　　　　　死老漢語
말씀을 베끼지 마라

수행자들이여! 요즘 학인들이 깨닫지 못하는 것은 대개가 이름
과 문자로 이해하려 하기 때문이다. 큰 공책에다 죽은 노스님들
의 말씀을 베껴서 세 겹, 다섯 겹 보자기에 싸서 다른 사람에게
보여주지 않고 이것이야말로 현묘한 도라고 하면서 소중하게 여
긴다. 이는 크게 잘못된 일이다.

　눈멀고 어리석은 사람들아! 말라빠진 뼈다귀에서 무슨 국물
을 찾는단 말인가.

今時學人不得 蓋爲認名字爲解 大策子上 抄死老漢語 三重五
重複子裏 不敎人見 道是玄旨 以爲保重 大錯 瞎屢生 儞向枯
骨上 覓什麽汁

뗏목은 강을 건너는 것이 목적이듯이, 강을 건너면 당연히 뗏목을 버려야 합니다. 뗏목을 타고 가는 내내 이것을 잊어버리면 안 됩니다. 그런데 사람들은 글과 문자가 피안으로 가는 뗏목임을 잊고 글과 문자 그 자체를 진리로 착각합니다.

그리고 이미 죽어 사대로 흩어져버린 옛 스님들의 말씀을 품에 안고 이것이야말로 진리 그 자체라며 애지중지합니다. 만약 이렇게 된다면 깨달음은 이미 글렀습니다.

일생을
헛되이 보내지
마라

一生虛過

수행자들이여! 좋고 나쁨도 구분하지 못하는 사람들이 경전 속
글귀를 이리저리 헤아리고 따져서 의미를 지어낸다. 이것은 똥덩
어리를 집어 입속에 넣었다가 다시 뱉어서 다른 사람에게 먹여
주는 것과 같다.

　이는 세간의 사람들이 특별한 말을 입에서 입으로 전달하는
것과 같아서 결국 일생을 헛되이 보내게 된다. 그러면서 '나는
출가자다' 말을 하지만 다른 사람이 불법을 물으면 입을 꼭 다물
고 말을 못한다. 그 사람의 눈은 새까만 굴뚝같고 입은 굳게 닫
혀 있을 뿐이다.

　이런 무리들은 미륵부처님이 세상에 출현하더라도 다른 세계
로 옮겨가면서 지옥에 떨어져 고통을 받게 될 것이다.

有一般不識好惡 向教中取意度商量 成於句義 如把屎塊子 向
口裏含了 吐過與別人 猶如俗人打傳口令相似 一生虛過 也道
我出家 被他問著佛法 便卽杜口無詞 眼似漆突 口如楄擔 如此
之類 逢彌勒出世 移置他方世界 寄地獄受苦

임제 스님의 말씀은 거침이 없습니다. 불교를 제대로 알지 못하면서 가르치는 사람들에 대한 경고가 무섭습니다. 이들의 말은 똥덩어리를 입에 넣었다가 다른 사람의 입에 넣어주는 것과 같다고 합니다. 의미 없는 낱말을 누가 틀리지 않고 빨리 뒷사람들에게 끝까지 전달하느냐 하는 시합과 다를 바가 없습니다. 전구령傳口令이 그런 뜻입니다. 이런 까닭에 불법에 대해 물으면 딱 부러지게 말을 못합니다. 눈은 마치 검은 굴뚝과 같이 깜박거릴 뿐이고 입은 손저울같이 긴 대나무 양쪽에 짐을 달아 어깨에 메고 다니는 편담처럼 한일자로 굳게 다물어져 있을 뿐입니다. 이런 사람은 그 지은 업이 망망대해처럼 넓고 깊어 만약 이 세계에 미륵부처님이 출현하여 모든 중생을 성불로 이끌어도 이들은 다른 세계로 옮겨가 지옥의 업을 받게 될 것이라고 경고합니다.

구할 만한
부처도 없고

無佛可求

수행자들이여! 그대들은 허둥지둥 바쁘게 제방을 돌아다니면서 무엇을 얻고자 발바닥이 부르트도록 돌아다니는가. 구할 만한 부처도 없고 이룰 만한 도도 없으며, 얻을 만한 법도 없다. 밖으로 모양이 있는 부처를 구한다면 결코 그대들과 비슷하지 않을 것이다. 그대들의 본래 마음을 알고자 하는가. 그것은 합해져 있는 것도 아니고 나눠져 있는 것도 아니다.

수행자들이여! 참된 부처는 형상이 없고, 참된 도는 실체가 없으며 참된 법은 모양이 없다. 이 세 가지 법이 혼합되고 융화되어 한 가지로 화합한 것이니, 이러한 이치를 알지 못하는 사람을 망망한 업식의 바다에서 헤매는 중생이라고 하는 것이다.

어떤 스님이 물었다. "무엇이 참된 부처이고 참된 법이며 참된 도입니까. 부탁하오니 가르쳐 주십시오."

수행자들이여! 부처란 마음이 청정한 것이고 법이란 마음에서 나오는 지혜의 광명이며 도란 어디에도 걸림이 없는 깨끗한 빛이다. 이 셋이 곧 하나이니 모두 헛된 이름일 뿐이다. 실체가 있는 것

은 아니다. 진정한 수행자라면 순간순간 마음에서 끊어지지 않도
록 해야 한다.

大德 儞波波地往諸方 覓什麽物 踏儞脚板闊 無佛可求 無道可
成 無法可得 外求有相佛 與汝不相似 欲識汝本心 非合亦非離
道流 眞佛無形 眞道無體 眞法無相 三法混融 和合一處 旣辨
不得 喚作忙忙業識衆生 問 如何是眞佛眞法眞道 乞垂開示 師
云 佛者心淸淨是 法者心光明是 道者處處無礙淨光是 三卽一
皆是空名而無實有 如眞正學道人 念念心不間斷

부처는 모습으로 구할 수 없습니다. 밖에서 구할 수 있는 것도 아닙니다. 앞서도 말했지만 《금강경》에서는 '무릇 형상이 있는 것은 다 허망한 것이니, 만약 형상이나 모습이 진실된 것이 아님을 안다면 곧 여래를 보게 되리라'고 했습니다. 부처는 형상으로 존재하지 않으며 형상으로 찾을 수도 없습니다. 그래서 '만약 모습으로 나를 보거나 음성으로 나를 구하면 이 사람은 삿된 도를 행하는 것으로 능히 여래를 보지 못하리라'고 말하고 있습니다. 그러므로 참된 부처, 참된 법, 참된 도는 실체가 없는 것임을 잘 알아야 합니다.

법당에 있는 거룩한 불상에도, 경전의 거룩한 가르침에도, 우리가 떠올리는 고귀한 모습에도 부처는 없습니다. 모습이나 소리나 어떤 실체로서 부처를 찾으려고 한다면 억겁의 세월 동안 망망한 윤회의 세계에서 헤매게 되는 결과만을 낳을 뿐입니다. 발이 부르트도록 돌아다녀봤자 헛수고입니다. 그러므로 부처佛와 부처님의 가르침法과 깨달음으로 가는 길道은 결국 하나입니다. 굳이 구분해 말을 하지만 모두 헛된 이름일 뿐입니다. 이를 잘 알아서 한순간도 잊어서는 안 됩니다.

다른 사람 말에
속지 않는 사람

不受人惑

수행자들이여! 달마 대사께서 서쪽에서 오신 이래로 단지 다른
사람에게 속지 않는 사람을 찾았다. 그 뒤에 이조를 만났는데
이조가 한마디 말에 곧 깨닫고 지금까지의 공부가 헛된 것이었
음을 비로소 알게 되었다.

自達磨大師從西土來 祇是覓箇不受人惑底人 後遇二祖 一言
便了 始知從前虛用功夫

달마 스님이 인도 사람임을 감안하면 중국 사람에 의한 중국 선종의 시작은 이조혜가 스님으로부터 시작됐다고 해도 과언이 아닙니다. 혜가 스님이 달마 스님을 만나 깨닫게 되는 장면은 잘 알려져 있습니다.

신광神光이라는 법명으로 수행 중이던 혜가 스님은 달마 스님을 친견하자마자 말합니다. "불안한 마음을 편안케 해주십시오." 그러자 달마 스님이 대답합니다. "내가 그 불안한 마음을 편안케 해주겠다. 그 마음을 가져와 보아라." 그러자 혜가 스님이 불안한 마음을 찾기 시작합니다. 그러나 어디에서도 불안한 마음의 실체를 찾을 수 없었습니다. 다시 혜가 스님이 말합니다. "불안한 마음을 찾을 수 없습니다." 그러자 달마 스님이 말합니다. "만약 찾을 수 있다면 그것이 어찌 그대의 마음이겠는가. 나는 이미 그대의 마음을 편안케 해주었다." 그러자 혜가 스님은 바로 깨닫습니다. 이를 안심법문安心法門이라고 합니다.

마음은 형상이나 소리, 문자를 초월해 있습니다. 마음 자체가 본래 텅 비어 없는데 어디에 불안이 있을 수 있겠습니까. 불안은 하늘이 무너질까 무서워 잠도 제대로 이루지 못했다는 중국 기나라 사람의 근심인 기우杞憂와 같습니다. 진실이 아닙니다. 혜가 스님은 이것을 단박에 깨달은 것입니다.

달마 스님께서 다른 사람에게 속지 않는 사람을 찾았다고 말했습니다. 사람들이 만들어 놓은 관념이나 규범에 휘둘리지 않는 사람을 찾았다는 뜻입니다. 말과 문자, 혹은 잘못된 가르침에 현혹되지 않는 사람입니다. 달마 스님의 뒤를 이은 혜가 스님이 바로 그런 인물입니다. 그렇기 때문에 달마 스님의 말 한마디에 기존에 가지고 있던 모든 지식과 알음알이를 단번에 쓸어버리고 깨달음으로 직행할 수 있었습니다.

조사 부처와
다르지 않으니

祖佛不別

수행자들이여! 오늘 산승의 견해는 조사나 부처와 다를 바가 없다. 만약 제일구에서 깨달으면 조사나 부처의 스승이 된다. 만약 제이구에서 깨달으면 인간과 천상계의 스승이 될 것이고 만약 제삼구에서 깨달으면 자기 자신마저도 구제하지 못하게 된다.

山僧今日見處 與祖佛不別 若第一句中得 與祖佛爲師 若第二句中得 與人天爲師 若第三句中得 自救不了

임제 스님의 삼구三句는 앞서 나온 바 있습니다. 부연하면 일구一
句는 허공에 도장을 찍는 것과 같고, 이구二句는 물에 도장을 찍
는 것과 같으며, 삼구三句는 진흙에 도장을 찍는 것과 같습니다.

허공에는 도장을 찍어도 흔적이 남지 않습니다. 주관과 객관
이 완전히 하나가 되어 분리되지 않습니다. 나와 진리가 하나인
세계입니다. 물에 도장을 찍으면 잠시 흔적이 남았다가 사라집
니다. 주관과 객관이 잠시 나뉘었다가 곧 하나가 되는 것입니다.
그러나 진흙에 도장을 찍으면 흔적이 그대로 남아 있습니다. 영
원히 하나가 되지 못합니다. 주관과 객관이 나눠져 있고 나와 진
리가 확연히 구분돼 있습니다. 그래서 삼구는 사람의 근기에 대
한 설명입니다. 일구는 상근기, 이구는 중근기, 삼구는 하근기에
해당됩니다.

일구에 깨닫는다는 말은 임제 스님의 할喝이나 덕산 스님의
방棒처럼 기별만 있으면 깨닫는 것을 뜻합니다. 말할 필요도 없
이 상근기입니다. 이구에 깨닫는 것은 '뜰 앞에 잣나무' 하는 화
두를 들거나 참구해서 깨우치는 것입니다. 중근기입니다. 삼구에
깨닫는 것은 불교의 가르침을 온갖 이론으로 설명하고 분석하면
서 이해하는 것인데, 이미 깨달음은 글렀다고 말합니다. 결국 자
신도 구제하지 못할 하근기라는 뜻입니다.

얻었다 하면 아무것도 얻지 못한 것

得者不得

어떤 스님이 물었다.

 "달마 스님께서 서쪽에서 오신 까닭은 무엇입니까."

 "만약 무슨 의도가 있었다면 스스로도 구제하지 못했을 것이다."

 "이미 무슨 의도가 없었는데 이조는 어떻게 법을 얻었습니까."

 "얻었다 하면 아무것도 얻지 못한 것이다."

 "만약 얻지 못했다면 얻지 못했다는 그것은 무슨 뜻입니까."

 "그대들은 사방의 도처로 치달리면서 불법을 구하려는 마음을 쉬지 못한다. 그래서 조사께서 말하기를 '이 한심한 장부들아! 자기 머리를 두고서 또 머리를 찾는구나'라고 하신 것이다. 그대들은 이 말 끝에서 곧 스스로를 되돌려 비춰보고 다시는 바깥에서 달리 불법을 구하지 말아야 한다. 자신의 몸과 마음이 조사나 부처와 다를 바 없다는 것을 알아야 한다. 그래야 당장 달리 할 일이 없게 되고 이때 법을 얻었다고 하는 것이다."

問 如何是西來意 師云 若有意 自救不了 云旣無意 云何二祖
得法 師云 得者是不得 云旣若不得 云何是不得底意 師云 爲
儞向一切處馳求心不能歇 所以祖師言 咄哉丈夫 將頭覓頭 儞
言下便自回光返照 更不別求知身心與祖佛不別 當下無事 方名
得法

달마 대사가 서쪽에서 오신 까닭은 무엇인가祖師西來意. 이 화두는 너무나 유명합니다. 불법의 근본을 묻거나, 혹은 선의 본질, 깨달음의 요체를 묻는 정형화된 화두 가운데 하나입니다. 앞서도 불법을 밖에서 찾지 말라고 했습니다. 사실 부처와 중생은 물과 얼음처럼 형태로는 구분이 되지만 본질은 같습니다. 번뇌와 망상으로 굳은 것이 얼음이라면, 번뇌와 망상이 해소된 것은 물이라고 할 수 있습니다. 그래서 모양이나 모습에서 부처를 찾으면 안 되는 것입니다. 그렇다면 달마 스님께서 어떤 의도를 갖고 밖에서 법을 구하려 했다면 결코 구하지 못했을 것이라는 말의 의미가 조금은 이해될 것입니다.

법은 없는 것이 생기거나 밖에서 얻어지는 것이 아닙니다. 이 조혜가 스님도 마찬가지입니다. 달마 스님에게서 법을 얻은 것이 아닙니다. 스스로 부처임을 체득한 것입니다. 그러니 만약 얻었다고 한다면 얻지 못한 것이라고 하는 겁니다. 얼음인 내가 본래 물임을 깨달았다고 해서, 밖에서 따로 물이 생기는 것이 아닙니다. 그러니 '얻었다'고 한다면 이것은 거짓입니다.

밖으로 온갖 이론과 성스러운 것들을 쫓아 법을 얻고자 한다면 이것은 머리를 두고서 머리를 찾는 격이 됩니다. 법을 얻고자 한다면 스스로를 되돌아봐야 합니다. 그리하여 스스로가 부처임을 알고 할 일이 없어야 합니다. 법은 본래 얻을 것이 없다는 것을 알아야 합니다. 그래야 법을 얻었다고 할 수 있습니다.

밥값을
갚아야 할 날

索飯錢有

수행자들이여! 산승이 오늘 부득이 지혜롭지 못한 쓸데없는 말을 많이 하고 있는데 그대들은 착각하지 마라. 내가 보기에는 진실로 이런저런 허다한 도리가 있는 것이 아니다. 쓰고 싶은 사람은 쓰고, 쓰고 싶지 않으면 쉬어라.

다만 제방에서 육도만행이 불법이라고 설하고 있다. 그러나 이것은 장엄이고 불사이지 불법은 아니다. 나아가 몸을 정갈하게 하고 계율을 잘 지키며 기름이 가득 찬 그릇을 들고 가도 흘리지 않는 정도의 경지라도 도를 보는 안목이 밝지 못하면 모두 빚을 지게 되는 것이니 밥값을 갚아야 할 날이 있을 것이다.

어째서 그러한가. '불도에 들어와서 이치를 통달하지 못하면, 몸을 바꾸어 신도들의 보시를 갚아야 한다. 보시를 했던 장자가 여든한 살이 되면 나무에서 비로소 버섯이 다시 나지 않았다'는 이야기가 있는 것이다.

大德 山僧今時 事不獲已 話度說出許多不才淨 儞且莫錯 據我見處 實無許多般道理 要用便用 不用便休 祇如諸方說六度萬行 以爲佛法 我道是莊嚴門佛事門 非是佛法 乃至持齋持戒 擎油不潤 道眼不明 盡須抵債 索飯錢有日在 何故如此 入道不通理 復身還信施 長者八十一 其樹不生耳

불법은 말이 필요치 않습니다. 말로 설명할 수 있는 것도 아닙니다. 말로는 본질을 찌를 수 없습니다. '사과'라고 말을 하지만, 말로 형상화된 개념일 뿐이지 실제 사과가 아닙니다. 향기를 맡을 수도, 먹을 수도 없습니다. 진리도 마찬가지입니다. 진리를 아무리 설명한다한들 그 말이 진리 그 자체가 될 수는 없습니다. 그래서 임제 스님은 설명 또한 결국은 쓸데없는 말에 불과하다고 밝히고 있습니다. 말과 글로 장황하게 설명하고 있지만 사실 불법에는 많은 도리가 있는 것은 아닙니다. 설명되지 않는 것을 설명하려니, 그것도 각각의 중생들 근기에 맞게 설명하려니 번잡스러울 뿐입니다.

육바라밀을 비롯해서 계행을 지키고 몸과 행동을 정갈하게 하고 열심히 예불을 하더라도 도를 보는 안목이 밝지 못하면 모든 노력들은 장식이나 치장에 불과합니다. 이렇게 되면 이생에 받았던 신도들의 보시를 후생에서 다시 갚아야 합니다. 물론 그렇다고 해서 육바라밀을 비롯한 수행과 만행이 결코 헛된 것이라는 말은 아닙니다. 이런 노력들은 분명히 필요하고 의미가 있습니다. 그러나 목적을 잃어버려서는 안 됩니다.

육바라밀이나 만행은 깨달음으로 가기 위한 수단에 불과합니다. 그런데 그 자체를 깨달음으로 착각하는 이들이 많습니다. 임제 스님은 이를 경계한 것입니다. 육바라밀은 고해의 바다를 건너 깨달음으로 가는 배입니다. 그런데 고해의 바다를 건널 생각은 하지 않고 배만 만지작거리거나, 고해의 바다를 건넜는데도 배를 머리에 이고 다닌다면 결코 열반의 기쁨을 누릴 수 없습니다. 헤엄을 치든 배를 타고 건너든 바다를 건너 피안에 이르는 것이 중요합니다.

그렇다고 보면 요즘 조계종에서는 선방에서 얼마나 오랫동안 안거를 했느냐를 가지고 법의 우열을 논하는 풍토가 더러 있습니다. 깨달음을 얻지 못한 안거가 무슨 의미가 있겠습니까. 여기에 안거 횟수를 가지고 법의 높낮이를 논하니, 임제 스님의 탄식이 들리는 듯합니다.

장자가 여든한 살이 됐을 때 나무에서 비로소 버섯이 나지 않았다는 이야기는 제15조 가나제바존자迦那提婆尊者의 게송입니다. 존자가 인도의 한 장자 집에 갔을 때 79세의 범마정덕 장자와 장자의 둘째 아들을 만나게 됩니다. 그 집의 정원에 있는 고목에서 맛있는 나무버섯이 생겨서 부자父子가 이것을 따 먹을 수 있었습니다. 존자는 그 이유를 말해줍니다.

이 부자는 일찍이 정성을 다해서 한 비구를 공양했습니다. 그런데 그 비구는 참된 불법을 깨닫지 못해 그 과보로 몸이 나무버섯으로 변했고 부자에게 공양받은 은혜의 빚을 장자가 여든한 살이 될 때까지 갚았다고 합니다. 지은 인연에 따른 과보는 이렇게 무거운 것입니다. 장자의 둘째 아들은 뒤에 가나제바존자의 법을 이은 제16조 라후라다존자羅睺羅多尊者입니다.

도인은
자취를 남기지
않는다

道流蹤跡

수행자들이여! 홀로 솟은 산봉우리에 살며 아침 한 끼만 먹고 눕지도 않고 앉아서 하루에 여섯 번 도를 닦는다 하여도 다 업을 짓는 사람들일 뿐이다. 머리와 눈과 골수와 뇌를 보시하고, 나라와 성곽과 아내와 자식을 보시하고, 코끼리와 말과 칠보를 남김없이 모두 다 보시하더라도 이와 같은 견해는 몸과 마음을 괴롭히는 까닭에 고통스런 과보만 불러온다.

아무 일없이 순일하여 잡스런 것이 없는 것만 못하다. 나아가 십지를 원만하게 성취한 보살들이 이 수행자의 종적을 찾아보아도 찾을 수 없다. 그래서 모든 천신들이 기뻐하고 지신들도 발을 받들어 올리니 시방의 모든 부처님들도 칭찬하고 찬탄한다. 어째서 그러한가. 지금 법문을 듣고 있는 그대들의 본질인 도인은 작용에 아무런 자취를 남기지 않기 때문이다.

乃至孤峯獨宿 一食卯齋 長坐不臥 六時行道 皆是造業底人 乃至頭目髓腦 國城妻子 象馬七珍 盡皆捨施 如是等見 皆是苦身心故 還招苦果 不如無事 純一無雜 乃至十地滿心菩薩 皆求此道流蹤跡 了不可得 所以諸天歡喜 地神捧足 十方諸佛 無不稱歎 緣何如此 爲今聽法道人 用處無蹤跡

대소승의 모든 수행을 치열하게 하고 온갖 보시를 하더라도 고통스런 과보만을 초래한다고 말합니다. 깨닫겠다는 집착 때문입니다. 이런 마음으로 수행하고 보시를 하면 오히려 역효과만 날 뿐입니다. 아무 일없이 순수하고 잡티 하나 없는 허공처럼 텅 빈 마음을 유지하는 것만 못합니다. 만약 순수하여 잡티가 하나도 없는 그런 사람이 있다면 십지十地에 오른 보살도 흔적을 찾을 수 없고 시방의 부처님들도 칭찬할 것입니다.

명심해야 할 것이 있습니다. 노력이 필요 없다는 말이 아니라, 노력이나 과정 자체에 집착하면 안 된다는 말입니다. 수행과 보시는 중요합니다. 그러나 앞서 말했듯이 그 자체가 깨달음은 아닙니다. 그러므로 몸에든 마음에든 흔적을 남겨서는 안 됩니다. 무주상보시無住相布施가 그래서 중요한 것입니다. 내가 이만큼 수행을 했는데, 내가 이렇게 보시를 했는데, 이런 마음을 가지려면 차라리 하지 않는 것이 맞습니다. 우리의 본질인 부처는 지금 이 순간에도 작용하고 있습니다. 그럼에도 흔적을 남기지 않습니다. 우리가 모를 뿐입니다.

세간에
물들지 않는다

不染世間

어떤 스님이 물었다.

"대통지승 부처님은 십 겁 동안 도량에 앉아 계셨지만 불법이 눈앞에 나타나지도 않았고 불도를 이루지 못했다고 하는데 그 뜻이 무엇인지 모르겠습니다. 스님께서 가르쳐주십시오."

"대통이라는 것은 어디에 있든 관계없이 만법에 성품과 모양이 없다는 진리를 통달하는 것을 말한다. 지승이라는 것은 어디에 있더라도 의혹이 없어 어느 한 가지 법에도 매달리지 않는 것을 말한다. 불이란 마음이 청정하여 광명이 온 법계를 꿰뚫어 비추는 것을 말한다.

십 겁 동안 도량에 앉아 있었다고 하는 것은 십바라밀을 닦았다는 것이다. 불법이 눈앞에 드러나지 않았다는 것은 부처란 본래 생겨나는 것이 아니고 법이란 본래 없어지는 것이 아니기에 무엇이 다시 나타났다고 할 수 있겠는가.

불도를 이루지 못했다고 하는 것은 부처가 새삼스레 다시 부처가 되는 일이 없다는 뜻이다. 그래서 옛사람이 말하기를 '부처

시중示衆 311

님은 항상 세간에 계시면서도 세간의 법에 물들지 않는다'고 하신 것이다."

問 大通智勝佛 十劫坐道場 佛法不現前 不得成佛道 未審此
意如何 乞師指示 師云 大通者 是自己於處處 達其萬法無性
無相 名爲大通 智勝者 於一切處不疑 不得一法 名爲智勝 佛
者心淸淨 光明透徹法界 得名爲佛 十劫坐道場者 十波羅蜜是
佛法不現前者 佛本不生 法本不滅 云何更有現前 不得成佛道
者 佛不應更作佛 古人云 佛常在世間 而不染世間法

대통지승大通智勝 부처님은 《법화경》에 나옵니다. 일체의 모든 것은 인연에 따라 조합된 것으로 불변의 성품이라는 것이 없습니다. 고정된 모습도 없습니다. 그래서 모든 법이 공空한 것입니다.

대통지승 부처님은 만법에 성품과 모양이 없음을 통달하여 어디에도 매달리지 않는 부처님입니다. 그런데 왜 불도를 이루지 못했다고 하는 것일까요. 부처는 부처가 되기 전에도 이미 부처였습니다. 중생과 부처를 얼음과 물로 비유했을 때 얼음과 물이 형태는 다르지만 본질은 같다고 했습니다. 중생이 부처임을 알았다고 해서, 즉 얼음이 본래 물이었다는 사실을 알았다고 해서 얼음이 새삼스레 물이 되는 것은 아닙니다. 알든 모르든 얼음의 본질은 물입니다. 불도를 이뤘지만 불도를 이뤘다고 할 수 없다는 것은 이런 의미입니다.

만물을 따라가지 마라

莫隨萬物

수행자들이여! 그대들이 부처가 되고자 한다면 만물을 따라가지 마라. 그런 마음이 생겨나면 갖가지 법이 생겨나고 그런 마음이 없어지면 갖가지 법이 사라진다. 한 마음이 생겨나지 않으면 만법에 허물이 없게 된다. 세간이든 출세간이든 부처도 없고 법도 없다. 나타나는 일도 없으며 잃어버리는 일도 없다.

설사 부처와 법이 있다 하더라도 그것은 모두가 이름과 말과 문장일 뿐이다. 어린아이들을 인도하기 위한 것이며 병에 따라 쓰이는 약에 불과하다. 표현하기 위한 이름과 문구일 뿐이다. 그런데 이름과 문구도 스스로 이름과 문구라고 하지 않는다. 그대들 눈앞에서 명확하고 분명하게 느끼고 듣고 알며 비춰보는 그 사람이 일체의 이름과 문구를 붙이는 것이다.

道流 儞欲得作佛 莫隨萬物 心生種種法生 心滅種種法滅 一
心不生 萬法無咎 世與出世 無佛無法 亦不現前 亦不曾失 設
有者 皆是名言章句 接引小兒 施設藥病 表顯名句 且名句不自
名句 還是儞目前昭昭靈靈 鑑覺聞知照燭底 安一切名句

깨닫고자 한다면 경계에 끌려가서는 안 됩니다. 경계를 따라 취사선택하는 마음이 일어나고 그럼으로써 갖가지 번뇌가 일어나는 것입니다. 모든 것이 공한 것을 알고 무심하게 마음을 쉬면 갖가지 법이 사라집니다. 쓸데없는 번뇌와 망상을 일으키지만 않는다면 만법에 허물이 없게 되고 부처도 중생도, 세간과 출세간도 없습니다. 부처와 중생이 나뉘는 것처럼 보이지만 이는 방편일 뿐입니다. 스스로가 부처임을 알게 하기 위해 말과 글과 다양한 방법들을 사용할 뿐입니다. 그러나 이 모든 것은 어린아이를 바른 길로 인도하기 위한 사탕과 같은 것이며 병에 따라 쓰는 약에 불과할 뿐입니다.

다섯 가지 무간업을 지어라

五無間業

"수행자들이여! 지옥에 떨어질 다섯 가지 무간업을 지어야 바야흐로 해탈을 얻을 수 있다."

"무엇이 오무간업입니까."

"아버지를 죽이고, 어머니를 해치고, 부처님의 몸에 피를 내고, 승단의 화합을 깨뜨리고, 경전과 불상을 불사르는 것을 다섯 가지 무간업이라고 한다."

"무엇이 아버지입니까."

"무명이 곧 아버지다. 그대들의 한 생각 마음이 일어나고 사라졌다 하는 곳을 찾아봐도 찾을 수 없어 마치 허공에 메아리가 울려 퍼지는 것처럼 어디를 가나 일이 없는 것을 아버지를 죽인 것이라고 하는 것이다."

"무엇이 어머니입니까."

"탐욕과 애착이 어머니다. 그대들의 한 생각 마음이 욕계에 들어가 그 탐내고 애착하는 것을 찾아보아도 모든 법이 공한 것임을 볼 뿐이다. 그래서 어디에도 집착함이 없는 것을 어머니를 해친 것이라고 한다."

"무엇이 부처님의 몸에 피를 내는 것입니까."

"그대들이 청정한 법계에서 한 생각 마음에 분별의 마음을 내지 않고 어디에서든 캄캄하고 어두운 것이 부처님의 몸에 피를 내는 것이니라."

"무엇이 화합승단을 깨뜨리는 것입니까."

"그대들의 한 생각 마음이 번뇌와 번뇌로부터 일어나는 경계들을 바르게 통달하여 마치 허공처럼 의지하는 바가 없게 되는 것을 화합승단을 깨뜨린 것이라고 한다."

"무엇이 경전과 불상을 불사르는 것입니까."

"인연이 비어 있고 마음이 비어 있고 법이 비어 있음을 보아서 한 생각에 완전히 끊어버려서 초연하여 다시는 일이 없는 것을 경전과 불상을 불사르는 것이라고 한다."

大德 造五無間業 方得解脫 問 如何是五無間業 師云 殺父害母 出佛身血 破和合僧 焚燒經像等 此是五無間業 云 如何是父 師云 無明是父 儞一念心 求起滅處不得 如響應空 隨處無事 名爲殺父 云如何是母 師云 貪愛爲母 儞一念心 入欲界中求其貪愛 唯見諸法空相 處處無著 名爲害母 云如何是出佛身血 師云 儞向淸淨法界中 無一念心生解 便處處黑暗 是出佛身血 云如何是破和合僧 師云 儞一念心 正達煩惱結使 如空無所

依 是破和合僧 云如何是焚燒經像 師云 見因緣空 心空法空
一念決定斷 逈然無事 便是焚燒經像

오무간업五無間業은 오역죄五逆罪를 짓는 것을 말합니다. 오역죄는 아버지, 어머니를 죽이고, 부처님의 몸에 피를 내고, 승단의 화합을 깨뜨리고, 경전과 불상을 불사르고 파괴하는 것입니다. 이런 죄를 지으면 무간지옥에 떨어지게 됩니다. 무간지옥은 8개의 지옥 중에서 고통이 가장 극심한 곳으로 조금의 간극이나 틈이 없이 고통이 계속 이어진다고 해서 무간無間이라고 합니다. 그런데 임제 스님은 이런 오역죄를 지으라고 말씀하십니다. 아마 법문을 듣고 있던 스님들도 깜짝 놀랐을 것입니다.

그러나 임제 스님의 오무간업에 대한 해석은 전혀 다릅니다. 우리의 깨달음을 방해하는 요소 다섯 가지에 대한 타파를 오무간업이라고 규정합니다.

생사윤회하는 근본원인은 무명無明입니다. 무명은 번뇌와 탐욕을 일으키는 어두운 마음입니다. 아버지로부터 내가 비롯됐듯이, 우리의 번뇌와 탐욕이 일어나는 근원인 무명을 부수는 것을 아버지를 죽이는 것이라고 말하고 있습니다. 탐욕과 애착은 어머니로 표현했습니다. 어머니는 자식에게 무한한 사랑을 주는 존재입니다. 그러나 지나친 사랑은 애착과 탐욕을 불러옵니다. 탐욕과 애착은 번뇌와 고통을 일으킵니다. 따라서 이를 제거하는 것을 어머니를 해치는 것으로 표현했습니다. 결국 임제 스님이 오무간업을 지으라고 한 것은 사람이든 법이든 인연에 따른 부산물이든, 일체가 공한 것을 보고 애착과 분별을 끊으라는 뜻입니다.

빈 주먹에
무언가 있다고
하지 마라

空拳生解

수행자들이여! 만약 이와 같이 통달한다면 범부다 성인이다 하는 이름에 구애되지 않게 될 것이다. 그대들의 한 생각 마음이 빈주먹과 가리키는 손가락에 무언가 있다는 생각을 일으킨다.

육근과 육진의 법에서 공연히 허망한 것을 만들어내어 괴이한 짓을 하면서 스스로를 가볍게 여기고 뒤로 물러서면서 '나는 범부이고 저분은 위대한 성인이다' 한다.

이 머리 깎은 바보들이여! 무엇이 그리 다급하여 사자의 가죽을 쓰고 들여우의 울음소리를 내고 있는가.

大德 若如是達得 免被他凡聖名礙 儞一念心 祇向空拳指上生實解 根境法中虛捏怪 自輕而退屈言 我是凡夫 他是聖人 禿屢生 有甚死急 披他師子皮 却作野干鳴

경전, 불상, 조사들의 가르침까지도 모두 달을 가리키는 손가락에 불과합니다. 그 손가락이 달은 아닙니다. 그런데 사람들은 달을 보지 않고 손가락을 보고 이것이 진리라고 착각합니다. 빈주먹은 아이들에게 이 안에 사탕이 있다고 유혹해서 올바른 길로 이끌기 위한 방편입니다. 손가락과 마찬가지입니다. 그러나 사람들은 이러한 방편을 이해하지 못하고 빈주먹과 손가락에 무언가 있다는 허망한 생각을 일으킵니다. 그러면서 자신을 낮추고 성인을 높이면서 스스로 넘을 수 없는 벽을 쌓아버립니다. 이것은 사자 가죽을 쓰고 여우 울음소리나 흉내 내고 있는 것과 같습니다. 스스로가 부처인데 그것을 알지 못하고 끊임없이 헛된 우상을 만들어 스스로를 얽어매는 고질병에 대해 따끔한 경책을 하고 있습니다.

허공에
그린 그림

圖畵虛空

수행자들이여! 대장부가 장부로서의 호기를 부리지 못하여 집안에 있는 보배를 긍정하며 믿으려고 하지 않고 바깥으로 찾아다니면서 옛사람들이 만든 부질없는 이름이나 문구에 휘둘려서 음에 의지하고 양에 매달려서 홀로 깨닫지 못한다. 경계를 만나면 거기에 얽매이고 어떤 물건을 만나면 거기에 집착한다. 접촉하는 곳마다 미혹을 일으켜 스스로 확실한 결정을 내리지도 못한다.

수행자들이여! 산승이 말하는 것을 취하지 마라. 어떤 이유에서인가. 내가 한 말도 의지할 만한 것이 아니다. 잠시 허공에 그림을 그린 것일 뿐이다. 마치 허공의 그림에 색을 칠해 보여주는 것과 같다.

大丈夫漢 不作丈夫氣息 自家屋裏物不肯信 祇麼向外覓 上他古人閒名句 倚陰博陽 不能特達 逢境便緣 逢塵便執 觸處惑起自無准定 道流 莫取山僧說處 何故 說無憑據 一期間圖畵虛空如彩畵像等喩

열심히 공부했는데도 자신을 믿지 못해 다시 밤을 새며 공부를 하다 정작 시험시간에 졸음을 참지 못해 시험을 망치는 경우가 있습니다. 스스로를 믿지 못하면 이렇게 됩니다. 수행도 마찬가지입니다. 깨달음은 스스로가 부처임을 확실하게 믿는 것으로부터 시작합니다. 그러나 사람들은 스스로가 부처임을 믿지 못합니다. 오히려 밖으로 돌며 부처님과 관련된 여러 가지 것들을 듣거나 지니는 것으로 위안을 삼습니다. 불상에 예배를 하고 경전을 읽고 참선하는 것으로 깨달음에 한발씩 다가가고 있다고 믿습니다. 그러다보니 불교와 관련된 모든 것들이 중요해집니다. 하나라도 빠뜨리면 불안합니다. 그래서 부처님의 그림자만 봐도 집착을 하게 됩니다. 이렇게 되면 스스로 할 수 있는 일이 아무것도 없습니다. 머리가 붙어 있는데도 항상 불안에 떨며 머리를 찾게 됩니다. 이런 사람들을 향해 임제 스님은 당당해지라고 말합니다. 스스로 부처임을 의심하지 말라는 뜻입니다. 비유하자면 주머니에 열쇠를 가지고 있으면서 밖으로 찾아 헤매는 우리의 어리석음을 꾸짖습니다.

이런 이유로 임제 스님의 가르침에도 의지하지 말아야 합니다. 스님 말씀 또한 방편, 즉 진리를 설명하기 위한 안내문에 불과합니다. 채화상등유彩畫像等喩는《능가경楞伽經》에 나오는 말입니다. 부처님의 법은 형태가 없지만 중생들에게 설명하기 위해 방편으로 아름답게 그림을 그려 설명했다는 뜻입니다. 사과에 대

해 알려주기 위해 종이에 사과를 그려 설명해도 그림 속 사과는
진짜 사과가 아닌 까닭에 향기가 없으며 먹을 수도 없습니다.

부처를
궁극적인 목표로
삼지 마라

佛爲究竟

수행자들이여! 부처를 마지막 궁극적인 경지로 삼아서는 안 된다. 나는 부처를 화장실의 구멍으로 본다. 보살 나한도 모두 목에 씌우는 칼과 발을 묶는 족쇄와 같은 것으로 사람을 속박하는 물건들이다. 그래서 문수보살은 칼을 쥐고 석가모니 부처님을 죽이려 했고, 앙굴리마라는 칼을 들고 부처님을 해치려 한 것이다.

道流 莫將佛爲究竟 我見猶如厠孔 菩薩羅漢 盡是枷鎖 縛人底物 所以文殊仗劍 殺於瞿曇 鴦掘持刀 害於釋氏

부처를 궁극적인 목표로 삼지 말아야 합니다. 만약 부처가 궁극적인 목표라면 나의 밖에 내가 이루어야 할 대상이 생깁니다. 앞서 설명했듯이 부처는 나를 떠나 있지 않습니다. 부처는 내가 닮고 싶은 연예인이 아닙니다.

내 스스로가 이미 부처입니다. 다만 모를 뿐입니다. 내가 부처임을 알고 체득하면 되는데 따로 부처를 만들어 목표로 삼게 되면 부처는 결국 밖에서 찾아야 할 어떤 것이 됩니다. 그러면 우리는 영영 부처가 될 수 없습니다.

우리가 믿고 따르는 보살과 나한도 마찬가지입니다. 문수보살과 앙굴리마라가 부처님을 죽이려 했다는 것은 부처님에게 집착하는 마음, 또는 관념이 만들어 낸 부처님을 부수려 했다는 의미입니다.

부처는
얻어지는 것이
아니다

無佛可得

수행자들이여! 부처란 얻을 수 있는 것이 아니다. 삼승과 오성과
원돈교의 흔적들도 모두 그때그때의 병을 치료하기 위해 처방한
약에 불과한 것으로 실제로 있는 법이 아니다. 혹시 무엇이 있다
하더라도 모양만 유사할 뿐 실제가 아닌 광고이며 문자를 나열
해놓은 것으로 이해를 돕기 위해 잠시 설한 것일 뿐이다.

道流 無佛可得 乃至三乘五性 圓頓敎迹 皆是一期藥病相治並
無實法 設有 皆是相似 表顯路布 文字差排 且如是說

누누이 밖에서 부처를 찾지 말라고 했습니다. 마음의 청정한 빛이 부처佛이고 마음의 광명이 법法이고 청정한 빛을 발하는 것을 도道라고 앞서 말했습니다. 결국 부처는 밖에 따로 존재하지 않고 내 안에, 마음에 있다는 뜻입니다. 경전에서 말하는 삼승이니 오성이니, 원돈의 위대한 가르침 모두 진리를 설명하기 위한 방편에 불과합니다. 병에 따라 주는 약방문입니다. 경전이나 옛 조사들의 어록이 이렇습니다.

부처를 구하면
부처를 잃는다

若人求佛

수행자들이여! 어떤 모자란 스님들이 이런 것들을 향해 공력을 들여 출세간의 법을 구하려 한다. 그것은 잘못된 것이다. 만약 어떤 사람이 부처를 구한다면 이 사람은 부처를 잃을 것이고, 도를 구한다면 도를 잃을 것이며 조사를 구한다면 조사를 잃을 것이다.

道流 有一般禿子 便向裏許著功 擬求出世之法 錯了也 若人求佛 是人失佛 若人求道 是人失道 若人求祖 是人失祖

많은 수행자들이 경전의 숲속에서, 조사의 어록 속에서 깨달음을 얻겠다고 남다른 공력功力을 들입니다. 비유하자면 서울에 있으면서 서울을 찾아 엉뚱하게 광주로 부산으로 달려가는 것과 같다는 말입니다. 원래 서울에 있었는데 쓸데없이 노력해 오히려 서울에서 멀어지게 됐습니다. 부처를 구하려고 하면 부처를 잃게 된다는 말이 그런 뜻입니다. 원래가 부처인데 부처를 구하려는 망상을 일으키고 있습니다.

배고프면 먹고
졸리면 자고

飢來喫飯

수행자들이여! 착각하지 마라. 나는 그대들이 경과 논을 잘 이해하고 있다는 것을 높이 사지 않는다. 나는 또 그대들이 국왕이나 대신이라고 해도 높이 사지 않는다. 나는 그대들이 물 흐르듯 유창한 말솜씨를 가졌더라도 높이 사지 않는다. 나는 또 그대들이 총명하고 지혜롭다 하더라도 취하지 않는다. 오직 그대들이 진정한 견해를 갖기를 바랄 뿐이다.

수행자들이여! 설사 백 권의 경과 논을 이해한다 하더라도 한낱 일없는 스님만 같지 못하다. 그대들이 그런 것들을 좀 알면 곧 다른 사람들을 경멸하게 된다. 남과 다투는 아수라가 되고 나와 남을 분별하는 무명의 번뇌로 지옥의 업을 기르게 된다. 예컨대 선성 비구가 십이분교를 통달했지만 산 채로 지옥에 떨어졌다. 그러나 대지도 용납하지 않았으니 차라리 아무 일없이 쉬는 것만 같지 못하다. 배가 고프면 밥을 먹고 잠이 오면 눈을 감으면 된다. 어리석은 사람은 나를 보고 비웃지만 지혜로운 사람은 알 것이다.

수행자들이여! 문자 속에서 구하지 마라. 마음이 움직이면 피곤하고 찬 공기를 마셔서 이익이 없다. 차라리 한 생각이 인연으로 일어난 것이며 본래 생멸이 없음을 알아 삼승의 방편학설을 배우는 보살을 뛰어넘는 것만 같지 못하다.

大德 莫錯 我且不取儞解經論 我亦不取儞國王大臣 我亦不取儞辯似懸河　我亦不取儞聰明智慧 唯要儞眞正見解 道流　設解得百本經論 不如一箇無事低阿師 儞解得 卽輕懱他人 勝負修羅 人我無明 長地獄業 如善星比丘 解十二分敎 生身陷地獄 大地不容 不如無事休歇去 飢來喫飯 睡來合眼　愚人笑我 智乃知焉 道流 莫向文字中求 心動疲勞 吸冷氣無益 不如一念緣起無生 超出三乘權學菩薩

온갖 경을 찾아 읽고 알음알이를 내느니, 차라리 한낱 일없는 스님이 더욱 훌륭합니다. 일이 없다는 것은 마음에 번뇌와 망념 같은 잡념 하나 없이 투명하고 청명한 상태를 말합니다. 무엇인가를 좀 알면 자기보다 못한 사람을 경멸하고 다투게 됩니다. 그래서 나와 남을 분별하는 무명의 번뇌에 사로잡혀 결국 지옥으로 가는 업을 짓게 됩니다.

선성善星 비구는 모든 경전을 두루 통달했다는 교만심에 사로잡혔기 때문에 지옥으로 떨어졌다고 합니다. 그런데 그 죄가 너무 커서 지옥을 품고 있는 대지까지도 그 몸 받기를 거부했다는 것입니다. 경전에 대해 왜 이렇게까지 혹독하게 비판을 하실까 하는 생각이 들기도 합니다. 아마도 당시의 시대상을 반영했다고 봅니다. 경전만 파고드는 스님들이 너무 많아 이를 경책하기 위한 것입니다.

생각해보면 내가 있는 곳이 서울인지 몰랐다 하더라도 서울에 있다는 것은 틀림없는 사실입니다. 그런데 서울을 찾기 위해 움직이기 시작하면 어디를 향해 출발하더라도 결국은 서울과 멀어질 수밖에 없습니다. 노력하면 할수록 서울과는 더욱 더 멀어지게 될 것입니다.

그래서 깨달음을 구하기 위해서는 의도적인 노력을 하기보다는 차라리 일없이 쉬는 것이 낫습니다. 우리 한 생각 또한 인연으로 일어난 것이고 본래 생멸이 없음을 알아야 합니다. 그것이 방편일 뿐인 무수한 학설을 배우고 익히는 것보다 훨씬 의미 있는 일입니다.

입을 것과
먹을 것에
애쓰지 마라

莫爲衣食

수행자들이여! 대충대충 시간을 보내지 마라. 산승이 지난날 깨달은 바가 없었을 때 캄캄하기만 했다. 시간을 부질없이 보낼 수 없어서 뱃속은 뜨겁고 마음은 안정이 안 돼 분주하게 도인들을 찾아다녔다. 나중에 힘을 얻어서 비로소 오늘에 이르게 돼 수행하는 여러분과 이야기를 나눌 수 있게 된 것이다.

수행자들이여! 입는 것과 먹을 것에 너무 애쓰면 안 된다. 세상은 쉽게 지나가고 선지식은 만나기 어렵다. 마치 우담바라 꽃이 한 번 피는 것과 같다.

大德 莫因循過日 山僧往日未有見處時 黑漫漫地 光陰不可空過 腹熱心忙 奔波訪道 後還得力 始到今日 共道流如是話度 勸諸道流 莫爲衣食 看世界易過 善知識難遇 如優曇華時一現耳

수행을 하기 위해서는 오로지 일념으로 수행에만 전념해야 합니다. 지금 바로 이 순간에 깨닫겠다는 마음으로 정진해야 합니다. 세월은 너무 허망하게 흘러가버립니다. 사람 몸 받아 출가하여 선지식을 만나는 인연이 삼천 년에 한 번 핀다는 우담바라 꽃보다 더욱 귀중함을 알아야 합니다.

온몸으로
깨달음을
전하니

全體作用

수행자들이여! 그대들은 여기저기서 임제라는 늙은이가 있다는 말을 듣고 찾아와서 곧바로 어려운 질문을 하여 말문을 막으려고 한다. 그러다가 산승의 전체작용을 입으면 학인들은 부질없이 눈만 동그랗게 뜨고 말도 하지 못하고 멍청해져서 어떻게 대답해야 할지를 모른다.

그래서 나는 그들에게 말했다. 코끼리의 왕이 땅을 걷어차며 걷는데 노새 따위가 어떻게 감당하겠는가. 그대들은 여기저기서 가슴을 내밀고 우쭐대며 나는 선을 알고 도를 안다고 말하는데 두 사람이건 세 사람이건 여기까지 와서 어찌할 줄을 모른다.

이 어리석은 사람들아! 그대들은 그러한 몸과 마음으로 가는 곳마다 입술을 나불거리면서 사람들을 속이고 있으니 철봉을 맞을 날이 있을 것이다. 이런 사람은 출가자라 할 수도 없다. 모두가 아수라의 세계에 들어갈 사람들이다.

儞諸方聞道有箇臨濟老漢 出來便擬問難 教語不得 被山僧全
體作用 學人空開得眼 口總動不得 懵然不知以何答我 我向伊
道 龍象蹴踏 非驢所堪 儞諸處祇指胸點肋 道我解禪解道 三
箇兩箇 到這裏不奈何 咄哉 儞將這箇身心 到處簸兩片皮 誑謼
閭閻 喫鐵棒有日在 非出家兒 盡向阿修羅界攝

공부를 할 때 가장 빠지기 쉬운 함정이 교만입니다. 조금 알게 되면 마치 다 아는 것처럼 설치는 사람들이 있습니다. 이제 시작인데, 이미 끝난 것처럼 으스대고 뽐내면 공부는 이것으로 끝입니다. 그래서 수행자에게는 하심下心이 중요합니다.

임제 스님이라는 선지식이 있다는 소식을 듣고 제방에서 학인들이 몰려옵니다. 그런데 배우려는 사람보다는 온갖 이론과 현학적인 지식을 자랑하며 임제 스님을 골탕 먹이려는 학인들이 많았습니다. 그러나 임제 스님은 이런 질문에 대해 말로써 따지지 않고 전체로 작용해버립니다. 말이 아니라 온몸으로 깨우침을 준 것입니다. 학인의 근기에 맞게 고함을 치거나 몽둥이로 때리거나 침묵을 지키거나 하는 방식으로 진리를 드러냅니다. 그러면 학인들은 무슨 뜻인지 몰라 넋이 빠져 혼란스러워 합니다. 이런 상황을 두고 임제 스님은 코끼리와 같은 당당함을 어찌 노새의 깜냥을 가진 학인들이 짐작이나 하겠느냐고 핀잔을 주고 있습니다.

따지고 보면 오늘날엔 얄은 지식으로 깨달음이나 얻은 것마냥 선과 불교를 이야기하는 사람이 과거보다 더욱 많습니다. 이런 사람들은 결국 지옥으로 끌려가 철퇴를 맞을 것이라고 경고합니다. 이런 사람은 수행자라고 할 수도 없습니다. 잘못된 견해는 필연적으로 불필요한 싸움을 불러 일으킵니다. 결국 아수라의 손길을 벗어날 수 없게 될 것입니다.

별다른 뜻이
있지 않으니

更無別意

수행자들이여! 대개 지극한 이치의 도라는 것은 논쟁으로 높이 드러내거나 큰소리를 쳐서 외도를 꺾는 것이 아니다. 부처님과 조사들이 면면이 이어져 내려오는 것은 무슨 별다른 뜻이 있는 것도 아니다. 설사 말과 가르침이 있다 하더라도 삼승과 오성과 인천인과에 떨어지고 만다. 그러나 원돈의 가르침은 그런 것이 아니다. 선재동자가 법을 구하면서 다녔던 것이 아니다.

夫如至理之道 非諍論而求激揚 鏗鏘以摧外道 至於佛祖相承 更無別意 設有言敎 落在化儀三乘五性人天因果 如圓頓之敎 又且不然 童子善財皆不求過

불교를 이치로 따지고 분석하게 되면 결코 깨닫지 못합니다. 말과 글은 본질에 닿지 못합니다. 앞서 설명했듯이 사과라는 단어가 실제 존재하는 사과가 될 수는 없습니다. 사과를 잘 설명한다 해도 직접 먹어보기 전까지 맛과 향을 알 수 없습니다. 진리도 마찬가지입니다. 말과 가르침이 진리 자체는 아닙니다. 여기에 집착이 더해지면 깨달음은 저 멀리 떠나버립니다.

원돈圓頓의 가르침은 진리에 계합하는 것입니다. 일초직입여래지一超直入如來地, 단번에 구구절절한 단계를 뛰어넘어 바로 여래의 세계에 들어가야 합니다. 선의 가르침이 이렇습니다.

선재동자는 《화엄경》〈입법계품〉에 나오는 인물입니다. 53분의 선지식을 두루 찾아다니면서 법을 구한 수행자로 유명합니다. 그러나 선재동자는 법을 구하러 다닌 것이 아니라 스스로 부처임을 확인받고 다닌 겁니다.

눈에 티끌이 없으면   空裏無花
허공에 꽃이 없다

수행자들이여! 마음을 잘못 쓰지 마라. 큰 바다가 시체를 그냥
머무르게 두지 않는 것과 같다. 등에 짐을 잔뜩 짊어지고 천하
를 돌아다니나 스스로의 견해가 장애를 일으켜 마음을 가로막
는 것이다. 해가 떠 있는데 구름 한 점 없으면 아름다운 하늘을
두루 비추고, 눈에 티끌이 없으면 허공에 꽃이 없다.

大德 莫錯用心 如大海不停死屍 祇麼擔却 擬天下走 自起見障
以礙於心 日上無雲 麗天普照 眼中無翳 空裏無花

마음을 잘 써야 합니다. 마음에 편견과 독선, 아집을 가득 담은 채로 선지식을 찾아 천하를 주유해도 결국 깨달음을 얻을 수는 없습니다. 스스로의 견해가 장애를 일으키기 때문입니다.

우리는 스스로 부처이고 태양입니다. 진여가 번뇌 망상과 구름에 가려 없는 것처럼 보일 뿐입니다. 태양을 가리고 있던 구름이 걷히면 찬란한 빛이 아름다운 세상을 두루 비추게 됩니다. 눈에 붙어 있는 티끌이 제거되면 뿌연 안개가 사라집니다. 시체처럼 몸과 마음에 짊어지고 있는 쓸데없는 망상만 벗어버리면 됩니다.

각자가
스스로
노력하라

各自著力

수행자들이여! 그대들이 여법하게 되고자 한다면 의심하지 마라. 펼치면 온 법계를 싸고도 남지만 거두면 가는 실도 세울 데가 없다. 뚜렷하고 스스로 밝아 일찍이 조금도 모자람이 없었다. 눈으로 볼 수 없고 귀로 들을 수도 없으니 어떻게 불러야 하겠는가.

옛사람이 이르기를 '설사 한 물건이라 하여도 맞지 않다' 하였다. 그대들은 다만 자기 스스로를 잘 살펴보아라. 다른 무엇은 없다. 말하자면 끝이 없으니 각자가 스스로 노력하라. 수고들 했다.

道流 儞欲得如法 但莫生疑 展則彌綸法界 收則絲髮不立 歷
歷孤明未曾欠少 眼不見 耳不聞 喚作什麼物 古人云 說似一物
則不中 儞但自家看 更有什麼 說亦無盡 各自著力 珍重

내가 부처임을 의심하지 말아야 합니다. 우리가 가지고 있는 마음이라고 하는 것은 한량없이 넓습니다. 우주가 넓어도 마음은 이를 다 품을 수 있습니다. 펼치면 온 법계가 모두 들어갑니다. 그러나 좁을 때는 바늘 하나 세울 구석도 없습니다. 이런 마음은 스스로 밝아 조금의 모자람도 없습니다. 그런데 이를 어떻게 불러야 할까요.

남악회양 스님은 '설사 한 물건이라고 해도 맞지 않습니다'라고 말했습니다. 이렇게 진리의 당체는 말이나 글로 설명하거나 표현할 수 없습니다. 노자가 '도를 도라고 말하면 참된 도가 아니다'라고 한 말과 크게 다르지 않습니다. 깨달음을 얻으려 밖으로 돌지 말고 스스로 잘 살펴야 합니다. 그것 외에 다른 방법은 없습니다.

감변勘辨

감변은 수행하는 스님들이 서로 문답이나 특이한 행동을 통해 선승 상호
간의 견해를 시험하고 불법의 안목을 점검하는 것을 말합니다. 감勘은 조
사하거나 살핀다는 의미이고 변辨은 구별하여 가리거나 판결한다는 뜻입
니다. 감변은 스승과 제자 사이에 이뤄지는 선문답이자 법거량입니다. 그
래서 선종이 지향하는 활발발한 현장감이 잘 살아있습니다.

쌀을 고르고 있습니다　　　　　　揀衆僧米

황벽 스님이 공양간에 들어가 반두에게 물었다.

"무엇을 하는가."

"대중 스님들이 먹을 쌀을 고르고 있습니다."

"하루에 얼마를 먹는가."

"두 섬 닷 말을 먹습니다."

"너무 많이 먹지 않는가."

"오히려 적을까 걱정입니다."

황벽 스님이 곧바로 반두 스님을 후려쳤다.

黃檗因入廚次 問飯頭 作什麼 飯頭云 揀衆僧米 黃檗云 一日
喫多少 飯頭云 二石五 黃檗云 莫太多麼 飯頭云 猶恐少在 黃
檗便打

반두飯頭는 선원禪院에서 밥을 짓는 공양주 소임을 말합니다. 이제 갓 선문에 들어온 초심자가 주로 맡습니다. 그런 스님에게 황벽 스님이 지금 무엇을 하고 있는지 묻습니다.

　사실 황벽 스님의 질문에는 여러 가지 의미가 담겨 있습니다. 쌀을 대상으로 삼았지만 속내는 수행을 어떻게 하고 있는지, 얼마나 진척이 있는지 묻고 있는 겁니다. 그런데 반두 스님은 이해를 못합니다. 큰스님의 속뜻도 모르고 쌀에만 푹 빠져 있습니다. 쌀이 불성을 의미하는 말일 수도, 깨달음의 정도를 묻는 말일수도 있다는 점을 전혀 알지 못합니다. 수행자인데도 스스로 부엌데기로 착각하고 있으니 스승의 입장에서 안타까운 노릇입니다. 묻는 족족 샛길로 빠지고 있으니 후려칠 수밖에 없었겠지요.

다시 와서 호랑이 수염을 뽑는구나　　　又捋虎鬚

반두 스님이 이 일을 임제 스님에게 말씀드렸더니 임제 스님이 "내가 그대를 위해 늙은이를 시험해보겠다" 하며 황벽 스님이 계신 곳으로 갔다. 황벽 스님이 먼저 앞서 있었던 일을 이야기했다.

임제 스님이 말했다.

"반두 스님이 알지 못하니 스님께서 깨달을 수 있는 한마디 말씀을 해주시지요."

그리고는 물었다.

"너무 많지 않습니까."

"내일 다시 한 번 더 먹는다고 왜 말하지 않는가."

"어째서 내일을 말씀하십니까. 지금 당장 드시지요."

그리고는 바로 황벽 스님을 손바닥으로 쳤다.

황벽 스님이 말했다.

"이 미친놈이 또 여기 와서 호랑이 수염을 뽑는구나."

그러자 임제 스님이 '할' 하며 소리를 지르고 나가버렸다.

飯頭却舉似師 師云 我爲汝勘這老漢 纔到侍立次 黃檗舉前話
師云 飯頭不會 請和尚代一轉語 師便問 莫太多麼 黃檗云 何
不道來日更喫一頓 師云 說什麼來日 即今便喫 道了便掌 黃檗
云 這風顛漢 又來這裏捋虎鬚 師便喝出去

황벽 스님의 말씀을 임제 스님이 대신 물으며 반두 스님이 어떻게 대답해야 했는지를 일깨워 달라고 합니다. 선禪의 자유로움이 느껴집니다. 선원은 권위로 유지되는 곳이 아니라 진리로 유지된다는 점을 잘 드러내고 있습니다. 스승을 '늙은이'로 표현하고, 스승을 대상으로 법거량을 할 수 있는 것도 선의 열린 자세 때문입니다. 살불살조殺佛殺祖의 전통도 이래서 가능합니다. 선은 모든 권위와 위선을 털어버려야 합니다. 그래야 선이라고 할 수 있겠지요. 그렇다면 앞 대화의 요체는 무엇일까요.

'바로 지금 현재만 있을 뿐 또 다른 시절이란 없다卽時現金更無時節'고 임제 스님이 말했습니다. 과거에 집착하지 말고 미래를 기대하지 말고 현재를 주인으로 살라는 의미입니다. 이 말을 한 번 더 음미하자면 우리는 지금 이 순간 부족함이 없는 완벽한 부처라는 뜻입니다.

도적을 끌어들여　　　　　　　勾賊破家
집안을 망쳐놓다

뒷날 위산 스님이 앙산 스님에게 물었다.

"두 존숙의 뜻이 무엇이겠는가."

"화상께서는 어떻게 생각하십니까."

"자식을 길러봐야 부모의 사랑을 아는 것이다."

"저는 그렇게 생각하지 않습니다."

"그럼 그대는 어떻게 생각하는가."

"마치 도적을 집에 끌어들여 집안을 망쳐놓는 것과 같습니다."

後潙山問仰山 此二尊宿意作麼生 仰山云 和尙作麼生 潙山云
養子方知父慈 仰山云 不然 潙山云 子又作麼生 仰山云 大似勾
賊破家

위산 스님은 황벽 스님과 함께 백장 스님 밑에서 동문수학한 사이입니다. 따라서 이 대화는 충분히 있음직한 이야기이기는 합니다. 그러나 역사적인 사실은 조금 다른 것 같습니다. 황벽 스님과 임제 스님이 두각을 나타내기 전 이미 위산 스님은 제자인 앙산 스님과 함께 위앙종潙仰宗이라는 종파로 일가를 이뤘습니다. 그러나 황벽 스님과 임제 스님은 당시에 그리 크게 추앙을 받던 분들은 아니었습니다. 더구나 사숙격인 위산 스님이 임제 스님을 존숙으로 부를 정도로 존칭을 한 것도 맞지 않습니다. 이런 이유로 이 이야기는 위산 스님과 앙산 스님의 권위를 빌려 임제 스님을 높이기 위해 후대에 가탁한 것으로 학자들은 보고 있습니다.

어찌됐든 황벽 스님과 임제 스님의 대화에 대한 두 스님의 평가가 다릅니다. 위산 스님은 자식을 길러봐야 부모의 사랑을 안다는 말로 황벽 스님이 임제 스님을 위해 자비를 베푼 것으로 해석합니다. 무례한 법거량에도 친절하게 응대해주고 나중에는 칭찬까지 아끼지 않았으니 제자를 사랑하는 마음이 이보다 더 지극할 수가 없습니다. 그러나 앙산 스님은 제자의 입장에서 이야기하고 있습니다. 임제라는 뛰어난 제자가 황벽 스님의 법을 완벽하게 도둑질했다고 평가하고 있습니다.

그러나 두 스님의 평가를 굳이 높고 낮다는 세간의 잣대로 봐서는 안 됩니다. 황벽 스님은 스승으로서 완벽한 모습을 보이고 있고, 임제 스님 또한 제자로서 더할 나위 없이 훌륭합니다. 아마도 선문에서 이보다 아름다운 모습은 없을 겁니다. 호랑이 수염을 만지고 있다는 황벽 스님의 말씀에 제자인 임제 스님에 대한 뿌듯함이 보입니다.

어디서
왔는가

什麼處來

임제 스님이 한 스님에게 "어디서 왔는가" 하고 물었다.

그 스님이 곧바로 '할' 하고 고함을 쳤다.

임제 스님이 공손히 인사를 하며 앉게 했다.

그러자 그 스님이 머뭇거렸다. 임제 스님이 곧바로 후려쳤다.

임제 스님이 한 스님이 오는 것을 보고 곧바로 불자를 세우니
그 스님이 절을 했다. 임제 스님이 곧바로 후려쳤다.

또 한 스님이 오는 것을 보고 임제 스님이 불자를 세우니 그
스님이 본체만체했다. 임제 스님이 이번에도 후려쳤다.

師問僧 什麼處來 僧便喝 師便揖坐 僧擬議 師便打 師見僧來
便竪起拂子 僧禮拜 師便打 又見僧來 亦竪起拂子 僧不顧 師
亦打

임제 스님이 학인을 대하는 방법은 앞에서도 여러 차례 등장했습니다. 이 단락의 내용도 그 연장선에 있습니다. 살펴보면 처음의 학인은 임제 스님을 보자마자 바로 부정합니다. 두 번째 스님은 임제 스님을 보자 바로 긍정합니다. 그리고 세 번째 스님은 긍정도 부정도 하지 않습니다. 그런데 모두들 임제 스님에게 죽비로 얻어맞습니다. 긍정과 부정, 긍부정도 아닌 세 가지 양태에서 적어도 하나는 정답이어야 할 텐데 모두 틀렸다고 하니 모를 일입니다. 도대체 왜 그럴까요. 보이는 모습으로 답을 찾을 수 없기 때문입니다. 모습에서 답을 찾으려고 하면 영원히 글러버립니다. 형상이 형상 아님을 볼 때 여래를 볼 수 있는 것과 같은 이치입니다. 여기에서 문제는 학인들이 하나같이 주인은 되지 못하고 주인의 흉내만 내고 있다는 점입니다. 행동은 제각기 다르지만 어느 누구도 답이 되지 못한 것입니다.

우리 전통 현악기 중에 거문고와 가야금이 있습니다. 손으로 누르고 뜯어서 소리를 내는데, 누르고 뜯는 힘이나 강도를 절대 수치로 나타낼 수 없다고 합니다. 우리 악기가 유독 이런 경우가 많습니다. 어느 예술고등학교에 다니는 학생이 선생님에게 물었답니다. "가장 아름다운 선율을 낼 수 있는 힘이나 강도를 어떻게 알 수 있나요." 선생님이 말했습니다. "세월이 가면 저절로 알게 된다." 오랫동안 연주하다보면 몸이 안다고 합니다. 눈 밝은 선생님이라면 제자가 흉내만 내고 있는지 진짜로 가야금을 타고 있는지 바로 알 수 있을 것입니다.

임제 스님도 마찬가지입니다. 학인들이 '할'을 하든, 인사를 하든, 본체만체 하든 관계없이 깨닫지 못했음을 바로 알아차린 겁니다. 흉내만 낸 것임을 알고 있기에 몽둥이를 내립니다. 만약 학인들이 진리의 자리에 서 있었다면 그들의 행동에 관계없이 모두 정답이었을 것입니다. 선의 달인인 임제 스님이 그걸 놓쳤을 리 없습니다. 그래서 임제 스님의 질문에 대한 학인 스님들의 반응은 별로 중요하지 않습니다. 스스로 주인이 되지 못하고 흉내를 내는 것으로 선지식의 눈을 속일 수는 없습니다. 무엇보다 스승이 알아보기 전에 본인이 먼저 알고 있었겠지요. 그래서 명심해야 합니다. 수행을 하는 사람은 스스로를 속여서는 안 됩니다. 그렇다면 깨달음은 영영 멀어집니다.

황벽의 종지를
세우고자 합니다

黃檗宗旨

임제 스님이 보화 스님에게 말했다.

"내가 남방에 있으면서 황벽 스님의 편지를 전하려고 위산에 도착했을 때 그대가 먼저 이곳에 와서 내가 오기를 기다리고 있다는 사실을 앙산 스님의 말씀을 듣고 알았습니다. 내가 이곳에 와서 그대의 도움을 많이 받았습니다. 이제 내가 황벽 스님의 종지를 세우고자 합니다. 그대가 나를 도와주시오."

그러자 보화 스님이 인사를 하고 내려갔다.

뒤에 극부 스님이 오자 임제 스님은 보화 스님에게 한 말을 똑같이 했다. 극부 스님 역시 인사를 하고 내려갔다.

삼일 후에 보화 스님이 다시 올라와서 인사를 하고는 물었다.

"스님이 일전에 뭐라고 하셨지요."

그러자 임제 스님은 주장자를 들고 바로 내리쳤다.

삼일 후에 극부 스님이 올라와서 인사를 하고 물었다.

"스님은 앞날 보화 스님을 주장자로 내리쳤다고 하는데 어떻게 된 일입니까."

임제 스님이 역시 몽둥이로 내리쳤다.

師見普化 乃云 我在南方 馳書到潙山時 知儞先在此住待我來
乃我來 得汝佐贊 我今欲建立黃檗宗旨 汝切須爲我成褫 普化
珍重下去 克符後至 師亦如是道 符亦珍重下去 三日後 普化却
上問訊云 和尙前日道甚麼 師拈棓便打下 又三日 克符亦上 問
訊乃問 和尙前日打普化作什麼 師亦拈棓打下

보화 스님은 반산보적盤山寶積(720~814) 스님의 제자로 따로 전기는 전하지 않습니다. 다만 임제 스님 관련 기록에만 등장합니다. 《임제록》에 보면 보화 스님의 선은 활달하고 거침이 없습니다. 과격하기로는 오히려 임제 스님을 넘어서고 있습니다. 《임제록》이나 임제 스님과 관련된 기록에만 보화 스님이 등장하는 것은 보화 스님이 임제 스님의 인정이나 존경을 받았기 때문일 것입니다. 그리고 임제 스님이 대중을 교화하는 데도 적지 않게 도움을 준 것 같습니다.

불법에
거칠고 미세한 게
있는가

佛法麤細

임제 스님이 하루는 보화 스님과 함께 어느 신도의 점심공양에
참석했다가 보화 스님에게 물었다.

"작은 터럭 하나가 큰 바다를 삼키고 겨자씨 한 알에 수미산
을 다 담는다는 말이 있습니다. 이것을 신통묘용이라고 해야 할
까요, 아니면 근본당체가 그러한 것이라고 해야 할까요."

그러자 보화 스님이 밥상을 발로 걸어찼다. 임제 스님이 말
했다.

"너무 거칠지 않습니까."

"이곳이 어떤 곳인데 거칠다 미세하다 이런 소리를 하는가."

임제 스님이 다음날 또 보화 스님과 함께 신도의 집에 공양을
하러 가서 물었다.

"오늘 공양은 앞의 것과 비교해서 어떠합니까."

보화 스님이 전과 마찬가지로 밥상을 발로 찼다. 임제 스님이
말했다.

"그래도 괜찮기는 하지만 너무 거칠지 않습니까."

"눈먼 사람이로고! 불법에 무슨 거칠고 미세한 게 있겠는가."

이에 임제 스님이 혀를 내둘렀다.

師一日同普化 赴施主家齋次 師問 毛吞巨海 芥納須彌 爲是神
通妙用 本體如然 普化踏倒飯牀 師云 太麤生 普化云 這裏是
什麼所在 說麤說細 師來日 又同普化赴齋 問 今日供養 何似
昨日 普化依前踏倒飯牀 師云 得卽得 太麤生 普化云 瞎漢 佛
法說什麼麤細 師乃吐舌

재齋는 배고픈 사람, 또는 수행자들에게 베푸는 공양을 말합니다. 시주가재施主家齋는 신자가 스님을 자기 집에 초청하여 공양을 올리는 것을 말합니다. "작은 터럭 하나가 큰 바다를 삼키고 겨자씨 한 알이 수미산을 다 담는다."《유마경》에 나오는 것으로 여기서는 재가자의 공양을 받은 김에 재가법사인 유마거사의 고사를 인용했습니다.

우리의 마음은 머리카락 한 올처럼 작은 것 같지만 크기로 말하자면 허공을 담고도 남습니다. 깨달음의 경지 또한 이렇습니다. 그런데 임제 스님은 이런 경지가 수행을 통해 후천적으로 얻는 것인지, 본래 갖춰져 있는 것인지 묻습니다. 보화 스님의 대답은 거칠기 그지없습니다. 그 자리에서 밥상을 엎어버렸습니다. 그리고 임제 스님이 거칠다고 말하기가 무섭게 질문에 대한 답이 떨어집니다. "이곳이 어떤 곳인데 거칠고 미세함이 있겠는가." 불법에 무슨 거칠고 미세함이 있느냐는 힐난입니다. 임제 스님이 다시 떠봤지만 보화 스님의 경지는 여전히 확고합니다. 어떤 질문을 던져도 분별에 떨어지지 않습니다. 임제 스님이 혀를 내두를 수밖에 없었을 겁니다. 감탄이 절로 나왔겠지요.

한 마리
당나귀 같구나

似一頭驢

임제 스님이 하루는 하양 장로, 목탑 장로와 함께 승당의 화로 옆에 앉아 있었다. 그때 '보화 스님이 매일 길거리에서 미친 짓을 하고 다닌다는데 도대체 그가 범부일까 성인일까' 하는 이야기를 나누고 있었다. 그런데 말이 끝나기도 전에 보화 스님이 들어왔다.

임제 스님이 보화 스님에게 바로 물었다.

"그대는 범부입니까, 성인입니까."

보화 스님이 도리어 임제 스님에게 질문했다.

"그대가 먼저 말씀해보시오. 내가 범부입니까, 성인입니까."

임제 스님이 '할' 하고 고함을 질렀다.

그러자 보화 스님이 손으로 사람들을 가리키면서 말했다.

"하양은 새색시고, 목탑은 노파선이다. 임제는 어린애 같은데 한 개의 눈을 갖추었다."

임제 스님이 "이 도둑놈아!" 하자 보화 스님이 "도둑놈아, 도둑놈아" 하며 나가버렸다.

어느 날 보화 스님이 승당 앞에서 채소를 먹고 있었다.

임제 스님이 이를 보고 말했다.

"한 마리의 당나귀 같구나."

그러자 보화 스님이 곧바로 당나귀 울음소리를 냈다.

임제 스님이 "야, 이 도둑놈아!" 하자 보화 스님이 "도둑놈아, 도둑놈아" 하면서 나가버렸다.

師一日 與河陽木塔長老 同在僧堂地爐內坐 因說普化每日在
街市 掣風掣顚 知他是凡是聖 言猶未了 普化入來 師便問 汝
是凡是聖 普化云 汝且道 我是凡是聖 師便喝 普化以手指云
河陽新婦子 木塔老婆禪 臨濟小厮兒 却具一隻眼 師云 這賊
普化云 賊賊便出去 一日 普化在僧當前 喫生菜 師見云 大似
一頭驢 普化便作驢鳴 師云 這賊 普化云 賊賊便出去

하양 장로와 목탑 장로에 대해서는 자세히 알 수 없으나, 임제 스님보다 나이가 많았던 것은 분명한 듯합니다. 이들 스님에 대한 보화 스님의 평가를 보면, 하양 스님은 조신한 새색시고 목탑 스님은 말 많은 할머니 같답니다. 그런데 임제 스님은 이들 중 제일 어리지만 지혜의 눈을 갖고 있다고 말합니다.

여기서 일척안一隻眼은 제3의 눈, 혹은 지혜의 눈을 뜻합니다. 안목을 갖췄다는 의미입니다. 그러자 임제 스님이 보화 스님을 향해 도둑놈이라고 합니다. 이에 질세라 보화 스님도 도둑놈이라며 맞장구를 칩니다. 서로 말을 주고받으며 웃었겠지요. 부처님의 심안을 훔쳤다는 측면에서 본다면 서로 최상의 칭찬을 하고 있는 셈입니다.

밝음으로 오면
밝음으로 치고

明來明打

보화 스님은 항상 길거리에서 요령을 흔들며 말했다.

"밝은 것으로 오면 밝은 것으로 치고, 어둔 것이 오면 어둔 것으로 치고, 사방팔면으로 오면 회오리바람으로 치고, 허공으로 오면 도리깨질로 잇따라 친다."

임제 스님이 시자를 보내 보화 스님이 그렇게 말하면 바로 멱살을 움켜잡고 "아무것도 오지 않을 때는 어떻게 하십니까" 하고 묻게 했다.

시자가 그렇게 하자 보화 스님이 시자를 밀치며 말했다.

"내일 대비원에서 밥을 먹을 것이다."

시자가 돌아와 말씀드리니 임제 스님이 말했다.

"내 일찍이 그가 보통내기가 아님을 알고 있었다."

因普化 常於街市搖鈴云 明頭來明頭打 暗頭來暗頭打 四方八
面來旋風打 虛空來連架打 師令侍者去 纔見如是道 便把住云
總不與麼來時如何 普化托開云 來日大悲院裏有齋 侍者回舉
似師 師云 我從來疑著這漢

상황에 따라 자유자재한 것이 바로 선禪입니다. 보화 스님은 그 런 선의 핵심을 잘 보여줍니다. 선에는 정해진 하나의 답이 있을 수 없습니다. 왜냐하면 그 순간은 단 한 번뿐인 일기일회一期一 會이기 때문입니다. 임제 스님의 선은 임제 스님의 선이 돼야 하 고, 조주 스님의 선은 조주 스님의 선이 돼야 합니다. 보화 스님 의 선 또한 보화 스님의 선이 돼야겠지요. 수처작주隨處作主해 야 합니다. 매 순간, 매 경계에서 스스로 주인이 돼야 합니다.

처버린다는 말은 경계가 와도 경계에 반연하지 않고 그 경계 그대로 처내버린다는 말입니다. 부처가 오면 부처가 돼 쳐내고 범부가 오면 범부가 돼 쳐내는 것입니다. 임제 스님이 당나귀 같 다고 하자, 보화 스님은 지체 없이 바로 당나귀 울음소리를 냈습 니다. 존재 그 자체로 질문에 답을 하고 있습니다.

그런데 임제 스님이 시자를 보내 또 살짝 떠보지만, 무심하게 내일 대비원에서 밥을 먹을 것이랍니다. 어떤 작위적인 것도 없 습니다. 보화 스님에게는 대비원에서의 공양, 그것은 생각이나 관념이 아닌 존재 그 자체로서의 대답입니다. 우리 속담에 사 서 걱정이라는 말이 있습니다. 오지도 않은 일을 미리 걱정한 다는 의미입니다. 보화 스님의 말씀은 이 속담과 맥락이 닿아 있습니다.

순간에 깨어 있으라는 말입니다. 우리 대부분은 과거에 대한 기억 때문에, 미래에 대한 불안 때문에 현재를 제대로 살지 못합니다. 현재가 없는 오늘을 살고 있습니다. 일어나지 않은 일을 애써 걱정하거나 걱정이 없는 것을 걱정하는 비극 같은 삶을 살고 있습니다.

뭘 좀 아는
도둑이로군

好箇草賊

한 노스님이 임제 스님을 뵈러 와서는 인사도 나누기 전에 바로
물었다.

"절을 하는 것이 옳습니까, 절을 하지 않는 것이 옳습니까."

임제 스님이 바로 고함을 질렀다.

그러자 노스님이 곧바로 절을 했다.

임제 스님이 말했다.

"뭘 좀 아는 도둑이로군."

그러자 이번엔 노스님이 "도둑놈, 도둑놈" 하면서 나가버렸다.

임제 스님이 말했다.

"일이 없는 것이 좋다고 말하지 마라."

有一老宿參師 未曾人事 便問 禮拜卽是 不禮拜卽是 師便喝
老宿便禮拜 師云 好箇草賊 老宿云 賊賊 便出去 師云 莫道
無事好

노스님이 임제 스님을 만나러 와서 바로 질문을 던진 것은 '당신이 방장이라는 것만 놓고 보면 내가 절을 해야겠지만 나이는 내가 많은데 늙은 사람이 절을 하는 수고를 해야 하겠느냐'는 의미입니다. 만약 임제 스님이 절을 하라고 하면 방장으로서 상相을 내는 것이 될 것이고 절을 하지 말라고 하면 노스님의 의도에 말린 꼴이 될 것입니다. 참 고약한 질문입니다. 한마디 말로 임제 스님을 분별의 한복판에 밀어 넣고 있습니다. 어려워 누구도 풀 수 없다는 고르디우스의 매듭을 알렉산더 대왕이 칼로 잘라 단번에 풀었듯이 임제 스님 또한 양자택일해야 하는 질문의 함정에 빠지지 않고 고함으로 단번에 부숴버립니다. 문제를 푸는 것이 아니라 없애버린 것입니다.

노스님 또한 보통 사람이 아닙니다. 노스님이 공손하게 절을 하자 임제 스님이 "일이 없는 것이 좋다고 말하지 마라"고 말합니다. 이번에는 나에게서 풀려났지만 다음에는 어림도 없다는 뜻과 지금의 경지에 안주하지 말라는 경책의 의미도 함께 있습니다.

일없는 것이
좋다고
말하지 마라   莫無事好

수좌가 와서 임제 스님 옆에 섰다. 그러자 임제 스님이 물었다.

 "앞의 대화에 허물이 있었는가, 없었는가."

 "있었습니다."

 "손님에게 있었는가, 주인에게 있었는가."

 "두 사람 모두에게 있습니다."

 "허물이 어디에 있었는가."

 그러자 수좌가 나가버렸다. 임제 스님이 말했다.

 "일없는 것이 좋다고 말하지 마라."

 뒤에 어떤 스님이 남전 스님에게 이 이야기를 했다. 그러자 남전 스님이 말했다.

 "나라에서 기르는 명마들이 서로 차고 밟는 형국이로다."

首座侍立次 師云 還有過也無 首座云 有 師云 賓家有過 主家
有過 首座云 二俱有過 師云 過在什麼處 首座便出去 師云 莫
道無事好 後有僧擧似南泉 南泉云 官馬相踏

수좌도 또한 보통 사람은 아니었던 것 같습니다. 임제 스님의 질문에 그냥 없다고 하면 끝날 일인데 반대로 허물이 있고 그것도 두 사람 모두에게 있다고 말합니다. 임제 스님을 순간적으로 분별의 아수라 속으로 밀어넣고 있습니다. 허물이 어디에 있느냐며 수좌에게 슬쩍 대답을 전가합니다. 그런데 수좌는 스님의 그물에 걸릴 내가 아니라는 의미로 대답하지 않고 그냥 가버립니다. 임제 스님이 또 말합니다. "일이 없는 것이 좋다고 말하지 마라." 노스님과 마찬가지로 오늘 무사히 빠져나갔다고 그걸로 족하다고 생각하면 안 된다는 뜻입니다.

이에 대해 남전 스님의 평가는 주목할 만합니다. "나라에서 기르는 명마들이 서로 차고 밟는 형국이로다." 임제 스님이야 말할 필요도 없겠지만 여기에 등장하는 노스님, 수좌 모두 너나 할 것 없이 훌륭하다는 의미입니다.

다만
한낱 나무토막일
뿐이다

是箇木橛

임제 스님이 군영에 공양 초대가 있어서 갔을 때 문 앞에서 장교를 만났다. 임제 스님이 기둥을 가리키며 물었다.

"이것은 범부인가, 성인인가."

그러자 장교가 말을 못했다.

임제 스님은 기둥을 두드리며 말했다.

"설사 대답했다 해도 그것은 다만 한낱 나무토막일 뿐이다."

그리고는 안으로 들어가버렸다.

임제 스님이 원주에게 물었다.

"어디 갔다 왔는가."

"마을에 황미를 팔러 다녀왔습니다."

"그래, 다 팔았는가."

"예, 다 팔았습니다."

임제 스님이 원주 얼굴 앞에 막대기로 한 일자 한 획을 긋고 말했다.

"그래, 이것도 다 팔 수 있는가."

그러자 원주가 '할' 하고 고함을 질렀다. 임제 스님이 그대로 후려쳤다.

그곳에 전좌가 오자 임제 스님이 앞의 이야기를 했다.

전좌가 말했다.

"원주가 큰스님의 뜻을 잘 몰랐습니다."

"그럼 그대는 어떻게 생각하나."

그러자 전좌가 바로 절을 하였다. 임제 스님이 역시 후려쳤다.

師因入軍營赴齋 門首見員僚 師指露柱問 是凡是聖 員僚無語
師打露柱云 直饒道得 也祇是箇木橛 便入去 師問院主 什麼處
來 主云 州中糶黃米去來 師云 糶得盡麼 主云 糶得盡 師以杖
面前畫一畫云 還糶得這箇麼 主便喝 師便打 典座至 師擧前話
典座云 院主不會和尙意 師云 儞作麼生 典座便禮拜 師亦打

임제 스님의 질문에 장교는 '스님, 참 농담도 잘하십니다' 하고 가볍게 받으면 될 것 같은데 너무 긴장을 한 것 같습니다. 질문에 사로잡혀 본질을 놓쳐버렸습니다. 그런 장교에게 임제 스님은 "나무토막에 무슨 말을 붙여도 나무토막이다"라고 합니다. 우리의 본질이 부처라면 우리가 어떤 모습을 하고 있든 관계없이 본질은 부처입니다.

원주에 대한 임제 스님의 질문도 크게 다르지 않습니다. 원주 스님이 쌀을 다 팔았다고 대답하기가 무섭게 임제 스님은 한 일자를 획 긋고는 이것도 팔 수 있는지 묻습니다. 그러자 원주가 고함을 칩니다. 이에 임제 스님은 원주를 후려갈깁니다. 대답이 틀렸다는 의미겠지요. 여기서 일자一字는 불성의 근본작용 혹은 진리의 당체를 뜻합니다. 일자도 팔 수 있느냐는 질문은 쌀을 파는 데 정신이 팔려서 수행자로서의 본분을 잃어버린 것 아니냐는 뜻과 누구에게 팔 수도 없는 본래면목을 깨달으라는 경책의 의미가 담겨 있습니다.

그런데 원주와 전좌는 질문의 본질을 알지 못하면서 임제 스님을 흉내 내는 것으로 면피하려고 합니다.

조금 전의
고함은
나에게 한 것인가

汝喝老僧

어떤 강사 스님이 찾아와서 인사를 나눴다. 임제 스님이 물었다.

"강사 스님은 어떤 경론을 강의하십니까."

"제가 아는 것이 부족합니다. 그저 백법론을 조금 익혔을 뿐입니다."

"한 사람은 삼승십이분교에 아주 밝고 한 사람은 삼승십이분교에 어두울 때, 이 두 사람은 같습니까 아니면 다릅니까."

"밝음을 얻었으면 같겠지만 밝음을 얻지 못했다면 다른 것입니다."

시자 낙보 스님이 임제 스님의 뒤에 서 있다가 말했다.

"강사 스님, 이곳이 어딘 줄 알고 같다느니 다르다느니 말을 합니까."

임제 스님이 시자를 돌아보며 말했다.

"그러면 그대는 어떻다고 생각하는가."

이에 시자가 곧 '할' 하고 소리를 질렀다.

임제 스님이 강사 스님을 보내고 돌아와서 낙보 스님에게 물었다.

"조금 전의 고함은 나에게 한 것인가."

"예, 그렇습니다."

그러자 임제 스님이 바로 후려갈겼다.

有座主來相看次 師問 座主講何經論 主云 某甲荒虛 粗習百法
論 師云 有一人 於三乘十二分敎明得 有一人 於三乘十二分敎
明不得 是同是別 主云 明得卽同 明不得卽別 樂普爲侍者 在
師後立云 座主 這裏是什麼所在 說同說別 師回首問侍者 汝又
作麼生 侍者便喝 師送座主回來 遂問侍者 適來是汝喝老僧 侍
者云 是 師便打

좌주座主는 경론을 연구하고 강의하는 강사 스님을 말합니다. 그 강사 스님은 유식唯識을 공부했던 것으로 보입니다. 강사 스님이 공부했다는 《백법론百法論》은 《대승백법명문론大乘百法名門論》으로 유식의 중요한 논서입니다.

임제 스님의 물음에 강사 스님은 강사 스님다운 대답을 합니다. "경전의 밝음을 얻었으면 같겠지만 그렇지 않다면 같지 않습니다." 일견 맞기는 한데 선禪의 견지에서 보자면 옳은 대답이라고 할 수는 없겠지요. 우리의 본질은 우리의 앎과는 무관합니다. 알든 모르든 우리가 본래 부처라는 본질은 같습니다. 얼음이 본래 물임을 알든 모르든 얼음은 본래 물입니다. 그런데 강사 스님은 그것을 간과하고 있습니다.

그러자 시자인 낙보樂普元安(834~898) 스님이 강사 스님의 잘못된 점을 바로잡기 위해 대화에 끼어듭니다. 그러나 이번에는 낙보 스님이 임제 스님의 시험에 걸려듭니다. 낙보 스님은 고함을 지름으로써 시험을 벗어나려 하지만 결국 얻어맞습니다. 스스로 선승이라는 자만심, 혹은 상相에 빠져 있었기 때문입니다. 생각해보면 선승이 구차하게 말로 이리저리 설명할 이유가 무엇이겠습니까.

덕산을
보기는
보았는가

汝見德山

임제 스님은 제2대 덕산 스님이 대중들에게 법문을 하면서 "말을 해도 삼십 방이요 말을 못해도 삼십 방이다"라고 한다는 말을 들었다.

임제 스님은 시자 낙보 스님을 보내면서 말했다.

"대답을 했는데 어찌하여 몽둥이 삼십 방입니까, 하고 물어보고 그래도 그가 만약 너를 때리면 그 몽둥이를 잡아 던져버려라. 그리고 어찌 하는가를 살펴보고 오도록 하라."

낙보 스님은 그곳에 도착하자마자 시킨대로 물으니 덕산 스님이 곧 주장자로 후려쳤다. 낙보 스님은 이를 잡아 던져버렸다. 그러자 덕산 스님이 곧 방장실로 돌아가버렸다.

낙보 스님이 돌아와 임제 스님께 그대로 말씀드리니,

"나는 이전부터 덕산 스님이 보통 사람이 아니라고 의심하고 있었다. 그래 자네는 덕산을 보기는 보았는가."

낙보 스님이 머뭇거렸다. 그러자 임제 스님이 곧 후려쳤다.

師聞第二代德山垂示云 道得也三十棒 道不得也三十棒 師令
樂普去問 道得爲什麼也三十棒 待伊打汝 接住棒送一送 看他
作麼生 普到彼 如教而問 德山便打 普接住送一送 德山便歸方
丈 普回舉似師 師云 我從來疑著這漢 雖然如是 汝還見德山麼
普擬議 師便打

덕산德山宣鑑(782~865) 스님은《금강경》에 정통해서 스님의 속성을 따 주금강周金剛이라고 불리기도 했습니다. 대중들에게《금강경》강설을 하던 덕산 스님은 강남에서 선종이 유행한다는 말을 듣고 마설魔說이라며 강남으로 내려갑니다. 그러나 그곳에서 용담龍潭 스님을 만나 큰 깨우침을 얻고 이내 뛰어난 선사로서 선풍을 날리게 됩니다. 가르침에 주로 몽둥이를 사용했는데 당대에 임제 스님과 쌍벽을 이뤄 '덕산 방棒 임제 할喝'이라고 부릅니다.

어느 날 그런 덕산 스님을 시험하기 위해 임제 스님이 시자인 낙보 스님을 덕산 스님에게 보냅니다.

그런데 임제 스님은 돌아온 낙보 스님에게 바로 내심을 드러내며 덕산 스님의 진면목을 보기는 봤느냐는 일침을 던집니다. 당황한 낙보 스님이 그저 머뭇거리기만 합니다. 당연히 몽둥이가 날아들었겠지요.

이것을 보면 낙보 스님을 보낸 이유가 조금은 짐작이 됩니다. 덕산 스님을 시험해본다는 핑계로 낙보 스님의 안목을 틔워주려 한 것입니다. 그런데 낙보 스님은 전혀 알지 못하고 그저 스승의 명령만을 충실히 따랐을 뿐입니다. 그러니 덕산 스님의 무설법문을 알아들을 수 없었던 겁니다.

덕산 스님의 가르침은 몽둥이에 있지 않습니다. 몽둥이는 그저 방편에 불과합니다. 몽둥이를 휘두르는 덕산 스님이나 그냥 조용히 방장실로 돌아가는 덕산 스님의 진면에는 어떤 차별도 없습니다. 그런데 낙보 스님은 덕산 스님은 보지 못하고 몽둥이만 보고 돌아온 것입니다.

금가루가
비록 귀하지만

金屑雖貴

왕상시가 어느 날 임제 스님을 방문했다. 임제 스님과 함께 승당 앞의 스님들을 보면서 물었다.

"여기 이 스님들은 경전을 보십니까."

"경전을 보지 않습니다."

"그러면 선을 배우십니까."

"선도 배우지 않습니다."

"경전도 보지 않고 선도 배우지 않는다면 도대체 무엇을 하십니까."

"모두에게 부처가 되고 조사가 되는 법을 가르치고 있습니다."

"금가루가 비록 귀하지만 눈에 들어가면 병이 된다고 합니다. 이것을 어떻게 생각하십니까."

"나는 그대를 한갓 속인으로 여겼구려."

王常侍一日訪師 同師於僧堂前看 乃問這一堂僧 還看經麼 師
云 不看經 侍云 還學禪麼 師云 不學禪 侍云 經又不看 禪又
不學 畢竟作箇什麼 師云 總教伊成佛作祖去 侍云 金屑雖貴
落眼成翳 又作麼生 師云 將爲儞是箇俗漢

왕상시는 임제 스님이 주석하던 지역의 주지사로 스님의 후원자였습니다. 그런데 이 사람의 안목이 대단합니다. 칭찬에 인색한 임제 스님에게서 칭찬을 듣고 있습니다.

스님들이 무엇을 공부하고 있느냐는 왕상시의 질문에 스님은 경전도 읽지 않고 선도 배우지 않고 바로 부처가 되고 조사가 되는 법을 배우고 있다고 말합니다. 이에 대한 왕상시의 말이 걸작입니다. "금가루가 비록 귀하지만 눈에 들어가면 병이 된다." 핵심을 정확히 찔렀습니다. 금가루가 귀하지만 눈에 들어가면 병이 되듯이 부처와 조사가 되겠다는 집착 또한 병입니다. 부처와 조사가 비록 금가루와 같이 귀중하지만 인위적인 마음을 내는 순간 진리에서 멀어지기 때문입니다.

내 마음 밖에 따로 부처와 조사가 존재한다는 생각이라면 더욱 잘못입니다. 임제 스님은 부처와 조사를 찾아 밖으로 치닫지 말라고 누누이 말해왔습니다. 그런 임제 스님이 부처가 되고 조사가 되는 법을 가르치고 있다니 가당키나 한 말이겠습니까. 눈 밝은 왕상시가 이를 바로 알아차린 것입니다. 이에 임제 스님도 조금은 놀랐습니다. 핵심을 꿰뚫은 안목에 칭찬을 할 수밖에 없습니다.

어떤 것이 노지백우인가   露地白牛

임제 스님이 행산 스님에게 물었다.

"어떤 것이 노지백우인가."

행산 스님이 '음매음매' 했다.

"너는 벙어리냐."

"장로께서는 어떻게 하십니까."

"이 축생아!"

師問杏山 如何是露地白牛 山云 哞哞 師云 啞那 山云 長老作
麼生 師云 這畜生

노지露地는 지붕이나 울타리를 하지 않은 땅으로, 삼계의 불타는 집 밖의 자유로운 해탈세계를 뜻합니다. 백우白牛는 흰소이며 본래의 불성을 뜻합니다. 노지에 놓아둔 소라면 주인의 신임을 얻은 무척 현명한 소입니다. 밖에 풀어두어도 남의 밭에 들어가 농작물을 뜯어먹거나 하지 않을 테니 말입니다. 석가모니 부처님의 이름은 고타마 싯다르타입니다. 여기서 고타마는 '훌륭한 소'를 의미합니다. 따라서 노지백우는 모든 번뇌와 경계를 여의고 해탈한 석가모니 부처님을 상징한다고 볼 수 있습니다.

그렇다면 임제 스님의 질문은 '무엇이 부처인가' 또는 '무엇이 불법의 대의인가' 하는 것입니다. 행산杏山 스님이 소의 흉내를 냅니다. 그러나 소의 흉내만 가지고 행산 스님이 질문의 뜻을 명확히 이해했는지 알 수 없습니다. 임제 스님이 바로 점검에 들어갑니다. "너는 벙어리냐"고 묻습니다. 그런데 행산 스님이 덜컥 함정에 걸려듭니다. "그러면 스님은 어떻게 하십니까" 하고 질문을 던지고 말았습니다. 앞서 스스로 했던 대답에 자신이 없었던 것입니다. 결론적으로 해탈의 경지에서 노닐고 있는 백우가 아니라 들판에서 풀이나 뜯고 있는 그저 그런 소였던 것입니다. "에라! 축생 같은 놈." 임제 스님의 꾸짖는 말씀에 안타까움이 묻어 있습니다.

덕산 방棒　　　　　　　　　　　　　行棒行喝
임제 할喝

임제 스님이 낙보 스님에게 말했다.

"예로부터 한 사람은 몽둥이를 휘두르고 한 사람은 고함을 질렀는데 누가 진리에 부합한다고 생각하는가."

"모두 진리에 부합하지 못합니다."

"그러면 어떤 것이 진리에 부합하는가."

낙보 스님이 '할' 하고 고함을 질렀다.

그러자 임제 스님이 바로 후려쳤다.

師問樂普云 從上來一人行棒 一人行喝 阿那箇親 普云 總不親
師云 親處作麼生 普便喝 師乃打

덕산 방棒과 임제 할喝 중에 누가 더 진리에 부합하는지를 묻고 있습니다. 낙보 스님이 '할' 하고 고함을 지를 때, 임제 스님은 기가 막혔을 겁니다. 당돌하게 덕산 방도 임제 할도 모두 잘못됐다고 할 때 스스로 우뚝 서는 낙보 스님의 모습을 기대 했을 법도 합니다. 그런데 낙보 스님은 기껏해야 스승의 흉내나 내고 맙니다.

깨달음에 방해가 되면 부처도 죽이고 조사도 죽여야 하는 것이 임제선의 가풍입니다. 낙보 스님을 후려치는 임제 스님의 손이 제법 매서웠을 겁니다. 선은 스스로 주인공이 되는 것입니다. 임제선은 임제 스님의 선이고 덕산 스님의 선은 덕산 스님의 선입니다. 그러니 낙보 스님의 선은 낙보 스님의 선이어야 합니다. 임제 스님은 '있는 곳마다 주인이 되면隨處作主 그 자리가 바로 진리의 자리立處皆眞'라고 가르치고 있습니다. 그런데 낙보 스님은 주인이 되지 못했습니다. 그러므로 진리에서 한참이나 벗어난 것입니다.

양손을
펼쳐 보였다

展開兩手

임제 스님이 어떤 스님이 오는 것을 보고 양손을 펼쳐 보였다. 그러나 그 스님은 아무런 말이 없었다.

　임제 스님이 말했다.

　"알겠는가."

　"모르겠습니다."

　"혼륜산을 쪼개서 나눌 수 없구나. 그대에게 돈이나 두어 푼 주어야겠군."

師見僧來 展開兩手 僧無語 師云會麽 云不會 師云 渾崙擘不開 與汝兩文錢

임제 스님이 양손을 펼쳐 보인 것은 환영의 뜻으로 인사를 한 것입니다. 그 스님도 임제 스님께 그냥 공손하게 인사를 했으면 좋았을 것 같은데 너무 긴장한 듯합니다. 임제 스님의 행동이 무슨 뜻인지 너무 심각하게 고민하고 있습니다. 그러다보니 절을 하는 것도 잊어버렸습니다. 임제 스님이 바로 알아차리고 나의 행동이 무슨 뜻이냐고 묻습니다. 그 스님은 모르겠다고 말합니다. 정직하기는 한데 너무 답답합니다. 임제 스님의 명성을 듣고 찾아오긴 한 것 같은데 가르침을 받을 준비가 전혀 돼 있지 않습니다. 거대한 산을 쪼개서 나눌 수 없는 것처럼 진리를 설명해도 그 스님은 받아들일 틈이 없습니다. 돈이나 두어 푼 주겠다는 말은 짚신이나 사 신고 여기저기 돌아다니며 더 배우고 오라는 뜻입니다.

나에게
절을 하지 않았다고
하네

未參長老

대각 스님이 임제 스님을 찾아 참문했다.

　임제 스님이 불자를 세우니 대각 스님이 좌구를 폈다. 임제 스님이 불자를 던져버리자 대각 스님은 좌구를 거두어 승당으로 들어가버렸다.

　대중 스님들이 "저 스님은 임제 스님과 가까운 사이인가 봐. 절을 하지도 않고 또 얻어맞지도 않네" 하였다.

　임제 스님이 이 말을 듣고 대각 스님을 불러오게 했다. 대각 스님이 다시 오자, "대중들이 말하는데 그대가 큰스님인 나에게 절을 하지 않았다고 하네" 하였다. 그러자 대각 스님이 "안녕하십니까" 하고는 바로 대중들 사이로 가버렸다.

大覺到參 師擧起拂子 大覺敷坐具 師擲下拂子 大覺收坐具 入僧堂 衆僧云 這僧莫是和尙親故 不禮拜 又不喫棒 師聞令喚覺 覺出 師云 大衆道 汝未參長老 覺云不審 便自歸衆

대각大覺 스님은 황벽 스님 밑에서 임제 스님과 함께 동문수학 했던 사이입니다. 그런 대각 스님이 임제 스님을 찾아왔습니다. 임제 스님이 불자를 세우자, 대각 스님은 도반이기는 하지만 임제 스님에게 예를 갖추려고 합니다. 그런데 임제 스님이 갑자기 불자를 던져버립니다. 임제 스님은 대각 스님의 경지를 짐작하고 높고 낮음을 따지는 인사 같은 세속적인 잣대가 필요하지 않다고 생각한 겁니다. 대각 스님이 이를 모를 리 없습니다. 대각 스님은 방석을 거두고는 곧 자기의 처소로 돌아가버립니다. 깨달은 사람들의 무언의 대화가 이런 것이구나 느끼게 해주는 장면입니다.

그런데 이를 알지 못하는 어두운 대중들이 수군거리기 시작합니다. 임제 스님이 대각 스님이 도반이라고 해서 편의를 봐주는 것 아니냐며 불평을 늘어놓습니다. 이에 임제 스님은 대각 스님을 불러 대중들의 불평을 그대로 전합니다. 그러자 대각 스님은 잠시의 망설임도 없이 도반인 임제 스님에게 인사를 하고 대중 속으로 들어갑니다.

임제 스님과 대각 스님의 모습이 군더더기 없는 한 폭의 그림 같습니다. 진제眞諦에서는 두 스님 모두 깨달음에 차별이 없지만 속제俗諦인 지금 그 자리에서는 여전히 큰스님과 그저 그런 대중 스님일 뿐입니다. 이것을 두 분 스님은 너무나 잘 알고 있습니다. 임제 스님, 대각 스님 모두 권위와 차별 의식을 완전히 털어버린 자재한 모습이 일품입니다. '가는 곳마다 주인이 되면 서 있는 그 자리가 바로 참이 된다'는 임제 스님의 가르침을 두 분 스님이 행동으로 보여주고 있습니다.

발을 씻고 있는 중입니다

老僧洗脚

조주 스님이 행각 하다가 임제 스님을 찾아왔다.

　그때 임제 스님은 발을 씻고 있었는데 조주 스님이 물었다.

"조사께서 서쪽에서 오신 뜻이 무엇입니까."

"마침 내가 발을 씻고 있는 중입니다."

　조주 스님이 가까이 가서 귀를 기울여 듣는 시늉을 하자,

"다시 두 번째 발 씻은 구정물을 버리려고 합니다" 하였다.

　그러자 조주 스님이 그냥 가버렸다.

趙州行脚時參師　遇師洗脚次　州便問　如何是祖師西來意　師云
恰値老僧洗脚　州近前作聽勢　師云　更要第二杓惡水潑在　州便
下去

임제 스님과 조주 스님은 하북 지방에서 동시대를 살았습니다. 《조주록》에도 같은 내용이 수록돼 있지만 임제 스님과 조주 스님의 역할이 바뀌어 있습니다. 그래서 이 내용은 후대에 가필된 것이 아닌가 생각됩니다.

천하의 조주 스님이 '조사서래의祖師西來意'의 뜻을 몰라 물어보지는 않았겠지요. 임제 스님을 떠본 것일 겁니다. 조주 스님의 질문에 임제 스님의 대답이 재미있습니다. 발을 씻고 있는 중이라니 무슨 뜻입니까. '지금 조사가 이렇게 발을 씻고 있지 않소'라는 의미입니다. 이어 "두 번째 구정물을 버리려고 한다"고 응수합니다. 앞서 했던 임제 스님의 대답이 첫 번째 구정물이었던 것입니다. 이렇게 말한 것은 '조주 스님, 이만 됐으니 농담 그만 하시지요'라는 뜻입니다. 이심전심以心傳心. 서로의 경지를 이미 알고 있습니다. 이에 조주 스님이 알아듣고 그대로 일어나 나가 버립니다. 미소를 지었을 것 같기도 합니다.

불법의 대의가   佛法大意
무엇입니까

정상좌가 임제 스님을 찾아와 인사를 하고 물었다.

"불법의 대의가 무엇입니까."

임제 스님이 법상에서 내려와 멱살을 움켜쥐고 한 대 후려갈
기고는 밀어버렸다.

정상좌가 멍하여 우두커니 서 있었다. 옆에 있던 스님이 "정상
좌여! 어째서 절을 올리지 않습니까" 하였다.

정상좌가 절을 하다가 문득 크게 깨달았다.

有定上座 到參問 如何是佛法大意 師下繩床 擒住與一掌 便托
開 定佇立 傍僧云 定上座 何不禮拜 定方禮拜 忽然大悟

임제 스님이 황벽 스님에게 불법의 대의에 대해 세 번 묻고 세 번 얻어맞은 것을 떠올리게 하는 대목입니다. 정상좌가 불법의 대의를 묻자 임제 스님은 바로 멱살을 쥐고 후려갈기고 밀어버리기까지 했습니다. 워낙 느닷없이 벌어진 일이라 정상좌는 넋이 빠졌습니다. 그리고 그 순간 질문도 사라지고 본인도 사라지고 일체의 분별심이 사라졌습니다. 이때의 정상좌는 불법의 대의를 물으러 왔던 그 정상좌가 아닙니다. 임제 스님에게 절을 할 때 온갖 사량과 분별을 벗어버린 무심無心의 경지가 되었습니다. 깨달음은 이렇게 '몰록' 옵니다.

어느 면이   阿那面正
바른 얼굴입니까

마곡 스님이 임제 스님을 찾아와서 좌구를 깔고 물었다.

"십이면 관세음보살은 어느 면이 바른 얼굴입니까."

임제 스님이 법석에서 내려와 한 손으로는 좌구를 빼앗고 한
손으로는 마곡 스님을 붙잡고 말했다.

"십이면 관세음보살은 어디로 가버렸나."

마곡 스님이 몸을 돌려 법석에 앉으려 하자 임제 스님이 주장
자를 들어 후려쳤다.

그러자 마곡 스님이 이를 붙잡아 서로를 잡고서 방장실로 들
어갔다.

麻谷到參 敷坐具問 十二面觀音 阿那面正 師下繩牀 一手
收坐具 一手擒麻谷云 十二面觀音 向什麼處去也 麻谷轉身
擬坐繩牀 師拈拄杖打 麻谷接却 相捉入方丈

십이면 관세음보살은 십일면 관세음보살을 표현한 것입니다. 당시에는 십이면 관세음보살로 불렸던 것 같습니다. 마곡 스님이 법석 위에 있는 임제 스님을 보며 말합니다. "십이면 관세음보살은 어느 얼굴이 바른 얼굴인가." 이 말에는 많은 의미가 내포돼 있습니다. 임제 스님도 관세음보살이고 자신도 관세음보살인데 어느 관세음보살이 참 관세음보살이냐는 의미입니다.

그러자 임제 스님이 법석에서 바로 내려와 관세음보살이 어디로 갔냐고 묻습니다. '자, 저기 법석에 있던 관세음보살은 이제 어디로 가버렸나.' 그런 뜻이겠지요. 이 질문의 의미는 자신이 바로 진짜 관세음보살이라는 말입니다. 그러나 가만히 있을 마곡 스님이 아닙니다. 마곡 스님이 바로 임제 스님이 앉았던 법석으로 올라가려 합니다. '무슨 소리, 내가 바로 관세음보살이야' 하고 말하는 겁니다.

임제 스님이 이를 알아차리고 주장자로 후려칩니다. 그러자 마곡 스님이 이를 붙잡습니다. 주인과 손님이 따로 없습니다. 임제 스님과 마곡 스님이 서로 주인이 됐다가 손님이 되기가 자유자재입니다. 첫눈에 서로가 관세음보살의 진면목이라는 것을 알아봤겠지요. 하나의 주장자를 서로 붙잡고 방장실로 향했다는 것은 서로를 인정한 것입니다. 아마 어깨동무했다고 하는 편이 더 어울릴 것 같습니다.

할喝   有時一喝

임제 스님이 어떤 스님에게 물었다.

"어떤 때 하나의 '할'은 금강왕의 보검과 같고 어떤 때 하나의
'할'은 땅에 웅크리고 앉아 먹이를 노리는 황금빛깔의 사자와
같고, 어떤 때 하나의 '할'은 막대기에 새털을 달아 고기를 한곳
으로 유인하는 어부의 낚시도구와 같고, 어떤 때 하나의 '할'은
고함으로 작용하지 않는 '할'도 있다. 그대는 이 말을 이해하겠
는가."

스님이 머뭇거리자 임제 스님이 바로 '할' 하고 고함을 질렀다.

師問僧 有時一喝 如金剛王寶劍 有時一喝 如踞地金毛獅子 有
時一喝 如探竿影草 有時一喝 不作一喝用 汝作麼生會 僧擬議
師便喝

금강왕의 보검과 같은 '할'은 무사의 칼처럼 단번에 번뇌를 잘라낸다는 의미입니다. 먹이를 노리는 황금빛깔의 사자는 사자 중에서도 가장 노련하고 뛰어납니다. 황금빛깔 사자와 같은 '할'은 학인들의 병통을 세심하고 유능하게 잡아내 깨달음으로 이끄는 '할'입니다. 새털을 달아 고기를 한곳으로 유인하는 어부의 낚시도구와 같은 '할'은 어리석은 중생들을 여러 가지 방편을 통해 수행의 길로 이끄는 '할'입니다. 마지막으로 '할로 작용하지 않는 할인데, 이것은 진리 그 자체로 모습을 드러내는 '할'입니다. 소리를 지르지 않아도 그 자체로 '할'의 역할을 한다는 의미입니다.

잘 왔는가   善來惡來
잘못 왔는가

임제 스님이 어떤 비구니 스님에게 물었다.

"잘 왔는가, 잘못 왔는가."

비구니가 '할' 하고 고함을 쳤다.

임제 스님이 몽둥이를 들고 물었다.

"다시 말해봐라, 다시 말해봐."

비구니 스님이 또 '할' 하고 고함을 치자 임제 스님이 그대로
후려쳤다.

師問一尼　善來惡來　尼便喝　師拈棒云　更道更道　尼又喝　師便
打

선래악래善來惡來는 임제 스님의 환영인사입니다. 그런데 비구니 스님은 임제 스님에게 가면 '할'을 해야 한다는 강박증을 가진 것 같습니다. 비구니 스님이 '할'을 했기에 임제 스님이 바로 점검에 들어갑니다. 이번에는 몽둥이까지 집어들고 말입니다. 그런데 이번에도 '할'을 합니다. 임제 스님을 흉내 낸 것이 분명해졌습니다.

여기에
조사의 뜻은
없습니다

無祖師意

용아 스님이 물었다.

"조사께서 서쪽에서 오신 뜻은 무엇입니까."

"나에게 선판을 좀 건네주게."

용아 스님이 선판을 건네 드렸다.

임제 스님이 받자마자 그대로 후려쳤다.

용아 스님이 말했다.

"때리기는 마음대로 때리십시오. 그러나 여기에 조사의 뜻은 없습니다."

용아 스님이 훗날 취미 스님에게 가서 물었다.

"조사께서 서쪽에서 오신 뜻은 무엇입니까."

"나에게 방석을 좀 건네주게."

용아 스님이 곧 방석을 건네 드렸다.

취미 스님이 받자마자 그대로 후려쳤다.

용아 스님이 말하였다.

"때리기는 마음대로 때리십시오. 그러나 여기에 조사의 뜻은 없습니다."

나중에 용아 스님이 선원에 머무를 때 어떤 스님이 방에 들어와 개별적으로 지도를 받으며 물었다.

"스님께서 행각하실 때 두 큰스님을 찾아뵌 인연이 있다고 하는데 그분들이 옳다고 인정하십니까."

"인정이야 깊이 인정하지만 결국 조사의 뜻은 없었다."

龍牙問 如何是祖師西來意 師云 與我過禪版來 牙便過禪版與師 師接得便打 牙云 打卽任打 要且無祖師意 牙後到翠微問 如何是祖師西來意 微云 與我過蒲團來 牙便過蒲團與翠微 翠微接得便打 牙云 打卽任打 要且無祖師意 牙住院後 有僧入室 請益云 和尙行脚時 參二尊宿因緣 還肯他也無 牙云 肯卽深肯 要且無祖師意

용아거둔龍牙居遁(835~923) 스님은 중국 호남성의 용아산 묘제 선원에 주석했던 스님입니다. 조동종曹洞宗의 개조開祖인 동산 양개洞山良价(807~869) 스님에게서 배웠습니다. 용아 스님이 임제 스님과 취미 스님에게 조사께서 서쪽에서 오신 뜻을 물었습니다. 그런데 두 번 다 얻어맞습니다. 다른 스님들 같으면 주눅이 들만도 한데 용아 스님의 기개가 대단합니다. 때리니 맞기는 하지만 그것은 대답이 아니지 않느냐며 따지고 있습니다.

세월이 흘러 용아 스님이 조실이 되어 후학을 지도할 때 그때의 일에 대해 질문을 받습니다. 그러자 용아 스님은 두 분 스님들의 견해는 옳은데 조사의 뜻은 없었다고 합니다. 참 어렵습니다.

용아 스님은 조동종의 스님입니다. 그래서 임제종 스님들은 용아 스님이 마지막까지 조사의 뜻에나 집착하는 수준 낮은 스님으로 해석하는 사람도 있습니다. 그러나 용아 스님의 말씀은 그런 뜻이 아닙니다.

임제 스님은 앞서 같은 질문에 "무슨 의도나 뜻이 있었다면 스스로도 구제하지 못했을 것"이라고 말한 바 있습니다. 무심의 경지에 있을 조사들이 인위적인 의도나 뜻이 있다면 아직도 망상과 분별에서 벗어나지 못했다는 말이 됩니다.

조사가 서쪽에서 온들, 동쪽에서 온들 개인의 깨달음과 무슨 상관이 있겠습니까. 결국 내가 스스로 깨닫지 못한다면 말입니다. 용아 스님이 말한 조사의 뜻이 없었다는 의미는 그런 뜻입니다. 돌이켜보면 임제 스님도 옳고 취미 스님도 옳았습니다. 그러나 대답은 각자의 몫이 돼야 합니다. 흉내가 아닌 각자의 대답을 가지고 있어야 합니다. 같은 깨달음이더라도 임제 스님의 깨달음은 임제 스님의 깨달음이고 취미 스님의 깨달음은 취미 스님의 깨달음입니다. 용아 스님의 깨달음도 용아 스님만의 깨달음이 돼야 합니다. 결국 두 분 스님들의 깨달음은 그분들의 깨달음일 뿐 나의 깨달음은 아니었다는 의미입니다.

그에게
직접 물어보도록
하라

且.問取他

경산에 오백 대중이 있었으나 법을 묻는 사람이 거의 없었다. 황벽 스님이 임제 스님을 경산에 보내면서 물었다.

"그대는 경산에 가면 어떻게 하려는가."

"제가 그곳에 가면 저절로 방편이 생길 것입니다."

임제 스님이 경산에 이르러 행장을 풀지도 않고 법당에 올라가 조실인 경산 스님을 뵈었다. 경산 스님이 고개를 들려고 하자 임제 스님이 '할' 하고 고함을 질렀다.

경산 스님이 무언가 말을 하려고 하자 임제 스님은 소매를 떨치고 나가버렸다.

그러자 어떤 스님이 경산 스님에게 물었다.

"좀 전에 왔던 스님과 어떤 대화가 있었던 것이기에 스님에게 고함을 치고 간 것입니까."

"그 스님은 황벽 스님 회하에서 왔는데 그대가 알고 싶거든 그에게 직접 물어보도록 하라."

그러자 경산에 있던 대중 대부분이 흩어져버렸다.

徑山有五百衆 少人參請 黃檗令師到徑山 乃謂師曰 汝到彼作
麼生 師云 某甲到彼 自有方便 師到徑山 裝腰上法堂 見徑山
徑山方舉頭 師便喝 徑山擬開口 師拂袖便行 尋有僧問徑山 這
僧適來有什麼言句 便喝和尚 徑山云 這僧從黃檗會裡來 儞要
知麼 且問取他 經山五百衆 太半分散

경산徑山은 중국 절강성浙江省 항주부杭州府에 있습니다. 원래 우두종牛頭宗의 산실이었으나 임제 스님으로 인해 나중에 임제 선의 중심지가 되었습니다. 임제 스님의 고함 한 번에 경산의 주인이 바뀌었습니다.

장삼 한 벌
마련해두었네

普化遷化

하루는 보화 스님이 저잣거리에서 사람들에게 장삼 한 벌을 구걸했다. 그러자 사람들이 저마다 스님에게 장삼을 주었지만 그때마다 필요 없다며 받지 않았다.

임제 스님이 원주 스님을 시켜 관을 하나 사오게 한 뒤 보화 스님이 절에 오자 말했다.

"내가 그대를 위해 장삼을 한 벌 마련해두었네."

보화 스님은 스스로 관을 짊어지고 저잣거리를 다니면서 외쳤다.

"임제 스님이 나를 위해 장삼을 만들어주셨다. 나는 동쪽 문으로 가서 세상을 떠나겠다."

사람들이 너도나도 따라가서 보았다.

그러자 보화 스님이 말했다.

"오늘은 세상을 떠나지 않겠다. 내일 남쪽 문에서 세상을 떠나겠다."

이렇게 사흘을 계속하니 사람들이 다 믿지 않았다. 나흘째가 되자 따라와 보려는 사람이 아무도 없었다. 보화 스님은 혼자 성 밖으로 나가 스스로 관 속에 들어가서는 길 가는 사람에게 부탁하여 관 뚜껑에 못을 치게 했다.

이 말이 곧 저잣거리에 퍼지자 사람들이 앞을 다투며 와서 관을 열어보았다. 그런데 몸은 이미 어디론가 사라졌고 다만 공중에서 요령소리만 은은히 들리며 멀어질 뿐이었다.

普化一日 於街市中 就人乞直裰 人皆與之 普化俱不要 師令院主買棺一具 普化歸來 師云 我與汝做得箇直裰了也 普化便自擔去 繞街市叫云 臨濟與我做直裰了也 我往東門遷化去 市人競隨看之 普化云 我今日未 來日往南門遷化去 如是三日 人皆不信 至第四日 無人隨看 獨出城外 自入棺內 倩路行人釘之 卽時傳布 市人競往開棺 乃見全身脫去 祇聞空中鈴響 隱隱而去

보화천화普化遷化로 잘 알려진 이야기입니다. 이렇게 흔적을 남기지 않고 삶과 죽음에 자유자재 할 수 있다면 얼마나 좋을까요. 보화 스님은 관을 장삼이라고 말하고 있습니다. 우리가 입고 있는 옷은 시체를 싸고 있는 관과 다를 바 없음을 일깨우고 있습니다. 인연화합에 의해 생겨난 이 몸은 사실 허깨비일 뿐입니다. 그런데 사람들은 이 몸이 바로 나이며 영원할 것이라고 착각하고 있습니다.

평생을 자유인으로 살아온 보화 스님은 죽음까지도 초월한 무애의 경지를 보여주고 있습니다. 그런데 관 속 보화 스님의 몸이 사라졌다는 이야기는 어떤 의미일까요. 보화 스님이 신통을 부려 하늘로 사라진 것일까요. 상징적인 의미를 잘 살펴야 합니다. 매미가 허물을 벗으면 허물이 매미는 아닙니다. 관을 열어보니 웃고 떠들던 보화 스님은 온데간데없고 매미의 허물 같은 육신의 껍질만이 남아 있었습니다. 허물을 벗어버린 진짜 매미가 어디론가 사라지듯이 껍질만을 남긴 보화 스님 또한 어디론가 사라져버린 것입니다.

그렇다면 보화 스님은 어디로 간 것일까요. 허공에서 들려오는 요령소리는 우리 모두가 본래 법신불임을 일깨우고 있습니다.

행록行錄

행록은 임제 스님의 구도求道 행장行狀에 대한 기록입니다. 살아온 삶에 대한 정리입니다. 어떻게 공부하고, 어떻게 깨달음을 얻었으며, 어떤 사람들과 어떤 법거량을 했는지, 누구를 어떻게 교화했는지 기록하고 있습니다. 따라서 행록을 먼저 읽어 임제 스님의 삶과 수행을 살펴본 연후에 본격적으로 가르침을 공부하는 것이 바른 순서일 것입니다.

황벽 스님의
회상

黃檗會下

임제 스님이 처음에 황벽 스님의 회상에 있었는데 행업이 순일
하였다. 이때 수좌 스님이 칭찬하여 말했다.

"비록 후배이기는 하나 다른 대중과는 사뭇 다르구나."

어느 날 임제 스님에게 물었다.

"스님은 여기에 있은 지 얼마나 되는고."

"삼 년입니다."

"법에 대해 물은 적이 있는가."

"아직 묻지 못했습니다. 무엇을 물어야 할지 모르겠습니다."

"그대는 방장 스님을 찾아뵙고 '어떤 것이 불교의 확실한 대의
입니까'라고 왜 묻지 않는가."

師初在黃檗會下 行業純一 首座乃歎曰 雖是後生 與衆有異 遂
問 上座在此多少時 師云 三年 首座云 曾參問也無 師云 不曾
參問 不知問箇什麽 首座云 汝何不去問堂頭和尙 如何是佛法
的的大意

《임제록》에 등장하는 수좌 스님은 목주도종睦州道蹤(780~877) 스님입니다. 진존숙陳尊宿이라고도 불리는데 존숙은 총림의 어른을 높여 부르는 호칭입니다.《고승전高僧傳》에 이 분의 행적이 잘 나와 있습니다. 이때만 해도 아직 방장이라는 제도가 생기기 전이었습니다. 그래서《임제록》에서는 방장方丈 스님을 당두화상 堂頭和尙이라고 부르고 있습니다. 선당禪堂의 최고 어른이라는 뜻입니다.

목주 스님을 여기서는 수좌首座 스님으로 부르고 있습니다. 선원에서 방장 스님을 제외하고 가장 첫 번째 자리에 앉는 분이 수좌 스님입니다. 그래서 수좌 스님은 당두 화상을 보좌하는 역할을 합니다. 평소 공부하는 스님들을 지도하며 잘 살펴보았다가 눈 밝고 근기 뛰어난 스님들을 방장 스님에게 인도해 깨달음의 싹을 틔우는 일이 수좌 스님의 역할입니다. 목주 스님은 수좌 스님으로서의 역할을 제대로 보여주고 있습니다. 임제 스님의 근기를 밝게 알아보고 방장 스님에게로 인도하는 역할을 충실히 하고 있기 때문입니다.

세 번 묻고
세 번 얻어맞다

三度被打

임제 스님이 바로 가서 물었다. 그러나 황벽 스님은 질문이 끝나기도 전에 대뜸 후려쳤다. 임제 스님이 돌아오자 수좌 스님이 물었다.

"법을 여쭈러 간 일은 어떻게 됐는가."

"드린 질문이 끝나기도 전에 방장 스님께서 때리시니, 그 이유를 모르겠습니다."

"다시 질문해보도록 하게."

임제 스님이 다시 가서 물었다. 그러나 방장 스님이 다시 때리니, 세 번을 묻고 세 번을 다시 맞았다. 임제 스님이 돌아와 수좌 스님에게 말했다.

"제가 다행히 자비하심을 입어 방장 스님께 불법의 대의를 물을 수 있었습니다. 그러나 세 번을 물었으나 세 번을 모두 맞았습니다. 스스로 한탄하건데 장애가 있는 인연으로 그 깊은 뜻을 깨닫지 못하고 있으니 이제 그만 떠나고자 합니다."

"만약 그대가 떠나려 하거든 반드시 방장 스님에게 하직인사를 하고 가도록 하게."

　임제 스님은 절을 하고 물러났다.

師便去問　聲未絶　黃檗便打　師下來首座云　問話作麼生　師云
某甲問聲未絶　和尙便打　某甲不會　首座云　但更去問　師又去問
黃檗又打　如是三度發問　三度被打　師來白首座云　幸蒙慈悲　令
某甲問訊和尙　三度發問　三度被打　自恨障緣不領深旨　今且辭
去　首座云　汝若去時　須辭和尙去　師禮拜退

임제 스님은 열심히 공부하는 스님이었습니다. 그러면서 순박하기까지 합니다. 어떻게 질문을 해야 할지도 모르지만, 선배 스님의 조언에 따라 방장 스님을 찾아뵙고 어렵게 법에 대해 참문參問합니다. 그러나 흠씬 두들겨 맞기만 합니다. 세 번을 찾아가 물었지만 세 번을 내리 맞습니다. 이렇게 느닷없이 맞아놓고도 임제 스님은 방장 스님을 원망하지 않습니다. 오히려 스스로 재주 없음을 한탄하고 있습니다.

순박하고 순수하고, 그러면서도 열성적으로 공부하는 스님의 모습이 잘 드러나 있습니다. 호랑이처럼 활달하고 거친 임제가풍도 첫 모습은 이렇게 고졸古拙합니다. 이런 임제 스님의 순일함은 깨닫고 난 다음에 펼쳐질 호방한 기질과 절묘한 조화를 이루며 한 편의 그림 같은 선의 역사를 써나갑니다.

수좌 스님의 안목

首座先到

수좌 스님이 먼저 황벽 스님의 처소에 이르러 말했다.

"법을 여쭈러 왔던 후학은 아주 여법합니다. 하직 인사를 하기 위해 스님께 들르면 방편을 써서 후학을 잘 맞이해주시기 바랍니다. 앞으로 잘 깎고 다듬어서 한 그루의 큰 나무가 된다면 천하 사람들을 위한 시원한 그늘을 드리우게 될 것입니다."

임제 스님이 가서 하직인사를 드리자 황벽 스님이 말했다.

"다른 곳으로 가지 말고 고안의 여울목에 있는 대우 스님을 찾아가도록 하라. 반드시 너를 위해 말씀을 해주실 것이다."

首座先到和尙處云 問話底後生 甚是如法 若來辭時 方便接他 向後穿鑿成一株大樹 與天下人作蔭涼去在 師去辭黃蘗云 不得往別處去 汝向高安灘頭大愚處去 必爲汝說

1978년 송광사 선방에서 정진을 한 적이 있습니다. 송광사 선원에 앉아 있으면 앞으로는 법당과 도량이 한눈에 들어오고 그 뒤로는 조계산이 그림처럼 펼쳐져 있습니다. 하루는 선원에서 열심히 참선을 하고 있는데 갑자기 법당과 도량, 조계산까지 전부 사라지는 경험을 했습니다. '아! 이것이 깨달음이로구나.' 그러고는 당시 방장 스님이셨던 구산九山秀蓮(1910~1983) 스님께 부리나케 달려갔습니다. "스님, 제가 깨달았습니다." 그러자 구산 스님이 무엇을 깨달았는지 물었습니다. "일체가 탕연공적蕩然空寂하다는 사실을 깨달았습니다." 그러자 구산 스님이 슬며시 제 손을 붙잡더니, 방석 밑에 숨겨둔 몽둥이로 사정없이 때리기 시작했습니다. 그리고는 "아프냐" 묻습니다. "아픕니다." 그러자 구산 스님이 말했습니다. "방금 탕연공적하다고 하지 않았느냐. 주관과 객관이 모두 사라졌을 터인데 어떻게 아픈 놈이 있을 수 있겠는가. 너는 진실하지 않다."

제가 오래된 기억을 들추는 이유는 바로 황벽 스님과 임제 스님의 관계를 통해 선문禪門에서 말하는 스승과 제자의 아름다운 인연을 엿볼 수 있기 때문입니다. 만약 그때 구산 스님께서 저를 제대로 지도해주지 않으셨다면 저는 미혹을 깨달음으로 착각하고 이제껏 살았을지도 모릅니다. 그래서 공부는 반드시 지도해주는 눈 밝은 스승이 있어야 하는 것입니다.

황벽 스님의 회상에서 수좌로 있는 목주 스님은 스스로의 역할을 참으로 잘하고 있습니다. 사람을 보는 안목 또한 탁월합니다. 만약 임제 스님이 목주 스님이라는 좋은 선배를 만나지 못했다면 임제 스님이 그토록 향기로운 법문을 세상에 전하지 못했을 것입니다.

하직인사를 하러 온 임제 스님에게 황벽 스님은 고안의 여울목에 있는 대우大愚 스님의 처소로 가라고 말합니다. 대우 스님이 여울목에서 사공노릇을 했다는 《고승전》의 기록으로 보아 대우 스님은 아마도 강가에서 사공을 하며 수행을 했던 것 같습니다.

허물이
있는지 없는지
묻는가

有過無過

임제 스님이 대우 스님에게 이르자 대우 스님이 물었다.

"어디서 오는 길인가."

"황벽 스님의 처소에서 왔습니다."

"황벽 스님은 어떤 말을 하시던가."

"제가 세 번이나 불법의 대의를 물었다가 세 번을 얻어맞았습니다. 저에게 어떤 허물이 있었는지 저는 도무지 모르겠습니다."

"황벽 스님이 이렇게 노파심을 내며 너를 위해 정말로 정성을 다해 가르쳤건만 너는 나에게까지 와서 허물이 있는지 없는지 묻는가."

師到大愚 大愚問 什麼處來 師云 黃檗處來 大愚云 黃檗有何
言句 師云 某甲三度問佛法的的大意 三度被打 不知某甲有過
無過 大愚云 黃檗與麼老婆 爲汝得徹困 更來這裏 問有過無過

황벽 스님이 임제 스님을 때린 것은 자애로운 할머니의 마음이었음을 대우 스님은 일깨우고 있습니다. 황벽 스님이 너를 너무나 사랑해서 손자를 보살피는 할머니의 심정으로 정말 정성을 다해 가르쳤는데 너는 이곳에 와서 허물이나 따지고 있느냐며 핀잔을 주고 있는 것입니다.

선어록에는 노파선老婆禪이라는 말이 자주 등장합니다. 황벽 스님이 임제 스님을 가르쳤던 그런 정성을 이야기하는 경우도 있지만 한편으로는 스스로 알아야 할 것을 불필요하게 너무 자세히 가르치는 것에 대한 비판으로 쓰이기도 합니다.

황벽 스님의
불법이
이런 것이구나

黃蘗佛法

임제 스님이 이 한마디에 크게 깨달았다. 그리고 이렇게 말했다.

"아, 원래 황벽 스님의 불법이 이런 것이었군요."

그러자 대우 스님이 멱살을 움켜쥐며 말했다.

"이 오줌싸개 같은 놈아. 조금 전에 허물이 있는지 없는지 따지더니 이제 도리어 황벽 스님의 불법이 이런 것이라니 너는 도대체 무슨 도리를 보았느냐. 빨리 말해라. 어서 빨리 말해봐."

그러자 임제 스님이 대우 스님의 옆구리를 주먹으로 세 번 쥐어박았다. 대우 스님이 움켜쥐었던 손을 놓고 밀치면서 말했다.

"너의 스승은 황벽이다. 내가 간섭할 바가 아니다."

師於言下大悟云 元來黃蘗佛法無多子 大愚擖住云這尿牀鬼子 適來道有過無過 如今却道黃蘗佛法無多子 儞見箇什麼道理 速道速道 師於大愚脅下 築三拳 大愚托開云 汝師黃蘗 非干我事

임제 스님은 대우 스님의 한마디에 깨달았습니다. 아마도 황벽 스님 회상에서 푹 익어 꽃 피울 때만 남겨두고 대우 스님에게로 왔었겠지요. 임제 스님은 몰록 깨달은 다음에 "황벽 스님의 불법이란 것이 바로 이런 것이군요"라고 합니다. '황벽 스님의 불법이라 해봐야 별 것 아니군'이라고 해석하는 경향이 있습니다. 그러나 그런 의미는 아닙니다. 스승인 황벽 스님의 불법이 별 것 아니라면 황벽 스님을 이은 임제 스님의 불법이라고 별 것이겠습니까.

　무다자無多子는 중국 당나라 때의 속어입니다. 소중한 물건을 잃어버렸다가 우연한 기회에 다시 찾게 되면 우리는 "아! 여기에 있었구나" 이렇게 말합니다. 무다자는 그럴 때 쓰는 말입니다. "아! 황벽 스님의 불법이 바로 이것이었군요." 일종의 감탄사입니다. 물론 무다자를 '많은 말이 필요 없는 간단명료한 것'으로 풀이해도 크게 어긋나지 않습니다.

호랑이 수염을 뽑는구나　　　　　裏捋虎鬚

임제 스님이 대우 스님을 하직하고 다시 황벽 스님에게 돌아갔다. 이를 본 황벽 스님이 말했다.

"이놈, 왔다 갔다 하기만 하면 무슨 깨달음을 기약할 수 있겠느냐."

"다만 스님의 노파심이 간절했음을 제가 알았기 때문입니다."

임제 스님이 인사를 마치고 곁에 서 있으니 황벽 스님이 물었다.

"어디 갔다 왔느냐."

"지난번에 자비로운 가르침을 받들어서 대우 스님을 참배하고 왔습니다."

"대우 스님이 무슨 말을 하던고."

임제 스님은 앞서 대우 스님의 처소에서 있었던 일들을 모두 이야기했다. 황벽 스님이 말했다.

"어떻게 하면 대우 이놈을 기다렸다가 따끔하게 한 방 먹일 수 있을까."

"올 때까지 기다릴 필요가 뭐가 있겠습니까. 지금 바로 한 방 먹이시지요." 그리고는 손바닥으로 뺨을 후려쳤다.

황벽 스님이 "이 미친놈이 도리어 이곳에 와서 호랑이 수염을 뽑는구나" 했다.

그러자 임제 스님이 곧바로 '할' 하며 고함을 질렀다.

황벽 스님이 "시자야, 이 미친놈을 끌고 가서 선방에 들이도록 해라" 하였다.

師辭大愚 却回黃檗 黃檗見來便問 這漢來來去去 有什麼了期 師云 祇爲老婆心切 便人事了侍立 黃檗問 什麼處去來 師云 昨奉慈旨 令參大愚去來 黃檗云 大愚有何言句 師遂擧前話 黃檗云 作麼生得這漢來 待痛與一頓 師云 說什麼待來 卽今便喫 隨後便掌 黃檗云 這風顚漢 却來這裏捋虎鬚 師便喝 黃檗云 侍者 引這風顚漢 參堂去

행장 첫 대목에서의 임제 스님 모습은 순수함과 순박함 그 자체였습니다. 그러나 대우 스님을 만나고 돌아온 임제 스님은 무서운 호랑이로 변해버렸습니다. 어떤 깨달음을 얻었기에 이렇게 변했는지 공부가 부족한 우리는 알 길이 없습니다. 그리고 여기서 그 유명한 임제의 '할'이 등장합니다.

흔히 선문에서는 '덕산 방 임제 할'이라고 합니다. 뛰어난 선지식들은 방할棒喝이 자재한데, 제자들을 가르치는 치열한 방편의 하나입니다. 아무 때나 고함치고 몽둥이를 휘두르는 것이 아닙니다. 사량과 분별, 편견을 부셔야 하는 절묘한 때를 맞춰 방과 할을 사용합니다. 새끼가 알 속에서 나오기 위해 안에서 껍질을 쪼는 그 시점에 밖에서 어미닭이 함께 알을 쪼아주는 줄탁동시啐啄同時를 말합니다.

이렇듯 선문에서 스승과 제자의 만남이 중요합니다. 선禪은 사람과 사람의 만남 속에서 이뤄지는 것입니다. 선에 드라마틱한 활력과 반전이 있는 것은 이런 생명력 때문입니다.

임제 스님의 말을 들은 황벽 스님은 대우 스님을 한 방 먹여야겠다고 말합니다. 쓸데없이 여러 말을 했다는 것이 이유이지만 내심 대우 스님이 스스로의 역할을 참 잘해줬구나 하는 칭찬과 고마움의 표시입니다. 임제 스님의 반응이 재미있습니다. 대우 스님을 지금 바로 때려주자며 황벽 스님의 뺨을 때립니다. 황벽 스님이나 대우 스님이나 임제 스님에게는 같은 스승입니다.

곧 황벽 스님이 대우 스님이고 대우 스님이 황벽 스님입니다. 따라서 임제 스님이 황벽 스님을 대우 스님으로 보고 한 방 먹인 것입니다.

호랑이 꼬리도   解把虎尾
붙잡다

뒷날 위산 스님이 이 이야기를 하며 앙산 스님에게 물었다.

"임제는 그때 대우 스님의 힘을 얻었는가, 황벽 스님의 힘을
얻었는가."

"호랑이 머리에 올라탔을 뿐 아니라, 호랑이의 꼬리도 붙잡았
습니다."

後潙山擧此話 問仰山 臨濟當時 得大愚力 得黃檗力 仰山云
非但騎虎頭 亦解把虎尾

위산 스님이 '과연 누구의 힘으로 임제 스님이 깨달았는가' 하고 앙산 스님에게 묻습니다. 이에 대해 앙산 스님은 호랑이 머리를 올라타기도 했지만 꼬리도 붙잡았다는 말로 임제 스님이 황벽, 대우 두 스님의 법을 모두 이었다고 말합니다. 두 스승의 불법을 완전히 자신의 것으로 체득했다는 뜻입니다.

소나무를   巖谷栽松
심어서
무얼 하려는가

임제 스님이 소나무를 심고 있는데 황벽 스님이 물었다.

"깊은 산 속에 그렇게 많은 소나무를 심어서 무얼 하려는가."

"첫째는 도량의 경치를 위한 것이고, 둘째는 후대 사람들에게
본보기가 되기 위해서입니다."

임제 스님이 말을 끝내고 괭이로 땅을 세 번 내리쳤다. 그러자
황벽 스님이 말했다.

"비록 그렇기는 하나 그대는 이미 나에게 삼십 방이나 맞지
않았나."

임제 스님이 또 괭이로 땅을 세 번 내리치며 '허어' 하고 숨을
길게 쉬었다. 황벽 스님이 말했다.

"나의 가르침이 그대에게 이르러 세상에 크게 일어나겠구나."

師栽松次　黃檗問　深山裏栽許多作什麼　師云　一與山門作境致
二與後人作標榜　道了將钁頭打地三下　黃檗云　雖然如是　子已
喫吾三十棒了也　師又以钁頭打地三下　作噓噓聲　黃檗云　吾宗
到汝　大興於世

후대의 사람들에게 본보기로 남기기 위해서 소나무를 심고 있다는 임제 스님의 말에 황벽 스님은 임제 스님을 통해서 자신의 가르침이 널리 퍼질 것이라고 말합니다.

임제 스님이 괭이로 땅바닥을 세 번 두드린 것은 깨달음을 얻기 위해 세 번 황벽 스님에게 묻고 세 번 얻어맞은 것을 뜻합니다. 황벽 스님은 '그렇지, 너는 나에게 삼십 방이나 맞고 결국 깨달음을 얻었지' 하는 의미로 화답을 합니다. 사철 푸른 소나무를 통해 스승으로부터 얻은 깨달음이 후대에 끊어지지 않도록 하겠다는 임제 스님의 다짐이 아름답습니다.

먼 훗날의 일

年代深遠

뒷날 위산 스님이 이 이야기를 하면서 앙산 스님에게 물었다.

"황벽 스님이 그 당시 단지 임제 스님 한 사람에게만 부촉한 것인가, 아니면 또 다른 사람이 있었는가."

"있습니다. 다만 먼 훗날의 일이라서 스님께 말씀드리지 않으려 합니다."

"그렇긴 하지만 나도 알고 싶으니 자네는 이야기해보게."

"한 사람이 남쪽으로 향해서 오월 지방에서 법을 크게 펴다가 큰바람을 만나면 그치게 될 겁니다."

(이는 풍혈화상의 출현을 예언한 것이다.)

後潙山擧此話 問仰山 黃檗當時 祇囑臨濟一人 更有人在 仰山云 有祇是年代深遠 不欲擧似和尙 潙山云 雖然如是 吾亦要知 汝但擧看 仰山云 一人指南 吾越令行 遇大風卽止(讖風穴和尙也)

황벽 스님이 임제 스님에게 부촉을 했지만 또 한 스님, 즉 임제 스님의 4대 손인 풍혈연소風穴延沼(896~973) 스님의 활약을 예언하고 있습니다.

무슨
잠꼬대를
하십니까

漢寐語作

임제 스님이 덕산 스님을 모시고 옆에 서 있는데 덕산 스님이 말했다.

"오늘은 피곤하구나."

"이 노장이 무슨 잠꼬대를 하는 겁니까."

그러자 덕산 스님이 바로 몽둥이로 때렸다. 임제 스님이 덕산 스님이 앉아 있는 법상을 엎어버렸다. 덕산 스님이 그만 그쳤다.

師侍立德山次 山云 今日困 師云 這老漢寐語作什麽 山便打 師掀倒繩牀 山便休

임제 스님이 젊은 시절, 아직은 황벽 스님을 모시고 있을 때의 일입니다. 덕산 스님과의 법거량은 어떻게 보면 상당히 무례한 행동입니다.

그러나 임제 스님의 뜻은 '피곤하다, 아니다' 이런 것 또한 차별적인 마음 아니냐는 것입니다. '스님에게 아직도 그런 차별심이 남아 있습니까' 하는 핀잔이었습니다. 덕산 스님이 몽둥이로 점검을 하니, 임제 스님은 법상마저 엎어버립니다. 임제 스님에게는 한 치의 흔들림이 없습니다. 그 마음을 확인했으니 덕산 스님은 몽둥이질을 멈출 수밖에 없습니다.

산 채로
묻어버린다

一時活埋

임제 스님이 밭을 가는 운력을 하다가 황벽 스님이 오는 것을 보고 괭이를 세워놓은 채로 서 있었다. 황벽 스님이 말했다.

"이놈이 참 피곤한 모양이구나."

"괭이도 들지 않았는데 피곤할 일이 있겠습니까."

황벽 스님이 곧바로 몽둥이로 때렸다. 그러자 임제 스님이 방망이를 붙잡고는 밀어버렸다. 황벽 스님이 유나 스님을 불렀다.

"유나, 나를 좀 일으켜주게."

유나 스님이 가까이 와서 부축하면서 말했다.

"화상께서는 어찌 저 미친놈의 무례를 용서하십니까."

황벽 스님이 일어나자마자 유나 스님을 후려쳤다. 임제 스님이 괭이질을 하면서 말했다.

"제방에서는 화장을 한다지만 나는 여기서 몽땅 산채로 묻어버린다."

師普請鋤地次 見黃蘗來 拄钁而立 黃蘗云 這漢困耶 師云 钁
也未舉 困箇什麽 黃蘗便打 師接住棒 一送送倒 黃蘗喚維那
維那扶起我 維那近前扶云 和尙爭容得這風顚漢無禮 黃蘗纔
起 便打維那 師钁地云 諸方火葬 我這裏一時活埋

앞서 덕산 스님에게 했던 질문이 이제 임제 스님의 몫이 됐습니다. 그러나 임제 스님은 황벽 스님의 물음에 한 치의 망설임도 없습니다. 어떤 순간에도 피곤하다, 편안하다 하는 차별에 걸려들지 않습니다. 그리고는 "제방에서는 화장을 한다지만 나는 여기서 몽땅 산채로 묻어버린다"고 합니다. 부처든 조사든 스승이든 깨달음에 방해가 되는 일체의 것을 배격하겠다는 뜻입니다. 어떤 권위에도 물들지 않고 스스로 주인으로 우뚝 서겠다는 결기입니다. 과격하기는 하지만 스승을 밀어버린 것도 그런 뜻입니다. 황벽 스님은 이것을 너무나 잘 알기에 오히려 어두운 유나 스님을 후려친 것입니다.

진짜 도둑은   正賊走却
달아났다

뒷날 위산 스님이 앙산 스님에게 물었다.

"황벽 스님이 유나 스님을 때린 의도가 무엇인가."

"진짜 도둑은 달아나 버렸는데 도둑의 뒤를 뒤쫓던 사람이 얻어맞은 것입니다."

後潙山問仰山 黃檗打維那意作麼生 仰山云 正賊走却 邏蹤人
喫棒

임제 스님은 이미 부처님의 보물을 훔쳐 가버렸습니다. 임제 스님은 이미 진리의 당체를 얻어 가버렸는데 경찰격인 유나 스님이 뒤늦게 임제 스님을 잡겠다고 나선 형국입니다. 황벽 스님이 유나 스님을 때린 것은 이를 알려주려 한 것입니다.

　선이라는 것은 결국 부처의 심인心印을 훔치는 것입니다. 그런데 유나 스님은 부처님의 심인을 훔칠 생각은 않고 심인을 얻은 사람을 잡겠다고 쫓고 있으니 안타까운 일이 아닐 수 없습니다.

스스로
입을
쥐어박다

驀口自摑

임제 스님이 하루는 승당 앞에 앉아 있다가 황벽 스님이 오는 것을 보고 눈을 감아버렸다. 황벽 스님이 두려워하는 기색을 하며 바로 방장실로 돌아갔다. 임제 스님이 황벽 스님을 뒤따라 방장실로 들어가서 사죄하는 절을 올렸다.

그때 수좌 스님이 황벽 스님을 모시고 옆에 서 있었다.

황벽 스님이 "이 스님이 비록 후배이긴 하지만 도리를 알고 있구나" 하고 말했다.

수좌 스님이 "노스님은 발꿈치를 땅에 붙이지도 않고 후배를 인가하려고 하십니까" 하고 말했다.

황벽 스님이 스스로 자기 입을 한 대 쥐어박았다.

수좌 스님이 "아셨으면 됐습니다"라고 말했다.

師一日 在僧堂前坐 見黃檗來 便閉却目 黃檗乃作怖勢 便歸方
丈 師隨至方丈禮謝 首座在黃檗處侍立 黃檗云 此僧雖是後生
却知有此事 首座云 老和尚脚跟不點地 却證據箇後生 黃檗自
於口上打一摑 首座云 知卽得

황벽 스님이 임제 스님을 얼마나 아끼고 사랑했는지 여실히 드러나는 대목입니다. 아무 생각 없이 임제 스님을 칭찬했다가 옆에 있던 수좌 스님에게 핀잔을 듣습니다. 그렇지만 황벽 스님은 석가모니 부처님이 제자인 가섭에게 자리 반을 내어주듯이 이미 임제 스님의 깨달음을 인가했습니다. 그런 마음이 가득하니, 무심결에 수좌 스님에게 임제 스님에 대해 칭찬한 것입니다. 그리고는 곧 경솔했음을 알아차린 듯 합니다.

만약 한참 후배인 임제 스님을 인가했다는 말이 퍼지면 육조 혜능 스님이 그랬던 것처럼 임제 스님이 위험해질 수도 있다고 생각했을지도 모릅니다. 자신의 입을 쥐어박으며 스스로의 허물을 참회하고 있습니다.

이 늙은이가
무슨 소리를
합니까

作什麼

임제 스님이 참선하는 방에서 졸고 있었다. 황벽 스님이 내려 와
서 보고 주장자로 선상을 한 번 쳤다. 임제 스님이 고개를 들어
황벽 스님인 것을 보고서 다시 졸았다. 황벽 스님이 다시 선상을
한 번 쳤다. 그리고 윗자리로 가서 수좌 스님이 좌선하고 있는
것을 보면서 말했다.

"아래 자리의 후배는 좌선을 하는데 윗자리의 그대는 여기서
망상을 피우면서 무엇을 하고 있는가."

그러자 수좌 스님이 말했다.

"이 늙은이가 무슨 소리를 하는 겁니까."

그러자 황벽 스님은 선상을 한 번 치고 나가버렸다.

師在堂中睡　黃檗下來見　以拄杖打版頭一下　師擧頭　見是黃檗
却睡　黃檗又打版頭一下　却往上間　見首座坐禪　乃云　下間後生
却坐禪　汝這裏妄想作什麼　首座云　這老漢作什麼　黃檗打版頭
一下　便出去

황벽 스님이 선상을 친 것은 인가, 또는 칭찬의 뜻으로 보아야 합니다. 황벽 스님은 임제 스님의 깨달음에 대해 추호의 의심도 없었습니다. 임제 스님이 어떤 행동을 하더라도 무위진인無位眞人의 작용이라고 보았습니다. 행주좌와어묵동정行住座臥語默動靜이 모두 좌선이기 때문입니다.

　그러나 수좌 스님에 대해서는 약간의 의심을 가지고 있었습니다. 후배는 열심히 수행하고 있는데 너는 망상이나 피우고 있느냐고 타박합니다. 그런데 수좌 스님도 보통은 아닙니다. 스승이 던진 말에 걸려 분별의 늪으로 결코 빠져 들지 않습니다. 오히려 스승이 던진 그물을 단칼에 잘라냅니다. 추호의 의심도 없이 스스로의 길을 묵묵히 걸어가고 있습니다.

한 개 주사위의
두 가지 모습

兩彩一賽

뒷날 위산 스님이 앙산 스님에게 물었다.

"황벽 스님이 선방에 들어간 의미가 무엇일까."

"한 개의 주사위를 던졌을 때 나오는 두 가지 모습입니다."

後潙山問仰山 黃檗入僧堂 意作麼生 仰山云 兩彩一賽

양채일새兩彩一賽에 대한 해석은 여러 가지입니다. 한 번 승부에 두 번 이겼다고 하기도 하고 한 개의 주사위를 던졌을 때 아래에 가려진 것과 위에 드러난 것 두 가지 모습으로 말하는 사람도 있습니다.

황벽 스님이 임제 스님과 수좌 스님에게 모두 그물을 던졌으나 결론적으로 두 사람 다 걸려들지 않았습니다. 그렇지만 두 사람의 모습은 같지 않습니다. 마치 주사위를 던졌을 때 나타나는 모습, 즉 위에 드러나는 것과 밑에 숨겨져 있는 두 가지 모양으로 볼 수 있습니다.

황벽 스님은 두 사람을 모두 인정하고 있다는 뜻입니다. 다만 드러나고 드러나지 않는 형태의 차이만 있을 뿐입니다. 앞서 밝힌 대로 황벽 스님이 두 스님의 선상을 각각 때린 것은 훌륭하게 관문을 통과했다는 뜻입니다.

괭이는
어디 있느냐

鑺頭在處

하루는 대중이 운력을 하는데 임제 스님이 맨 뒤에서 따라가고 있었다. 황벽 스님이 고개를 돌려보니 임제 스님이 빈손으로 오고 있었다. 이에 황벽 스님이 물었다.

"괭이는 어디 있느냐."

"어떤 사람이 가져갔습니다."

"이리 가까이 오너라. 그대와 이 일을 의논해보자."

임제 스님이 앞으로 가까이 오자 황벽 스님이 괭이를 일으켜 세우며 "다만 이것은 천하 사람들이 잡아 세우려 해도 일으키지 못한다"고 하였다.

임제 스님이 손을 뻗쳐 낚아채서 잡아 세우면서 "그렇다면 어째서 지금은 제 손 안에 있습니까"라고 말했다.

황벽 스님이 "오늘은 대단한 사람이 운력을 하는구나" 하고는 절로 돌아가버렸다.

一日普請次 師在後行 黃檗回頭 見師空手 乃問 钁頭在什麼處
師云 有一人將去了也 黃檗云 近前來 共汝商量箇事 師便近前
黃檗竪起钁頭云 祇這箇 天下人拈掇不起 師就手掣得 竪起云
爲什麼却在某甲手裏 黃檗云 今日大有人普請 便歸院

이번 대화의 주제인 '괭이'를 주목할 필요가 있습니다. 여기서 괭이는 괭이 그 자체로 보면 안 됩니다. 불성이나 진리의 당체라고 보아야 합니다.

황벽 스님이 높이 치켜든 괭이를 임제 스님이 빼앗아 든 것은 황벽 스님의 법이 임제 스님에게로 전해졌음을 상징적으로 보여줍니다. 대단한 사람이 운력을 하고 있다는 황벽 스님의 칭찬을 보면 이런 사실이 더욱 명확해집니다.

지혜는
군자를
능가한다

智過君子

-

뒷날 위산 스님이 앙산 스님에게 물었다.

"괭이가 황벽 스님의 손에 있었는데 무엇 때문에 다시 임제한테 빼앗겼느냐."

"도둑은 소인배이지만 지혜는 군자를 능가합니다."

後潙山問仰山 钁頭在黃蘗手裏 爲什麼却被臨濟奪却 仰山云 賊是小人 智過君子

《임제록》에서 도둑은 나쁜 뜻이 아니라 부처님의 심인心印을 얻은 사람으로 표현됩니다. 그러니까 도둑은 수행자에게 있어 최상의 칭찬입니다. 앙산 스님은 임제 스님의 지혜가 황벽 스님을 능가하고 있다며 칭찬을 아끼지 않습니다.

이 일을
알고
계신다면

知是般事

임제 스님이 황벽 스님의 편지를 전하기 위해 위산 스님에게 갔다. 당시 앙산 스님이 지객 소임을 맡고 있었는데 편지를 받고나서 물었다.

"이것은 황벽 스님의 것이고 그대의 것은 어느 것입니까."

그러자 임제 스님이 손으로 후려갈겼다. 앙산 스님이 임제 스님의 손을 붙잡으며 말했다.

"노형이 이 일을 알고 계신다면 이제 그만둡시다."

그리고 둘이 함께 위산 스님을 친견했다. 위산 스님이 물었다.

"황벽 사형에게는 대중이 몇이나 되는가."

"칠백 대중입니다."

"지도하는 인물은 누구인가."

"조금 전에 편지를 전해 드렸지 않습니까."

임제 스님이 이번에는 위산 스님에게 물었다.

"큰스님, 여기의 대중이 얼마나 됩니까."

"일천오백 대중이라네."

"참 많군요."

"황벽 사형의 문하도 적지는 않구나."

師爲黃檗馳書去潙山 時仰山作知客 接得書便問 這箇是黃檗
底 那箇是專使底 師便掌 仰山約住云 老兄知是般事便休 同去
見潙山 潙山便問 黃檗師兄多少衆 師云 七百衆 潙山云 什麽人
爲導首 師云 適來已達書了也 師却問潙山 和尙此間多少衆 潙
山云 一千五百衆 師云 太多生 潙山云 黃檗師兄亦不少

황벽 스님과 위산 스님은 모두 백장 스님의 제자입니다. 이후 황벽 스님의 법을 이은 임제 스님은 임제종을 휘날리게 되고 위산 스님의 법을 이은 앙산 스님은 위앙종의 선풍을 드날리게 됩니다. 그런 임제 스님과 앙산 스님이 드디어 만났습니다. 여기서 지객知客은 선원에서 손님을 맞이하는 소임입니다.

앙산 스님은 임제 스님에게 질문을 던지면서 임제 스님의 경지를 바로 알아봤을 겁니다. 임제 스님이 편지나 전하는 그저 심부름꾼은 아닌 것을 말입니다. 답을 알고 있는 사람에게 질문을 던지는 것은 무의미합니다. 앙산 스님은 임제 스님을 인정하고, 바로 스승인 위산 스님에게 모셔갈 수밖에 없었습니다.

보화 스님이
이미 거기에
있었다

普化已在

임제 스님이 위산 스님에게 인사를 드리고 떠나려 하니, 앙산 스님이 배웅하며 말했다.

"스님이 뒷날 북쪽으로 가면 머무르실 곳이 있을 겁니다."

"그런 일이 있기나 하겠습니까."

"일단 가시면 한 사람이 있어 노형을 보좌해드릴 것입니다. 그런데 이 사람은 머리만 있고 꼬리는 없으며 시작은 있으나 끝이 없을 것입니다."

임제 스님이 훗날 진주에 갔을 때 보화 스님이 이미 거기에 있었다. 임제 스님이 세상에 나와 활동을 시작하자 보화 스님이 도왔다. 임제 스님이 진주에 머무신 지 오래지 않아 보화 스님은 몸 그대로 세상을 떠나버렸다.

師辭潙山 仰山送出云 汝向後北去 有箇住處 師云 豈有與麼事
仰山云 但去 已後有一人佐輔老兄在 此人祇是有頭無尾 有始
無終 師後到鎭州 普化已在彼中 師出世 普化佐贊於師 師住未
久 普化全身脫去

앙산 스님은 미래를 내다보는 신통이 있었던 것 같습니다. 앞서 임제 스님의 미래를 예언한 바 있는데 여기서도 마찬가지입니다. 앙산 스님은 임제 스님이 진주에 가서 크게 선풍을 드날릴 것이며 거기서 보화 스님을 만나 도움을 받게 될 것임을 예언하고 있습니다.

검정콩이나
주워 먹는 늙은 중   是揞黑豆

임제 스님이 여름 안거 중간에 황벽산에 올라갔다가 황벽 스님이 경전을 읽고 있는 모습을 보고 말했다.

"저는 장차 이 사람뿐이구나 생각하고 있었는데 검정콩이나 주워 먹는 늙은 중이었네요."

그리고는 며칠 있다 하직 인사를 드리러 갔다. 그러자 황벽 스님이 말했다.

"너는 여름 안거를 파하고 오더니, 이제 여름 안거가 끝나기도 전에 가려 하는가."

"저는 스님께 잠시 인사를 드리러 온 것입니다."

황벽 스님이 임제 스님을 때려서 쫓아버렸다. 임제 스님이 몇 리를 가다가 이 일에 의심이 들어 다시 돌아와 여름 안거를 끝마쳤다.

師因半夏上黃檗 見和尙看經 師云 我將謂是箇人 元來是揞黑
豆老和尙 住數日 乃辭去 黃檗云 汝破夏來 不終夏去 師云 某
甲暫來禮拜和尙 黃檗遂打趁令去 師行數里 疑此事 却回終夏

안거安居는 불교의 오래된 전통입니다. 인도에서는 우기雨期인 4월 15일부터 7월 15일까지는 밖으로 돌아다니기가 힘듭니다. 그 기간에는 매일 비가 올 뿐 아니라 땅에 벌레들도 많아 함부로 다니다가는 살생을 저지르기 쉽습니다. 그래서 스님들이 한자리에 모여 수행하는 전통이 생겼습니다. 이 전통이 전해져 음력 4월 15일부터 7월 15일까지 90일 동안 선원에 모여 안거수행을 합니다. 이를 하안거夏安居라고 합니다. 이 기간에는 절대 밖으로 돌아다니면 안 됩니다.

임제 스님은 이를 어기고 여름 안거 중간에 황벽산을 찾아갔습니다. 그리고는 안거를 마치지 않고 또 떠나려고 합니다. 아마도 이때가 임제 스님에게 있어 무척 중요한 고비였을 겁니다. 임제 스님은 대오大悟한 이후로 자신감에 차 있었습니다. 교만심에 자아도취마저 심했던 듯합니다. 스승인 황벽 스님이 더 이상 이를 두고 볼 수 없었겠지요. 경전을 읽는 것도 그렇습니다. 깨달음이 없을 때는 경전의 글귀에 얽매이기 때문에 수행에 장애가 됩니다. 그러나 깨닫고 난 다음의 경전은 그대로가 깨달음의 표현입니다. 경주에서 서울 가는 길을 알고 있다 하더라도 지도를 자주 보고 연구를 하면 더욱 자세히 알게 되는 것과 같은 이치입니다. 만약 임제 스님이 황벽 스님의 말을 듣지 않고 그냥 그대로 떠나버렸다면 우리가 알고 있는 임제 스님은 역사에 흔적을 남기지 않았을지도 모릅니다. 위대한 선사로 남지 못하고 광인狂人으로 기록됐을 수도 있겠지요.

송나라 청원유신青源惟信(?~1117) 선사의 상당법문에 이런 것이 있습니다.

노승이 삼십 년 전 참선을 하지 않았을 때에
산을 보면 그냥 산이었고 물을 보면 그냥 물이었다
나중에 선지식을 친견하고 견처見處를 얻고 보니
산을 보면 산이 아니요 물을 봐도 물이 아니었다
그러나 오늘에 이르러 마음의 쉴 곳을 얻고 나서
예전의 그 산을 보니 다만 산이었고 물을 보니 또한 물이었다
老僧三十年前未參禪時
見山是山 見水是水
及至後來親見知識有個入處
見山不是山 見水不是水
而今得個休歇處
依前見山只是山 見水只是水

성철 스님의 말씀으로 더욱 유명해진 법문입니다. 의미를 잘 알아야 합니다.

천하 사람들의 입을 막으라

坐斷舌頭

임제 스님이 어느 날 황벽 스님에게 하직인사를 했다. 황벽 스님이 물었다.

"어디로 가려 하느냐."

"하남이 아니면 하북으로 돌아갈까 합니다."

그러자 황벽 스님이 곧바로 후려쳤다. 임제 스님이 후려치는 손을 붙들고는 손바닥으로 한 대 때렸다. 황벽 스님이 큰 소리로 웃으며 시자를 불러 백장 큰스님이 물려준 선판과 책상을 가져오게 했다. 그러자 임제 스님이 말했다.

"시자여, 불 좀 가져오시게."

"비록 그렇다 하더라도 그냥 가져가라. 나중에 앉은 자리에서 천하 모든 사람들의 입을 막게 될 것이다."

師一日 辭黃蘗 黃蘗問 什麼處去 師云 不是河南 便歸河北 黃
蘗便打 師約住與一掌 黃蘗大笑 乃喚侍者 將百丈先師禪版机
案來 師云 侍者將火來 黃蘗云 雖然如是 汝但將去 已後坐却
天下人舌頭去在

황벽 스님이 임제 스님에게 선판과 책상을 준다는 것은 인가를 넘어 깨달음의 빛이 임제에게 넘어갔음을 말합니다. 선판禪版은 좌선을 하다가 피로할 때에 턱에 괴어 편히 쉬도록 만든 긴 판자를 말합니다. 《벽암록》에 따르면 백장 스님은 황벽 스님에게 선판과 방석을 전해줬고 위산 스님에게 주장자와 불자를 전해줬다고 합니다.

임제 스님은 선판과 책상을 주겠다는 황벽 스님의 말에 시자에게 불을 가져오라고 말합니다. 태워버리겠다는 뜻입니다. 이미 깨달아 스스로 우뚝 섰는데 스승들의 그림자가 무슨 의미가 있겠습니까. 그러나 황벽 스님의 말씀도 일리는 있습니다. 그 말이 맞기는 하지만 그래도 가지고 있으면 훗날 앉은 자리에서 천하 사람들의 입을 막게 될 것이라는 대목이 그렇습니다. 임제 스님이 깨달았다고는 하나 눈이 어두운 세상 사람들은 필히 증표를 요구하게 될 것은 뻔합니다. 그래서 방편으로 가지고 있으라는 뜻입니다. 임제 스님을 아끼는 황벽 스님의 배려입니다.

은혜를 알아야
은혜를 갚는다

知恩報恩

뒷날 위산 스님이 앙산 스님에게 물었다.

"임제가 황벽 스님의 은혜를 등진 것은 아닌가."

"그렇지 않습니다."

"그럼 자네는 어떻게 생각하는가."

"은혜를 알아야만 은혜를 갚을 수 있는 법입니다."

"옛사람들에게도 이와 비슷한 경우가 있었는가."

"있습니다만 너무 먼 옛날 일이라 스님께 말씀드리고 싶지 않습니다."

"그렇긴 하지만 나도 알고 싶으니 자네가 말해보게."

"옛날에 부처님께서 《능엄경》을 설하시던 회상에서 아난이 부처님을 찬탄하며 이렇게 말했습니다. '이 깊은 마음으로 티끌처럼 많은 국토를 받드는 것이 곧 부처님의 은혜를 갚는 것입니다.' 이것이 어찌 부처님의 은혜에 보은하는 일이 아니겠습니까."

"그래, 그래. 견해가 스승과 같으면 스승의 덕을 반이나 감하는 것이고 견해가 스승보다 앞서야만 비로소 법을 전해줄 만하다고 할 것이다."

後潙山問仰山 臨濟莫辜負他黃檗也無 仰山云 不然 潙山云 子
又作麼生 仰山云 知恩方解報恩 潙山云 從上古人 還有相似底
也無 仰山云 有祇是年代深遠 不欲擧似和尙 潙山云 雖然如是
吾亦要知 子但擧看 仰山云 祇如楞嚴會上 阿難讚佛云 將此深
心奉塵刹 是則名爲報佛恩 豈不是報恩之事 潙山云 如是如是
見與師齊 減師半德 見過於師 方堪傳授

스승이 인가의 증표를 주겠다는데 말이 떨어지기가 무섭게 태워버리겠다는 임제 스님의 행동은 이해가 되면서도 한편으로는 그렇게까지 해야 할까 하는 의문이 드는 것도 사실입니다. 이에 대해 임제 스님이 황벽 스님의 은혜를 저버린 것은 아닌지 위산 스님이 제자인 앙산 스님에게 묻습니다.

　인가의 증표인 선판과 책상을 태워버리겠다는 임제 스님의 말은 황벽 스님의 가르침을 제대로 실천하는 것입니다. 임제 스님에게 이렇게 하라고 가르친 사람이 바로 황벽 스님입니다. 철저함에 있어서는 황벽 스님을 능가합니다. 위산 스님은 이런 면에서 임제 스님이 황벽 스님을 뛰어넘은 점이 있다고 칭찬합니다. 말 그대로 청출어람靑出於藍입니다. 스승의 은혜를 갚는 일은 스승과 같아지는 것이 아니라 뛰어넘는 것입니다. 그런 의미에서 임제 스님은 황벽 스님의 은혜를 크게 갚고 있습니다.

부처와 조사   佛祖不禮
모두에게
절하지 않는다

임제 스님이 달마 조사의 탑이 있는 절에 갔다. 그 절의 주지 스님
이 말했다.

"장로께서는 부처님께 먼저 절합니까, 달마 조사에게 먼저 절
합니까."

"부처와 조사 모두에게 절하지 않습니다."

"부처님과 조사가 장로와 무슨 원수라도 됩니까."

임제 스님이 곧바로 소매를 떨치고 나가버렸다.

師到達磨塔頭 塔主云 長老 先禮佛 先禮祖 師云 佛祖俱不禮
塔主云 佛祖與長老是什麼冤家 師便拂袖而出

달마 조사의 탑을 관리하는 절의 주지도 보통 사람은 아닌 것 같습니다. 질문이 상당히 날카롭습니다. 그러나 이런 장난에 걸려들 임제 스님이 아닙니다. 임제 스님은 누구에게도 절을 하지 않는다고 말합니다. 부처를 만나면 부처를 죽이고 조사를 만나면 조사를 죽이라는 임제 가풍에서, 형상으로 조성된 불상이나 탑에 참배를 하는 것은 큰 의미가 없었겠지요. 더구나 스스로 우뚝 선 임제 스님에게는 더더욱 가당치 않은 일입니다.

그런데 뒤에 나오는 주지의 반격이 가관입니다. 부처님과 조사가 장로와 무슨 원수라도 되느냐고 반문합니다. 이에 임제 스님은 말도 없이 소매를 떨치고 일어나 가버립니다.

주지는 임제 스님의 말을 전혀 이해하지 못하고 있습니다. 부처와 조사는 참배의 대상이 아니라 반드시 이뤄야 할 경지입니다. 그러나 주지는 부처와 조사의 형상을 부처와 조사로 착각하고 있습니다. 실제 길은 걷지 않고 지도책을 펴놓고 절을 하는 격입니다. 이에 대한 집착을 끊어주려는데 주지는 알아듣지 못하고 오히려 분노하고 있습니다. 고함도 아까웠을 겁니다. 임제 스님이 그냥 일어날 수밖에 없었겠지요.

칼을
뽑지 않고
이기는 법

不展鋒鋩

임제 스님이 행각할 때 용광 스님이 머무는 곳에 갔다.

용광 스님이 마침 법당에서 법문을 하고 있는데 임제 스님이
물었다.

"칼을 뽑지 않고 어떻게 해야 이길 수 있습니까."

용광 스님이 자세를 고쳐 앉자 임제 스님이 말했다.

"대선지식이 어찌 방편이 없으십니까."

용광 스님이 똑바로 뜨고 보면서 '사!' 했다.

그러자 임제 스님이 손가락으로 가리키면서 말했다.

"이 늙은이, 오늘은 나에게 졌습니다."

師行脚時 到龍光 光上堂 師出問 不展鋒鋩 如何得勝 光據坐
師云 大善知識 豈無方便 光瞪目云 嘎 師以手指云 這老漢今日
敗闕也

임제 스님이 황벽 스님 곁을 떠나 제방을 돌아다니면서 만난 스님들이기에 《임제록》에 등장하는 스님들 중에는 후대에 잘 알려지지 않은 스님들도 있습니다. 용광 스님도 그렇습니다. 임제 스님은 마치 무사가 전국을 돌아다니며 시합을 벌이듯 뛰어난 스님들을 찾아가 법거량을 했습니다.

마침 용광 스님이 법문을 하고 있는데 임제 스님이 바로 질문을 던집니다. 칼을 뽑지 않고 어떻게 상대를 이길 수 있느냐는 것인데, 말을 하지 않고 불법의 대의를 설명해보라는 뜻과 같은 질문입니다. 용광 스님이 이 말을 못 알아들었을 리 없습니다. 자세를 바로하고 위엄 있는 모습으로 임제 스님을 압도하려고 합니다. 그러자 임제 스님이 슬쩍 미끼를 하나 던집니다. 대선지식이라는 분이 왜 중생을 제도할 방편 하나가 없느냐는 것이지요. 중생들을 이해시키기 위해서는 어떤 방식으로든 설명을 해야 할 것 아니냐는 뜻입니다. 그러자 용광 스님은 '사' 하며 칼로 베는 듯한 소리를 냅니다. 그러자 임제 스님이 말합니다. "오늘은 나에게 졌습니다." 칼집에서 칼을 빼지 말라고 했는데, 칼을 빼어 든 셈입니다. 침묵에서 이탈해 말을 해버렸으니 이미 승부가 난 것입니다.

앉아서
차나 들게   且坐喫茶

임제 스님이 삼봉에 갔을 때 평화상이 물었다.

"어디에서 왔는가."

"황벽 스님에게서 왔습니다."

"황벽 스님은 어떤 가르침을 내리는가."

"황금으로 만든 소가 지난밤 용광로에 빠졌는데 아직까지 자취를 찾을 수 없습니다."

"가을 바람이 옥피리를 부는데 누가 이 소리를 알겠는가."

"바로 만 겹의 관문을 통과해서 맑은 하늘에도 머물지 않습니다."

"그대의 한마디 물음이 매우 높구나."

"용이 황금빛 봉황의 새끼를 낳으니 푸른 유리빛 하늘을 뚫고 날아갑니다."

"자, 앉아서 차나 들게."

"요즘은 어디를 다녀왔는가."

"용광 스님에게 다녀왔습니다."
"용광 스님의 근황은 어떠한가."
임제 스님이 곧바로 나가버렸다.

到三峯 平和尙問 什麼處來 師云 黃蘗來 平云 黃蘗有何言句
師云 金牛昨夜遭塗炭 直至如今不見蹤 平云 金風吹玉管 那
箇是知音 師云 直透萬重關 不住淸霄內 平云 子這一問太高生
師云 龍生金鳳子 衝破碧瑠璃 平云 且坐喫茶 又問 近離甚處
師云 龍光 平云 龍光近日如何 師便出去

임제 스님이 '황벽 스님의 불법은 아름답고 화려하지만 자취를 남기지 않는다'고 하니, 평화상이 '자취를 찾을 수 없다면 누가 황벽 스님의 그 곱고 청아한 소리를 알아들을 수 있겠느냐'고 합니다. 이에 임제 스님은 '자신은 황벽 스님의 가르침을 알아들을 뿐 아니라 더 나아가 황벽 스님의 그늘마저도 벗어났다'고 답합니다. 스스로를 봉황의 새끼에 비유하며 거칠 것 없는 활달한 경지를 드러냅니다. 이런 임제 스님이 평화상의 마음에 들었던 것 같습니다. 차나 한 잔 들라는 말 속에 평화상의 흡족해 하는 마음이 읽힙니다.

그러나 그것이 지나쳤는지 갑자기 쓸데없는 이야기들을 늘어놓습니다. 어디를 들렀는지, 그 인물은 어떠한지 시시콜콜한 이야기를 묻습니다. 가만히 앉아 있을 임제 스님이 아니지요. 용광 스님의 근황을 물어보는 질문에 그냥 자리를 털고 일어나버립니다. 용광 스님의 경지가 이야기할 만한 것이 못되기 때문이기도 하고, 굳이 이야기할 필요성을 느끼지 못해서이기도 합니다.

만 겹의
관문으로
꽉 막혔다

斷萬重關

임제 스님이 대자 스님이 계신 곳에 갔을 때, 대자 스님이 방장실에 앉아 있었다. 임제 스님이 물었다.

"방장실에 단정히 앉아 계실 때의 경지는 어떤 것입니까."

"소나무는 추운 겨울에도 푸른빛이 한결같아서 천년이 지나도 변함없이 푸르건만 들녘의 노인들이 꽃을 꺾어 드니 온 세상이 봄이로구나."

"예나 지금이나 영원히 대원경지의 체성을 초월했고 삼산은 만 겹의 관문으로 꽉 막혀버렸습니다."

그러자 대자 스님이 대뜸 '할' 하고 고함을 질렀다. 임제 스님도 이에 '할' 하고 고함을 질렀다. 대자 스님이 "어떠한가" 하고 물었다. 그러자 임제 스님이 소매를 떨치며 나가버렸다.

到大慈 慈在方丈內坐 師問 端居丈室時如何 慈云 寒松一色千年別 野老拈花萬國春 師云 今古永超圓智體 三山鎖斷萬重關 慈便喝 師亦喝 慈云 作麼 師拂袖便去

대자환중大慈寰中, 780~862) 스님은 백장 스님의 제자입니다. 임제 스님이 좌선을 하고 있는 대자 스님에게 묻습니다. "방장실에 앉아 계실 때의 경지는 어떤 것입니까." 방장은 유마거사의 작은 방에서 유래한 것으로, 임제 스님은 대자 스님이 유마거사와 같은 깨달음의 경지에 있는지 묻고 있습니다. 대자 스님은 시로 대답합니다.

깨달음의 본체는 계절이 바뀌고 세월이 지나도
항상 푸르른 소나무처럼 변함이 없고
계절의 변화에 상응해 작용하는 것 또한 걸림이 없다

이 말에 임제 스님도 시로 대답합니다. 대원경지大圓鏡智는 바로 진여, 법신, 깨달음 등을 말합니다. 또 삼산은 도가에서 가장 신성하게 생각하는 봉래산, 방장산, 영주산을 말하는데 대원경지와 같은 뜻입니다.

진여법신은 시간의 흐름을 초월해 있고
만 겹의 관문에 꽉 막혀 쉽게 이를 수가 없다

두 스님의 대화가 예사롭지 않습니다. 스님들에 따라서는 젊은 혈기를 지닌 임제 스님과 원숙한 경지에 이른 대자 스님의 문답으로 보는 사람들이 많습니다.

그러나 두 스님의 시를 자세히 살펴보면 임제 스님은 대자 스님의 대답에 만족하지 못하고 있습니다. 대자 스님은 푸른 소나무에 자신의 경지를 비유했지만 임제 스님은 이를 바로 맞받아칩니다. 소나무 또한 시간의 흐름 속에서 자유로울 수 없고 계절의 변화에 걸림이 없는 정도로 어찌 깨달음을 얻었다 할 수 있느냐는 반문입니다. 진여의 세계는 시간의 흐름을 초월해 있고 만 겹의 관문을 통과하는 것처럼 어렵기만 한데, 그 정도로 깨달았다 할 수 있겠느냐는 핀잔이기도 합니다. 아마 대자 스님도 머쓱했을 겁니다.

이를 만회하려는 듯 대자 스님이 뒤늦게 '할' 하고 고함을 칩니다. 이에 임제 스님도 고함으로 답합니다. 그런데 대자 스님은 안심이 안 됐는지 이것으로 대답이 되었는가 다시 묻습니다. 더 이상 대화가 필요 없습니다. 임제 스님으로서는 당연히 자리를 털고 일어날 수밖에 없었겠지요.

훌륭한 선객은 다르구나   作家禪客

임제 스님이 양주의 화엄 스님에게 갔다. 화엄 스님이 주장자에 기대어 조는 시늉을 했다. 임제 스님이 물었다.

"노스님께서 졸기만 해서 되겠습니까."

"역시 훌륭한 선객은 다르구나."

"시자여, 차를 한 잔 가져와 큰스님께 드리도록 하라."

이에 화엄 스님이 유나를 불러 말했다.

"이 스님을 세번째 자리에 앉히도록 해라."

到襄州華嚴 嚴倚拄杖 作睡勢 師云 老和尙瞌睡作麼 嚴云 作
家禪客 宛爾不同 師云 侍者點茶來 與和尙喫 嚴乃喚維那 第
三位安排這上座

화엄 스님이 누구인지 잘 알려져 있지 않습니다. 화엄 스님이 임제 스님이 오는 것을 보고 조는 시늉을 합니다. 임제 스님이 어떻게 나오나 시험을 하는 것이겠지요. 이것을 모를 임제 스님이 아닙니다. 실제 조는 것이 아니라 조는 시늉만 하고 있다는 것을 뻔히 알면서도 임제 스님은 이렇게 졸아서 되겠냐고 핀잔을 줍니다. 조는 시늉을 하고 있지만 미망에 사로잡혀 깨어있지 못한 까닭에 졸고 있는 것이나 진배없다는 말입니다. 핵심을 파고 들어오는 질문을 화엄 스님은 임제 스님을 슬쩍 칭찬하는 것으로 모면해보려고 합니다. 그러나 이런 시도에 걸려들 임제 스님이 아닙니다.

시자 스님에게 화엄 스님의 잠을 깨우기 위해 차를 한 잔 가져다 달라고 부탁합니다. 그렇게 알려줬는데도 잠에서 깨어나지 못하고 헛소리를 하고 있으니, 차나 마시고 정신을 차리라는 의미입니다. 어떻게 보면 상당히 무례한 말입니다. 그러나 화엄 스님이 화를 내지 않고 임제 스님에게 학인들을 지도하는 자리를 내놓습니다. 이런 모습을 보면 화엄 스님 또한 예사로운 인물은 아니었던 것 같습니다.

화살 하나가
서천을 지나갔다

箭過西天

임제 스님이 취봉 스님을 방문했다. 취봉 스님이 물었다.

"어디서 왔는가."

"황벽 스님에게서 왔습니다."

"황벽 스님은 어떤 말씀으로 사람들을 가르치는가."

"황벽 스님은 가르침이 없습니다."

"어째서 없는가."

"비록 있다 하더라도 소개할 만한 것이 없습니다."

"어쨌든 말해보게."

"화살 하나가 서천을 지나가 버렸습니다."

到翠峯 峯問 甚處來 師云 黃檗來 峯云 黃檗有何言句 指示於
人 師云 黃檗無言句 峯云 爲什麼無 師云 設有 亦無擧處 峯
云 但擧看 師云 一箭過西天

취봉 스님에 대해서도 남아 있는 기록이 없습니다. 임제 스님과 나눈 대화를 살펴보면 남아 있지 않은 것이 당연하다고 느껴지기도 합니다. 그래도 임제 스님이 직접 방문한 것을 보면 당대에는 뛰어난 스님으로 평가받았나 봅니다.

선의 정신은 불립문자不立文字입니다. 문자를 따로 세우지 않는다는 말입니다. 그런데 취봉 스님은 이런 선의 가르침을 전혀 이해하지 못하고 있습니다. 황벽 스님의 가르침이 왜 없었겠습니까. 말씀이 없었을 턱이 없지요. 그렇지만 말이라는 것은 일기일회一期一會입니다. 말은 말이 행해진 시간과 장소, 그리고 그때의 그 인연으로만 의미가 있습니다. 그 상황을 떠나면 현장감을 갖지 못한 의미 없는 말이 됩니다. 그래서 이것을 글자로 옮긴 문자가 때로는 깨달음을 저해하는 병통이 되기도 하는 것입니다. 글이나 문자에 집착하면 안 되는 이유이기도 합니다.

설사 황벽 스님의 가르침이 있다 하더라도 그것은 소개할 만한 것이 못 된다고 한 말의 뜻은 이런 의미입니다. 말해주면 오히려 말과 문자에 사로잡혀 분별심만 낳을 뿐입니다. 번뇌와 망상이 깊어질 수도 있습니다. 그런데도 취봉 스님은 다시 보채고 있습니다. 이에 대해 임제 스님은 화살이 이미 서천으로 지나갔다고 말합니다. 선어록에는 서천 대신 신라가 나오기도 합니다. 이미 멀리 멀리 가버렸으니 그만 집착을 버리라는 뜻입니다. 황벽 스님의 가르침은 떠나버린 화살이므로 그런 식으로는 자취

조차 알 수 없다는 뜻이기도 합니다. 과연 취봉 스님이 이 말의
뜻을 알아들었을지 모르겠습니다.

여기에서
무슨 밥을
찾고 있는가

覓什麼椀

임제 스님이 상전 스님을 찾아가 물었다.

"범부도 아니고 성인도 아닌 경지가 어떤 것입니까, 빨리 말해
주십시오."

"노승은 이렇게 있을 뿐이네."

임제 스님이 곧 '할' 하고 고함을 치며 말했다.

"허다하게 많은 머리 깎은 중들이 여기에서 무슨 밥을 찾고
있는가."

到象田 師問 不凡不聖 請師速道 田云 老僧祇與麼 師便喝云
許多禿子 在這裏覓什麼椀

상전 스님도 기록이 남아 있지 않습니다. 그러나 취봉 스님과 다를 바가 없었던 것 같습니다. 임제 스님이 보기에 상전 스님은 스님입네 하며 세월이나 축내고 있는 게으른 스님입니다. 그런데 스스로 부처라고 착각하며 거드름을 피우고 있습니다. 도저히 두고 볼 수가 없어 '할' 하고 고함을 지른 것입니다.

그리고 임제 스님의 마지막 말은 대중들에게 비수처럼 날아듭니다. 이런 형편없는 스님을 모시고 공부하고 있다는 당신들 또한 형편없는 사람들이라는 호통입니다. 모르는 것보다 더 무서운 것은 안다고 착각하는 것입니다. 여기에는 약이 없습니다.

짚신만
닳게 하고
있을 뿐

踏破草鞋

임제 스님이 명화 스님을 방문했다. 그러자 명화 스님이 물었다.

"왔다 갔다 하면서 도대체 무엇을 하고 있는가."

"그냥 쓸데없이 짚신만 닳게 하고 있을 뿐입니다."

"그렇게 해서 결국 어떻게 하겠다는 말인가."

"이 노인네가 화두도 못 알아듣는군."

到明化 化問 來來去去作什麼 師云 祇徒踏破草鞋 化云 畢竟
作麼生 師云 老漢話頭也不識

임제 스님이 이번에는 명화 스님을 찾아갔습니다. 임제 스님에게 명화 스님이 묻습니다. "왔다 갔다 하면서 도대체 무엇을 하고 있는가." 여기까지는 별로 특별할 것 없는 질문입니다. 이에 대해 임제 스님은 그냥 쓸데없이 짚신만 닳게 하고 있을 뿐이라고 대답합니다. 아마도 눈 밝은 스님이라면 이 대목에서 알아들었을 겁니다. 임제 스님은 어디에도 걸림이 없는 무심의 경지에 있음을 이야기하고 있습니다. 일대사一大事를 끝마치고 한가롭게 행각을 하고 있다는 겁니다.

그런데 명화 스님은 이 말을 알아듣지 못하고 재차 묻습니다. "결국 어떻게 하겠다는 것인가." 목적 자체가 사라져버린 사람에게 다시 목적을 묻습니다. 돌이켜보면 쉬는 데 무슨 목적이 있겠습니까. 쉬는 데 목적을 가지면 그것은 쉬는 것이 아니겠지요. "화두도 못 알아듣는군." 임제 스님의 이 한마디 말에 명화 스님에 대한 모든 평가가 담겨 있습니다. 여기서 화두는 선문답으로 이해해도 되고 그냥 말귀라고 해도 됩니다. 임제 스님 입장에서 명화 스님은 전혀 말귀를 못 알아듣는, 그러니까 더불어 도를 논할 만한 스님은 아니었던 것은 분명합니다.

어디로
갔는가

甚處去

임제 스님이 봉림 스님에게 가다가 한 노파를 만났다. 노파가 임제 스님에게 물었다.

"어디로 가십니까."

"봉림 스님에게 갑니다."

"마침 봉림 스님은 계시지 않습니다."

"어딜 가셨습니까."

노파가 때렸다.

그러자 임제 스님이 불렀다. 노파가 고개를 돌리자 임제 스님이 곧 후려쳤다.

往鳳林 路逢一婆 婆問 甚處去 師云 鳳林去 婆云 恰値鳳林不在 師云 甚處去 婆便打 師乃喚婆 婆回頭 師便打

선어록에서 노파가 나오면 긴장해야 합니다. 조사들의 선어록에 나오는 노파들은 그냥 할머니가 아니라 뛰어난 선지식인 경우가 많습니다. 조주 스님과 만난 오대산 노파도 그렇고 덕산 스님과 만난 떡장수 노파도 그렇습니다. 특히 덕산 스님과 떡장수 노파의 대화는 유명합니다.

덕산 스님이 길을 가던 중 점심때가 돼 배가 고파 길가에서 떡을 팔고 있는 한 노파에게 다가갑니다. 그리고 점심을 달라고 부탁을 합니다. 그런데 노파가 그냥 주지 않고 조건을 답니다. 묻는 말에 대답을 하면 떡을 주겠지만 그렇지 못하면 떡을 주지 않겠다는 것입니다. 그러면서 《금강경》의 대가라는 덕산 스님에게 《금강경》에 대해 묻습니다. "과거의 마음도 얻을 수 없고 현재의 마음도 얻을 수 없으며 미래의 마음도 얻을 수 없는데, 스님은 지금 어느 마음에 점을 찍으려고 합니까." 이 질문에 덕산 스님은 그냥 꽉 막혀버립니다. 대답을 못한 덕산 스님은 점심을 얻어먹지 못한 채 길을 떠날 수밖에 없었습니다. 마음에 점을 찍다, 즉 점심點心의 유래가 여기서 나옵니다.

이런 고사들에 비춰보면 여기에 나오는 노파도 보통은 아니었을 것으로 짐작됩니다. 어떻게 보면 평범한 이야기지만 임제 스님과 노파의 대화에서 봉림 스님은 그냥 의미 없는 이름일 뿐 '가고 옴이 없는 본래면목이 무엇이냐'는 선문답을 서로 나누고 있습니다. 임제 스님을 때린 것은 '어디로 갔느냐'는 질문에 '가

고 옴이 없는 본래면목'을 보여준 것입니다. 심처거甚處去의 의미
가 그렇습니다.

그런데 그냥 가버리면 됐을 텐데 임제 스님의 부르는 소리에
노파는 뒤를 돌아봅니다. 임제 스님을 때린 노파의 행동은 자신
이 없었던 것 같습니다. 결국 임제 스님에게 얻어맞을 수밖에 없
습니다.

크게 웃는 소리에
천지가 놀라는구나

自笑一聲

임제 스님이 봉림 스님의 처소에 이르렀다. 봉림 스님이 물었다.

"한 가지 물어볼 것이 있는데 괜찮겠는가."

"무엇 때문에 굳이 긁어 부스럼을 만들려고 하십니까."

"바다에 비친 달이 너무나 밝아서 그림자가 없는데, 노니는 물고기 저 혼자 스스로 미혹할 뿐이다."

"바다에 비친 달은 이미 그림자가 없는데, 노니는 물고기가 어찌 미혹할 리 있겠습니까."

"바람을 보고 물결이 이는 것을 알고 물에 익숙해 걸림이 없이 돛을 단 배를 바다에 띄운다."

"강산을 홀로 비추는 둥근 달은 고요하기만 한데, 스스로 크게 웃는 그 소리에 천지가 놀라는구나."

到鳳林 林問 有事相借問 得麼 師云 何得剜肉作瘡 林云 海月澄無影 游魚獨自迷 師云 海月旣無影 游魚何得迷 鳳林云 觀風知浪起 翫水野帆飄 師云 孤輪獨照江山靜 自笑一聲天地驚

봉림 스님은 시문에 아주 뛰어난 스님이었던 것 같습니다. 임제 스님에게 시로 묻습니다. "바다에 비친 달이 너무나 밝아서 그림 자가 없는데, 노니는 물고기 저 혼자 스스로 미혹할 뿐이다." 여기서 물고기는 임제 스님을 지칭합니다. 진리는 바다에 비친 달처럼 밝아서 티끌 하나 없는데, 이리저리 행각을 한다면서 미혹 되게 묻고 다니는 임제 스님을 타박하고 있습니다. 이에 대해 임제 스님의 대답은 명확합니다. 스스로는 미혹함이 없이 그저 진리의 바다에서 노닐고 있을 뿐이라고 합니다.

그러자 봉림 스님이 다시 말합니다. "바람을 보고 물결이 이는 것을 알고 물에 익숙해 걸림이 없이 돛을 단 배를 바다에 띄운다." 어떤 생각이나 견해를 지어 자네가 이리저리 기웃거리는 것을 아는 것이 아니라 바람을 보고 물결이 이는 것을 아는 것처럼 척보고 알았다는 의미입니다. 진리와 부합해 있는 자신의 경지를 드러내며 임제 스님의 행각이 올바른 행각인지 다시 한 번 묻고 있습니다.

이에 대한 임제 스님의 대꾸가 아주 시적입니다. "강산을 홀로 비추는 둥근 달은 고요하기만 한데 스스로 크게 웃는 그 소리에 천지가 놀라는구나." 홀로 산에 올라 크게 웃었다는 약산유 엄藥山惟儼(751~834) 스님의 고사를 인용한 것인데 스스로의 활달한 깨달음의 경지를 드러냅니다.

시인이 아닌 사람에게　　　　　　　　　　不是詩人

봉림 스님이 말했다.

"세 치 혀를 가지고 천지를 아름답게 비추는 것은 알아서 할 일이니, 이 상황에 맞는 한마디 말을 일러보라."

"길에서 검객을 만나면 칼을 바쳐야 하지만, 시인이 아닌 사람에게 시로 말하지 마십시오."

그러자 봉림 스님이 입을 다물었다. 이에 임제 스님이 게송을 지었다.

"큰 도는 동일함을 넘어서 있으니 동서남북 어디를 향하든 자유자재해서 부싯돌 불도 미치지 못하고 번갯불로도 통할 수 없다."

林云 任將三寸輝天地 一句臨機試道看 師云 路逢劍客須呈劍 不是詩人莫獻詩 鳳林便休 師乃有頌 大道絶同 任向西東 石火 莫及 電光罔通

임제 스님의 자화자찬에 봉림 스님이 미사여구는 그만두고 지금 당장 깨달음에 대해 일러보라고 다그칩니다. 이에 대해 임제 스님은 길에서 검객을 만나면 칼을 바쳐야 하지만 시인이 아닌 사람에게 시로 말하지 말라고 합니다. 이 구절은 당시의 관용구인데 상대방의 경지나 근기를 보아가면서 물어야 한다는 뜻입니다. 이 말을 못 알아들었을 봉림 스님이 아닙니다. 말이 떨어지기가 무섭게 입을 다물었다는 것을 보면 말입니다.

그러나 임제 스님의 다음 게송을 보면 봉림 스님에 대한 임제 스님의 마음을 읽을 수 있습니다. "큰 도는 동일함을 넘어서 있으니 동서남북 어디를 향하든 자유자재해서 부싯돌 불도 미치지 못하고 번갯불로도 통할 수 없다." 봉림 스님의 깨달음이든 임제 스님의 깨달음이든 깨달음은 같다 다르다 하는 것을 초월해 있기에 서로 인정할 수 있다는 의미입니다. 같은 연꽃이라도 하나하나 살펴보면 다 다릅니다. 깨달음도 이와 같아서 같은 깨달음일지라도 각자의 개성을 가진 깨달음입니다.

또한 큰 도는 부싯돌의 불도 번갯불도 미치지 못합니다. 시간과 공간을 초월해 있다는 말입니다. 그렇기에 수천 년 전 석가모니 부처님의 깨달음을 부처님과 시공간을 달리하고 있는 지금 우리가 또한 얻을 수 있는 것입니다.

바늘
하나도 용납할 수
없으나

官不容針

위산 스님이 앙산 스님에게 물었다.

"부싯돌의 불도 미치지 못하고 번갯불도 통할 수 없는데 이제
까지 여러 성인들은 무엇으로 사람들을 가르쳤겠는가."

"스님께서는 어떻게 생각하십니까."

"오로지 말만 있을 뿐 진실한 뜻은 전혀 없다."

"그렇지 않습니다."

"그럼 그대는 어떻게 생각하는가."

"공적으로는 바늘 하나도 용납할 수 없으나 사적으로는 수레
나 말도 다 통과합니다."

潙山問仰山 石火莫及 電光罔通 從上諸聖 將什麼爲人 仰山云
和尙意作麼生 潙山云 但有言說 都無實義 仰山云 不然 潙山
云 子又作麼生 仰山云 官不容針 私通車馬

근기에 따른 방편이 있습니다. 앙산 스님이 공적으로는 바늘 하나도 용납할 수 없으나 사적으로는 수레나 말도 다 통과한다고 말한 것도 그런 뜻입니다. 말과 글이 진리 그 자체는 아니지만, 결국은 이를 통해 수많은 사람들이 깨달음의 길로 나갈 수 있었던 것입니다.

다 이기고
다 졌다

總勝總負

임제 스님이 금우 스님에게 갔다. 금우 스님이 임제 스님이 오는 것을 보고 주장자를 가로로 뉘어 잡고 문에 걸터앉아 있었다. 임제 스님이 손으로 주장자를 세 번 두드리고 선방으로 들어가 첫 번째 자리에 앉았다. 금우 스님이 선방으로 내려와 그 모습을 보고 물었다.

"손님과 주인이 만나면 서로 위의를 갖춰야 하는 법인데 그대는 어디서 왔기에 이렇게 무례한가."

"노스님께서는 무슨 말씀을 하고 계신 겁니까."

이에 금우 스님이 입을 열려고 하자 임제 스님이 곧바로 후려쳤다. 금우 스님이 넘어지는 시늉을 했다. 그러자 임제 스님이 또 때렸다. 금우 스님이 말하였다.

"오늘은 일진이 영 좋지 못하군."

위산 스님이 앙산 스님에게 물었다.

"이 두 큰 스님에게 이기고 지는 것이 있었는가."

"이겼다면 양쪽이 다 이겼고, 졌다면 양쪽 다 졌습니다."

到金牛 牛見師來 橫按拄杖 當門踞坐 師以手敲拄杖三下 却歸
堂中第一位坐 牛下來見 乃問 夫賓主相見 各具威儀 上座從何
而來 太無禮生 師云 老和尙道什麽牛擬開口 師便打 牛作倒勢
師又打 牛云 今日不著便 潙山問仰山 此二尊宿 還有勝負也無
仰山云 勝卽總勝 負卽總負

금우 스님이 임제 스님을 시험하기 위해 그물을 펼쳤지만 임제 스님은 전혀 걸려들지 않습니다. 오히려 '금우 스님, 이미 승패가 갈렸는데 그만하시지요'라고 뜻을 전합니다.

이에 대해 앙산 스님은 '한마디로 우열을 가릴 수 없다'고 합니다. 표면적으로는 금우 스님이 졌다고 볼 수도 있습니다. 그러나 임제 스님의 근기를 확실히 알아냈으니 금우 스님 또한 목적은 달성했습니다.

정법안장을   正法誰傳
누구에게 전하는가

임제 스님이 입적에 들 때 자리에 단정하게 앉아 말했다.

"내가 죽은 다음에 나의 정법안장이 멸각되지 않도록 하여라."

삼성 스님이 나와 말했다.

"어찌 감히 큰스님의 정법안장을 멸각시킬 수 있겠습니까."

"뒷날 누가 그대에게 물으면 무엇이라고 대답하겠는가."

삼성 스님이 곧바로 '할' 하고 고함을 질렀다.

임제 스님이 말했다.

"나의 정법안장이 이 눈먼 당나귀한테서 멸각될 줄 누가 알았
겠는가."

임제 스님은 말을 마치고 단정하게 앉아 열반에 들었다.

師臨遷化時 據坐云 吾滅後 不得減却吾正法眼藏 三聖出云
爭敢減却和尙正法眼藏 師云 已後有人問儞 向他道什麼 三聖
便喝 師云 誰知吾正法眼藏 向這瞎驢邊減却 言訖 端然示寂

삼성 스님의 법명은 혜연慧然으로 삼성은 훗날 삼성이라는 지역에서 법을 폈다하여 붙여진 호입니다. 《임제록》은 삼성 스님이 임제 스님의 어록을 모아 편찬한 것입니다. 그로 인해 임제가풍은 천년 세월이 넘도록 온 천하를 뒤덮습니다.

앞의 이야기만 보면 삼성 스님은 참으로 어리석습니다. 그는 임종을 앞둔 스승에게 정법안장이 끊어지지 않을 거라고 하더니 임제의 되물음에 '할'을 외칩니다. 임제가 그토록 외쳤던 것이 어디를 가든 주인으로 살라는 것과 부처를 만나면 부처를 죽이고 조사를 만나면 조사를 죽이라는 말이었습니다. 그런데 제자라는 이가 마치 앵무새처럼 스승의 '할'을 따라하고 있습니다. 더구나 임제 스님도 나의 정법안장이 저 눈먼 당나귀에게서 단절될 줄 누가 알았겠냐고 합니다. 내용 그대로라면 임제는 한심스런 제자를 앞에 두고 눈을 감기도 서러웠을 것 같습니다.

그런데 곰곰이 생각해보면 임제 스님의 회상에서 좌복이라도 한번 펼쳤다면 저리 대답하지 않았을 것이 명약관화합니다. 또 삼성이라는 스님이 누구이기에 임제 스님은 자신의 정법안장이 끊겼다고까지 운운하는 걸까요. 임제 스님의 말처럼 삼성 스님으로 인해 임제의 정법이 끊겼다면 《임제록》을 편찬한 삼성 스님은 왜 마지막에 이 장을 포함시켰을까요. 마찬가지로 임제 스님 또한 생과 사에 걸림이 없었던 대자유인이라면 어리석은 제자 하나쯤 건져주고 열반에 들어도 되지 않을까요.

이렇듯 말에 끄달리기 시작하면 모든 것이 모순투성이입니다. 그런데 삼성 스님은 《벽암록》68칙에도 등장합니다. 오가칠종五家七宗 중 하나인 위앙종의 앙산 스님과 법거량을 벌여 마음을 완전히 사로잡은 인물입니다. 심지어 앙산 스님은 그곳에 머물던 삼성 스님이 하직하고 떠나려 하자 주장자와 불자를 전해주려 하기도 했습니다. 그러나 삼성 스님은 '저에게 스승 임제 선사가 계십니다'라며 사양하고 떠납니다. 《벽암록》의 원오극근圓悟克勤(1063~1135) 스님의 말처럼 삼성 스님은 임제 스님의 적자였던 것입니다.

그렇다면 임제의 제자라는 말에 앙산 스님이 크게 섭섭했을 정도로 뛰어났던 삼성 스님은 도대체 왜 '할'을 했던 것일까요.

임제 스님이 늘 강조했듯 삼성 스님이 '자기 목소리'를 냈다면 임제 스님은 흐뭇해했을 것입니다. 이는 높은 점수를 얻을 뿐더러 스승으로부터 정법안장을 단절시켰다는 얘기를 듣지도 않았을 것입니다.

《수능엄경首楞嚴經》에는 '흙덩이를 던지면 개는 흙덩이를 좇지만 사자는 흙덩이를 던진 사람을 물어버린다韓盧逐塊 獅子咬人'는 말이 있습니다. 사자가 늑대나 여우새끼를 낳지 않습니다. 삼성 스님은 개가 아니라 사자였습니다.

스승과 제자는 죽음을 앞둔 마지막 대면의 순간까지도 오싹한 한기가 느껴질 정도로 법에 철저했습니다. 스승의 뜻을 누구보다 잘 알았던 제자 삼성 스님은 스승의 은혜가 수미산 같았기에 인정사정없이 임제 스님을 물었습니다. 그것이 바로 '할'이었습니다. 누구와의 법거량에서도 '다시 범한즉 용서치 않겠다'고 당당히 외쳤던 삼성 스님이었건만 마지막 순간 스승을 향해 '할'을 외친 것입니다. 그 '할'은 당신의 법이며 나는 나의 법대로 살겠다는 임제선에 대한 자주선언이자 '임제 할'에 대한 종언이었습니다. 스승이 그토록 바랐던 대로 자신은 개가 아니라 사자라는 스승 앞의 마지막 눈물겨운 포효였던 것입니다.

임제 스님 역시 마지막까지 천하를 벌벌 떨게 한 선문제일의 사자였음을 여실히 보여줍니다. 눈먼 당나귀처럼 고집 센 제자. 언제 어디서라도 주인공으로 살겠다는 제자에게 이제 내 법(정법안장)의 시대는 가고 네 법의 시대라는, 선종사에서 가장 드라마틱하고 확실한 전등傳燈의 한 장면을 시현하고 있는 것입니다. 껄껄거리며 입적에 들었을 임제 스님의 모습이 눈에 선합니다.

《전등록傳燈錄》에 임제 스님의 임종게臨終偈가 실려 있습니다.

흐름따라 그치지 않는 것이 무엇이냐고 묻는다면
참된 깨달음은 끝이 없는 것이라고 그들에게 말하리라
형상과 이름을 여의고 본래 바탕이 없는 것과 같이
취모검을 쓰고는 급히 갈아두어야 하리

沿流不止問如何

眞照無邊說似他

離相離名如不稟

吹毛用了急須磨

탑기 塔記

탑기는 임제 스님의 탑을 세우면서 스님의 삶을 간략하게 기록한 것입니다. 탑을 세우고 스님이 어떤 분인가를 후세에 길이 알리려는 뜻으로 쓰여졌습니다. 또 다른 본에는 임제약전臨濟略傳으로 표기되어 있기도 합니다.

임제혜조선사 탑기
臨濟慧照禪師塔記

임제 스님의 휘는 의현이니 조주 남화 사람이다. 속성은 형씨이며 어려서부터 영특했고 커서는 효성이 지극하기로 소문이 났다. 삭발하고 출가하여 구족계를 받아 강원에 머물면서 정밀하게 계율을 공부하고 널리 경론을 탐구했다. 그러다 문득 탄식하기를, '이것은 세상을 구제하는 약방문에 지나지 않는다. 교외별전의 가르침이 아니다' 하였다. 그리고는 문득 옷을 갈아입고 제방으로 찾아다녔다. 처음 황벽 스님에게 배우고 뒤에는 대우 스님을 찾아뵈었으니 그 기연과 말씀은 행록에 실려 있다.

황벽 스님의 인가를 받고 하북으로 나아가서 진주성 동남 언덕 호타하 강가 작은 절의 주지를 했다. 임제라는 이름은 그 지역의 명칭을 딴 것이다. 그때 보화 스님이 그곳에 있어서 거짓으로 미친 척하며 대중에 섞여 있으니 성인인지 범부인지 헤아릴 수 없었다. 임제 스님이 그곳에 이르니 임제 스님을 도왔는데 교화가 왕성해질 무렵 보화 스님이 전신으로 해탈하여 가버렸으니, 이것은 소석가로 존경받던 앙산 스님의 예언에 부합된다.

마침 전쟁이 일어나서 임제 스님이 그곳을 버리고 떠나자 대위 목군화가 성 안의 자신의 집을 내놓아 절로 만들고 또한 임제원이라 붙여 스님을 모셨다. 뒷날 옷깃을 떨치고 남쪽으로 나아가서 하부에 이르렀다. 그러자 그곳의 주인인 왕상시가 스승으로 받들어 모셨다. 머문 지 오래되지 않아 대명부 흥화사로 와서 동당에 주석하였다. 어느 날 병이 없음에도 옷깃을 단정히 하고 반듯하게 앉더니 삼성과 더불어 문답하고 편안하게 열반에 들었다.

때는 당나라 함통8년 정해년(867) 정월 10일이었다. 문인들이 대명부 서북 언덕에 탑을 세우고 스님을 모셨다. 황제의 명령으로 혜조 선사라는 시호가 내려졌으며 탑은 징령이라는 이름이 붙었다. 합장하고 머리를 조아려 스님의 전기를 간략히 적는다.

법제자 진주 보수사 주지 연소가 삼가 쓰다.

師諱義玄 曹州南華人也 俗姓邢氏 幼而穎異 長以孝聞 及落髮
受具 居於講肆 精究毘尼 博賾經論 俄而歎曰 此濟世之醫方
也 非敎外別傳之旨 卽更衣遊方 首參黃檗 次謁大愚 其機緣語
句 載于行錄 旣受黃檗印可 尋抵河北 鎭州城東南隅 臨滹沱河
側 小院住持 其臨濟因地得名 時普化先在彼 佯狂混衆 聖凡
莫測 師至卽佐之 師正旺化 普化全身脫去 乃符仰山小釋迦之
懸記也

適丁兵革　師卽棄去　大尉默君和　於城中捨宅爲寺　亦以臨濟爲

額　迎師居焉　後拂衣南邁　至河府　府主王常侍　延以師禮　住未

幾　卽來大名府興化寺　居于東堂　師無疾　忽一日攝衣據坐　與三

聖問答畢　寂然而逝　時唐咸通八年丁亥　孟陬月十日也　門人以

師全身　建塔于大名府西北隅　勅諡慧照禪師　塔號澄靈　合掌稽

首　記師大畧

住鎭州保壽嗣法小師延沼謹書

진주 임제혜조선사 어록 끝

법제자 대명부 흥화사 주지 존장이 교정하다.

鎭州臨濟慧照禪師語錄終

住大名府興化嗣法小師 存奬校勘

臨濟錄